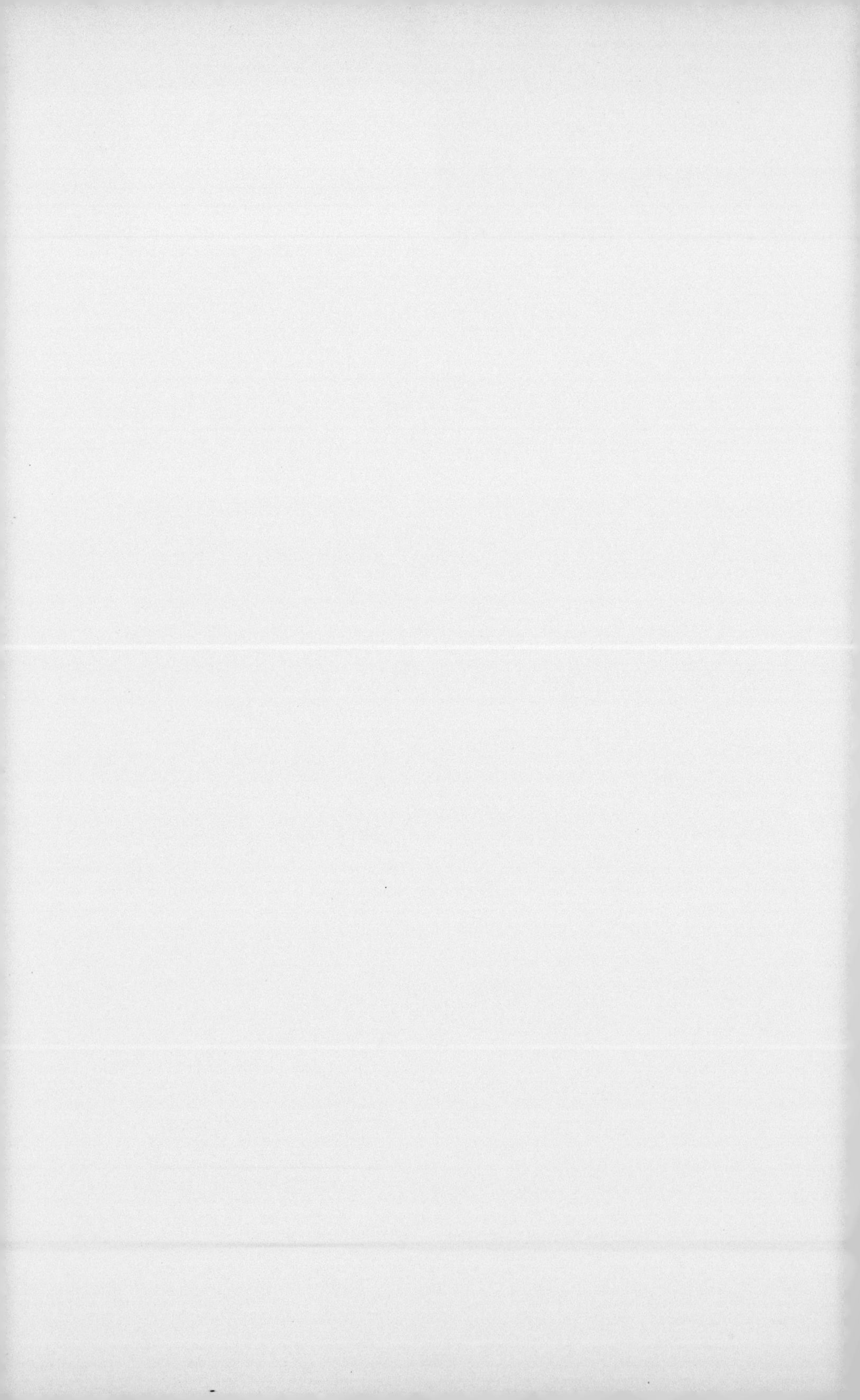

텔레비전 드라마, 권력을 현상하다

지은이

김민영 金敏永, Kim Min-yeong 중앙대학교 다빈치교양대학 강사.

문선영 文善暎, Moon Sun-young 한국공학대학교 지식융합학부 교수.

백경선 白敬善, Baek Kyung-seon 한양대학교 창의융합교육원 강사.

백소연 白昭娟, Baek So-youn 가톨릭대학교 학부대학 교수.

윤석진 尹錫辰, Yun Suk-jin 충남대학교 국어국문학과 교수.

이승현 李承炫, Lee Seung-hyun 경북대학교 국어국문학과 박사.

정명문 鄭明文, Chung Myung-mun 고려대학교 국어국문학과 강사.

텔레비전드라마, 권력을 현상하다

초판발행 2024년 7월 31일

지은이 텔레비전드라마연구회

펴낸이 박성모
펴낸곳 소명출판
출판등록 제1998-000017호
주소 서울시 서초구 사임당로14길 15 서광빌딩 2층
전화 02-585-7840
팩스 02-585-7848
이메일 somyungbooks@daum.net
홈페이지 www.somyong.co.kr

ISBN 979-11-5905-911-7 93680
정가 20,000원

텔레비전드라마연구회 지음

텔레비전 드라마, 권력을 현상하다

Televisiondrama, Evoking Sense of Reality via Fantasy

김민영

문선영

백경선

백소연

윤석진

이승현

정명문

소명출판

책머리에

생각보다 또 시간이 오래 지났다. 처음 텔레비전드라마연구회라는 모임의 이름으로 『텔레비전드라마, 역사를 전유하다』소명출판, 2014를 출판한 지가 거의 10년이 지났으니, 스터디를 계획하고 모임을 진행한 시간을 계산하면 이미 10년이 넘는 시간이 흘렀다. 첫걸음보다는 빨라졌지만, 두 번째 책 『텔레비전드라마, 판타지를 환유하다』소명출판, 2020를 출판한 이후로도 이미 4년 가까운 시간이 흘렀으니 여전히 더딘 편이라고 하겠다. 물론 걸음이 더딘 데는 연구 역량 문제를 탓하지 않을 수는 없지만, 텔레비전드라마의 장르적 특징과 그 연구 환경의 문제를 빼놓고 연구의 어려움을 설명하기도 쉽지 않다. 기술의 발달로 등장한 텔레비전드라마는 가장 빠르게 변화하는 장르 중 하나이면서, 대중적이고 파급력이 강한 장르이기도 하다. 그에 비해 학문적 연구의 측면에서는 가장 소외된 장르에 속하기도 한다. 그러니 무언가 하나의 기준을 잡는 과정부터 어려움에 봉착할 수밖에 없다.

'텔레비전드라마'의 본질에 조금 더 다가가고자 하는 열망은 변하지 않았지만, 여전히 시작부터 어려웠다. 연구회에서는 스터디를 이어가는 시기마다 한국 텔레비전드라마에서 가장 두드러진 특징을 키워드로 잡고자 애썼고, 그 결과가 바로 '역사'와 '판타지'였다. 텔레비전드라마를 한국 사회와의 관계성 속에서 찾고자 하는 방향성을 지키기 위해 세 번째 키워드를 오랫동안 고르고 골랐지만, 그 과정부터 아주 험난했다. 이미 선택한 키워드부터 텔레비전드라마를 단순히 내러티브 차원에서 보는 것이 아니라, 양식적인 차원에서 보고자 했기에 같은 차원에서 키워드를 찾는 것이 무엇보다 어려웠다. 즉, 텔레비전드라마의 서사와 기법을 함께 설명할 수 있는 용어이면서도, 당대의 한국 사회를 관통할 수 있는 핵심적인 용어를 찾아야 했기 때문이다. 이러한 어려움 속에서도 오랜 시간 난상토론 끝에 세 번째 키워드로 '권력'을 잡고 그 속성부터 찾아가고자 했다.

기실 권력에 대한 논의는 너무 많고도 적었다. 마키아벨리의 『군주론』도 권력에 관한 유명한 저서이기는 하지만, 현재 한국 사회를 돌아보기에는 부적절할 수밖에 없다. 생사여탈을 결정하던 과거의 절대 권력은 근대 사회에서 규율 권력으로 변화했으며, 이제 개인의 신체에도 영향을 미치기 때문이다. 그래서 오늘날의 권력을 규명하기 위해서는 권력의 변화를 이해하는 동시에 현대 사회에서 권력이 어떻게 작동하는지를 파악할 필요가 있었다. 이를 위해 이수영의 『권력이란 무엇인가』, 한병철의 『권력이란 무엇인가』와 같이 권력의 역사적 변화와 현대 사회 권력의 속성을 분석한 책을 함께 살폈다. 또한 현대 사회에서 중요한 화두가 신자유주의 체제와 주체로 호명되는 개인이라고 파악했기에, 사토 요시유키의 『권력과 저항』과 『신자유주의와 권력』, 벨리오티 레이몬드 A의 『권력의 조건』, 리사 두건의 『평등의 몰락』, 에바 일루즈의 『감정 자본주의』, 서동진의 『자유의 의지 자기계발의 의지』 등을 함께 읽고 공부하였다.

텔레비전드라마는 주로 갈등을 중심으로 진행되기 때문에 인물 사이에 힘의 차이가 드러날 수밖에 없고, 그 과정에서 권력은 직간접적으로 표출되기 쉽다. 그러나 텔레비전드라마를 통해 오늘날의 한국 사회를 분석하고자 했기에, 스터디를 통해 얻은 이론을 기반으로 현대 사회에 나타나는 다양한 권력의 양상을 보여줄 수 있는 텍스트를 선택하고자 여러 텔레비전드라마를 검토하였다. 이러한 과정에서 텔레비전드라마가 의도나 의식의 여부와는 상관없이 한국 사회에 드러나는 다양한 권력의 속성을 이미 보여주고 있다고 판단할 수 있었다. 그렇지만 앞서 언급한 바와 같이 이미 많은 텔레비전드라마가 권력을 다루고 있기에, 분석이 필요한 텍스트를 선정하는 과정이 무척 어려웠다. 연구회 회원 각자의 성향에 맞추면서도 대중적인 화제성이 있는 작품을 꼽고자 했으며, 무엇보다 대중에게 익숙한 권력의 속성을 보여주는 동시에 쉽게 파악하기 어려운 양상도 함께 다루고자 했기 때문이다.

이러한 기준을 가지고 토론을 이어간 끝에 '권력의 형성과 작동', '자본과 계급 권력', '대안과 가능성의 권력' 등 세 가지 유형을 나누고 그에 맞는 텍스트를 선정하여 분석하기로 했다. 회원 각자의 관심에 맞는 텍스트를 우선 선정하여 프로포절을 작성하고 발표한 후 토의를 진행하는 방식으로 연구모임의 취지에 맞는 '권력을 현상하는' 텔레비전드라마로 8편의 텍스트를 최종적으로 선정하게 되었다. 이 과정이 쉽고 순조롭게 진행된 것은 아니다. 텍스트를 선정하여 프로포절 발표까지 하였으나, 연구회의 취지나 방향성과 맞지 않아 분석할 텍스트를 수정하는 경우도 있었으며, 오랜 시간 텍스트 분석까지 마무리하고도 개인적인 사정으로 마무리를 짓지 못한 경우도 있었다. 특히 대중적으로 화제성이 컸던 〈동백꽃 필 무렵〉과 〈나의 아저씨〉가 분석에서 빠져 매우 아쉽다. 두 작품은 한국 사회에서 특히 중요하게 다루어야 할 남녀 간의 문제와 세대 간의 문제를 권력의 방식에서 다루면서도 서로 비교해볼 지점이 있어 흥미로웠기 때문이다.

이상과 같은 일련의 과정을 통해 『텔레비전드라마, 권력을 현상하다』의 전체적인 틀을 구성하였다. 제1부 「권력의 형성과 작동을 현상하다」에는 〈상어〉, 〈모범택시〉, 〈검색어를 입력하세요 WWW〉에 대한 글을 수록하였다. 〈상어〉는 청산하지 못한 잘못된 역사를 이용해 권력을 장악한 기득권 세력이 사회 전반의 병리 현상에 원인 제공자라고 진단하는 동시에 역사적·정치적 병리를 해소하기 위한 방안을 복수와 추리 기법의 극적 상상력으로 구현한 멜로드라마이다. 멜로드라마적인 서사에 내재된 정치적 적폐와 병리 현상의 실상을 천착하기 위해 기성세대의 상징적 인물과 청년세대의 상징적 인물의 대립과 갈등이 두드러진다. 한이수는 독립운동가 조상국으로 자기기만의 삶을 살아온 친일파 출신의 기업인 천영보 때문에 죽음의 위기에 빠졌다가 재일교포 사업가 김준으로 신분을 위장하게 된다. 이후 한이수는 은폐되고 왜곡된 역사적 진실 규명에 나서는데, 이러한 복수 서사를 통해 〈상어〉는 역사적 과오가 정치적 적폐로 고착되며 한국 사회의 병리적 현상이 심화되는 문제적 현실을 극적 상상력으로 그리고 있다. 또한 독립운동가 조상국으로 살아온 천영보의 자기기만과 만행, 그리고 재일교포 김준으로 신분을 숨긴 한이수의 복수와 진실 규명을 통해 역사에 대한 비판적 이해와 성찰을 견인한 작품이기도 하다.

〈모범택시〉는 복수 소재를 다룬 작품으로 범죄 피해자들이 연대하여 다른 피해자들의 복수를 대행해 주는 과정을 그림으로써, 현재 형벌 제도가 갖는 한계를 비판하는 작품이다. 극악한 범죄자들의 교정 및 교화 가능성 자체를 불신하며 강력한 응징과 사회적 격리를 통해서만 진정한 정의 구현이 가능하다고 주장한다. 그럼에도 〈모범택시〉는 피해자에 대한 지원 및 가해자에 대한 처벌의 문제를 신랄히 비판하며 강력 범죄를 둘러싼 여러 시사점을 주는 동시에, 공권력과 연대하여 악인을 징치함으로써, 과거의 문제를 보완하여 무분별한 복수가 아닌 정당한 응보를 이어가고자 한다. 그러나 사설 감옥을 운영하기 위해 악인과 거래하는 과정에서 그들이 내세우는 정의의 정당성이 훼손되는 부분도 있다. 범죄 발생과 관련하여 사회적 시스템의 문제를 상대적으로 축소하고 가해자의 악행을 선정적으로 다루면서 복수의 통쾌함에 집중한다. 특히 우리 사회에서 실제로 벌어졌던 여러 강력 범죄사건을 모티프로 삼아 사건의 주요 정황을 드라마에 그대로 재현하고 있어, 관련 피해자를 향한 드라마의 태도 및 재현의 윤리에 대한 고민이 필요하다.

〈검색어를 입력하세요 WWW〉는 포털 기업을 배경으로 데이터 사회에서 가장 대중적이고 보편적인 사회적 산물인 포털 공간과 관련한 권력의 문제를 다룬다. 〈검색어를 입력하세요 WWW〉에서는 국내 양대 포털 기업인 '유니콘'과 '바로'가 자사 서비스 사용자를 늘리기 위해 치열하게 경쟁한다. '바로'로 이직한 배타미는 점유율 경쟁에서 이기기 위해 광고, 웹툰 작가 영입, 메인 화면 개편 등의 전략을 시도한다. 이 과정에서 스펙터클한 포털 이미지의 이면을 통해 포털이 새로운 경제체제에 신속하게 편입된 신자유주의에 맞는 공간이라는 점을 알 수 있다. 〈검색어를 입력하세요 WWW〉는 유력 대선 후보의 실검 삭제사건이 갈등의 시작에 해당하는데, 이는 검색 알고리즘이 객관적이고 투명하지 않으며, 정치와 자본 세력이 검색 알고리즘에 끊임없이 개입하고 있다는 사실을 의미한다. 드라마에서 포털은 사회적 구성물로서의 영향력을 보여주지만, 실상 포털과 포털 기업은 스펙터클로 그 진실을 은폐하고 그 이면에 숨어 권력과 깊이 관련되어 작동하고 있다.

제2부 「자본과 계급 권력을 현상하다」에는 〈송곳〉, 〈품위있는 그녀〉, 〈SKY캐슬〉에 대한 글을 수록하였다. 〈송곳〉은 실화를 바탕으로 노동운동을 소재로 한 웹툰 〈송곳〉을 원작으로 삼은 텔레비전드라마이다. 드라마의 배경은 프랑스에 본사를 둔 푸르미 마트로, 회사가 노동자를 불법으로 해고하려는 상황에서 사건이 진행된다. 이러한 설정은 신자유주의 경제 논리가 노동 현장에 어떻게 적용되고 있는지를 보여주며, 다양한 계층의 인물들이 분열하는 모습을 함께 보여준다. 〈송곳〉은 주인공 이외에도 노동자의 현실을 담아낼 수 있는 인물을 진영에 상관없이 함께 설정하고 있다. 이들은 신자유주의 체제에서 자신의 노력과 성공만을 믿는 한국 노동자의 모습을 현실감 있게 보여준다. 또한 드라마는 마트의 노동운동을 이끄는 이수인의 인간적인 면모를 통해 대립적이고 불법적인 이미지의 노동운동에 변화를 부여한다. 전반적으로 〈송곳〉은 노동 유연화와 비정규직 문제 등 노동의 구조적인 문제를 쉽게 설명하는 동시에 노동 문제가 현실에 중요한 문제임을 상기시킨다. 그러나 노동 문제의 근본적인 원인을 찾는 데까지는 나아가지 못하며, 다소 낭만적이고 이상적인 결말로 나아간다는 한계를 동시에 지닌다.

〈품위있는 그녀〉는 주요 여성 인물들에게서 권력관계와 계층 상승 욕구 그리고 존재 인정 욕망 등이 드러나는데, 이를 통해 상징자본과 상징권력의 문제를 보여준다. 우아진은 결혼을 통해 진입한 상류층의 허위와 가식 그리고 속물근성에 환멸을 느껴서 이혼을 하게 되고, 계층 상승 욕망을 버린 뒤에야 자신만의 상징자본을 축적할 수 있게 된다. 또한, 타자에 대한 배려와 포용의 환대로 상징 권력을 작동시켜 존재를 인정받는다. 박복자도 결혼을 통해 하류에서 상류로의 진입에는 성공하지만, 편법으로 탈취한 상징자본을 축적하였기 때문에 타자의 인정을 받지 못하고, 회유와 겁박의 방식으로 상징 권력을 작동시킨다. 타자의 복종을 전제로 한 강압적 방식의 한계로 그녀의 인정 투쟁은 실패한다. 오풍숙은 강남이라는 지역의 위계질서를 내면화하여 음식을 이용한 청탁과 공격의 방식으로 상징 권력을 작동시키고, 경제자본을 축적함으로써 계층 상승에 성공한다. 결과적으로 폭력으로 상징자본을 축적한 박복자와 오풍숙의 상징 권력은 제대로 작동하지 않았으나, 배려와 포용으로 타자와 소통한 우아진의 상징 권력은 영향력을 발휘하며 작동한다. 이를 통해 한국 사회의 상류 사회에서 상징 권력이 작동하는 양상을 파악하고 신자유주의시대의 자본과 권력의 상관성을 확인할 수 있다.

〈SKY캐슬〉은 입시 관련자의 사망사건을 쫓는 추리 서사를 중심으로 성장과 멜로를 혼합한 텔레비전드라마로, 기득권과 기득권을 유지하려는 자들의 선택 논리가 중요하게 드러난다. 〈SKY캐슬〉에서 기득권 세력은 사교육을 결과 우선주의, 집단 카르텔, 계급 유지 차원으로 접근하여 도구적으로 활용한다. 또한 엘리트 세습과 역전된 주체로 생긴 힘의 불균형이 지속되고 있는 현실을 사실적으로 보여주는 동시에, 능력 위주 사회에서 기득권 세력이 사교육을 전략적으로 활용하며 그 혜택을 지속하려는 모습을 보여준다. 드라마는 가진 자들의 욕망을 풍자함으로써 계급과 능력 위주 사회의 연결 지점을 희화적으로 표현하는 면도 있지만, 현실적으로는 사교육이 계급의 불안에 기인하는 것도 사실이다. 결과적으로 〈SKY캐슬〉은 엘리트 세습과 집단 카르텔을 사실적으로 재현하였으나, 오히려 능력 위주의 신자유주의적 가치관을 역으로 강화시키는 경향을 보인다.

제3부 「대안과 가능성의 권력을 현상하다」에는 〈괴물〉, 〈나빌레라〉, 〈눈이 부시게〉에 대한 글을 수록하였다. 〈괴물〉은 미제로 남은 실종사건을 둘러싼 악한 인물들이 맺고 있는 권력구조를 통해 진실이 은폐되고 유기되는 우리 사회의 폭력성을 다루고 있다. 드라마의 범죄사건이나 범죄 주체는 사회적 약자라는 가면을 뒤집어쓴 채, 가장 약한 대상에게 자신의 욕망을 분출시키는 사이코패스부터 공권력이나 경제력을 이용하여 불법적 행동을 감행하는 사회 주요층까지 폭넓다. 악의 실체를 폭로하려는 추적자는 범죄 세력에게 법의 원칙이 정상적으로 작동한다는 사실을 보여주기 위해 고군분투한다. 경제적 주체가 중심을 이루는 사회에서 이들은 공고한 사회 체제를 흔드는 존재로 등장하는데, 이들이 악의 실체를 밝히는 데까지 도달할 수 있었던 이유는 같은 목적을 가진 소수의 공동체가 존재하기 때문이다. 또한, 단순히 한 사람의 집념이나 능력으로 범인을 잡거나 죄를 지은 자에게 사적 복수를 강행하는 것이 아니라, 법과 제도를 바탕으로 올바른 정의 실현의 가능성을 찾고 있다는 점에 의미가 있다.

〈나빌레라〉와 〈눈이 부시게〉는 '노년과 청년드라마'로서 노년과 청년 세대를 나란히 주인공으로 설정하여 두 세대를 대등하게 그리고 있다. 특히 치매를 소재로 사용하면서도 신파적으로 활용하지 않고, 노년과 청년을 연결하여 두 세대의 소통과 공감을 그리고 있는 드라마이다. 〈나빌레라〉와 〈눈이 부시게〉는 치매와 관련한 상황을 의도적으로 지연하고 은폐함으로써 치매 노인 이야기를 넘어 노년과 청년을 함께 담아낼 수 있는 장치로 활용한다. 두 드라마는 노년과 청년을 '잉여세대'와 약자로서 동일시하면서 두 세대의 소통과 공감을 통해 연대와 그 가능성을 그리고 있다. 특히 두 드라마는 노인의 치매를 소재로 하면서도 비극적인 노년의 삶을 부각시키지 않고, 노년과 청년세대의 연대와 그 가능성을 보여주며 판타지적이고 희망적인 노년과 청년을 담아낸다. 이렇게 〈나빌레라〉와 〈눈이 부시게〉는 노년과 청년 두 세대를 함께 그려냄으로써 세대 문제에 있어 노년과 청년으로 대변되는 이 시대 약자를 위로하는 드라마라는 의미를 가진다.

이미 언급한 바와 같이 권력을 다룬 텔레비전드라마는 그 수를 헤아리기 힘들 만큼 많다. 물론 그중에서도 현재 한국 사회의 권력을 다루는 데 의미 있는 텍스트를 선정하기 위해 오랜 시간 공을 들였지만, 8편의 글로는 오늘날 한국 사회에 드러나는 권력의 속성을 모두 담아내기는 어려울 수밖에 없다. 그렇지만 이 책을 통해 지금 한국 사회의 권력이 가진 다양한 속성을 파악할 수 있으리라 생각한다. 지금 텔레비전드라마는 전통적인 의미에서의 권력부터 새로운 형태의 권력을 보여주는 동시에, 신자유주의 체제하에서 한국 사회가 마주한 권력의 숨겨진 문제를 함께 보여준다. 그러면서도 권력을 단순히 재현하는 데 그치지 않고 나름의 방식으로 그 대안과 새로운 가능성을 모색하고 있다는 점에서 의미를 찾을 수 있을 것이다.

텔레비전드라마는 시청률이라는 대중성을 거부하기 어려운 장르이다. 최근 드라마 제작과 방송의 변화를 고려하면, 이제 '텔레비전'이라는 수식어가 꼭 필요한가 하는 의문이 들 만큼 텔레비전드라마의 생태계 자체가 크게 변화하고 있다. 그러나 텔레비전드라마는 누구나 쉽게 접할 수 있기에 도전적이기보다는 안정적이기 쉽고, 대상을 다루는 방식에 있어서도 보수적인 경향을 보인다. 그럼에도 오늘날 텔레비전드라마가 한국 사회의 '권력'을 다양한 방식으로 '현상'하고 있다는 사실은 의미가 있다. 대중들이 즉각적으로 반응할 수 있는 권력의 문제뿐만 아니라, 이면에 숨겨진 그래서 대중은 쉽게 간파하기 어려운 권력 문제를 함께 담아내고 있다는 사실에 주목할 필요가 있다. 이는 그만큼 한국 사회의 권력 문제가 크게 대두되고 있는 동시에 텔레비전드라마 제작자들도 의식하든 그렇지 않든 권력을 빼고 오늘날 한국 사회를 담아내기 어렵다는 데 동의하고 있다는 뜻도 담겨있기 때문이다. 이 책은 이러한 문제를 고민했던 연구회의 작은 결과물이다. 가능하다면 누군가에게 텔레비전드라마를 이해할 수 있는 또 다른 작은 나침반이 되기를 바란다. 그리고 연구회의 지난한 여정은 여기에서 일단락되었지만, 우리는 이미 다음 여정에 발을 들였다. 끝으로 어려운 출판 여건에서도 두 권의 책에 이어 이번 책까지 흔쾌히 출판을 맡아주신 소명출판의 박성모 사장님과 편집부 여러 분께 진심으로 감사한 마음을 전한다.

2024년 6월 끝자락에

필자 일동

차례

1

권력의 형성과 작동을 현상하다

〈상어〉, 일제 잔재의 독소를 자양분으로 생동하는 기득권
윤석진

〈모범택시〉, 사법 체제의 균열과 응보적 정의
백소연

〈검색어를 입력하세요 WWW〉, 포털의 공간정치학과 데이터 사회
김민영

<상어>, 일제 잔재의 독소를 자양분으로 생동하는 기득권

윤석진

1. 정치적 적폐와 병리 현상에 대한 극적 상상력

상해 임시정부 수립 이후 100여 년의 세월이 흐르는 동안 정치적 격변기마다 극심했던 진보와 보수, 좌파와 우파의 이념적 대립과 갈등이 갈수록 심해지고 있다. "통치자나 정치가가 사회 구성원들의 다양한 이해관계를 조정하거나 통제하고 국가의 정책과 목적을 실현시키는 일"이라는 뜻의 '정치政治'가 오히려 사회적 갈등을 조장하면서 청산되어야 할 적폐로 인식되고 급기야 해소되어야 할 병리病理 현상의 원인이 되는 꼴이다. 심지어 대한민국 정부 수립 이후 지속적으로 쌓여온 정치적 적폐가 시스템으로 작동하면서 국가 전반의 개조와 혁신을 어렵게 만들고 있다.[1] 과거의 폐해를 극복하고 미래로 나아가기 위해서는 정치적 적폐 청산과 병리 현상의 해소가 필요하지만, 사회 전 분야에 상당한 영향력을

---

1 김귀옥, 「적폐 청산의 시대, 화해와 소통을 위한 사회 운동의 방향」, 『통일인문학』 76집, 건국대 인문학연구원, 2018.12, 128~129쪽 참조.

미치는 지도층과 지식인 사회의 가치관과 역사의식 속에 깊게 뿌리내린 일제 잔재의 독소[2] 때문에 그마저도 쉽지 않다. 근·현대사의 적폐를 제대로 청산하지 못한 역사적 과오 때문에 선순환의 발전을 도모해야 할 정치가 사회적 병리 현상의 온상이 된 것이다.

역사적·정치적 병리 현상을 포함하여 과거의 사건들은 다양한 방식으로 깨달음을 줄 수 있다. 정치적 입장의 차이 때문에 발생한 논쟁 해결의 가능성을 제안할 수도 있고, 장래성 있는 어떤 사고방식이나 시도를 보여줄 수도 있고, 미래에 대한 전망을 고취할 수도 있으며, 사고를 명료히 하고 구체화할 수도 있거나, 모호한 직관을 명확히 표현할 수 있도록 촉진할 수도 있다. 역사에 관한 탐구를 통해 얻은 지식으로 과거 상황과 현재 상황 사이의 유사점과 차이점을 파악하는 동안 유형과 관계들을 드러내어 사물들을 새롭게 인식하게 함으로써 기존 정보들의 재구성을 촉진하는 촉매 역할을 하기도 한다.[3] 문제적 현실의 이면을 상상하여 예술적으로 재현한 작품들이 수용자의 자각을 이끌어내고 문제 해결의 동력을 만들어내는 것이다. 정치권의 이해관계 때문에 정치적 적폐 청산과 병리 현상의 해소가 요원한 상황에서 역사적 과오에 대한 예술의 상상력을 주목하는 것도 그래서이다.

문제적 현실에서 모티브를 취하는 경향이 강한 소설과 희곡 그리고 영화와 드라마 등은 정치적 적폐와 병리 현상에 대한 상상력이 가장 활

---

2 윤경로, 「해방 70년, 일제잔재 무엇을 어떻게 청산할 것인가?」, 『내일을 여는 역사』 59호, 재단법인 역사와 책임, 2015.6, 20쪽 참조.

3 켄달 L. 월튼, 양민정 역, 『미메시스-믿는 체하기로서의 예술』, 북코리아, 2019, 153쪽.

발하게 작동하는 예술 장르라 할 수 있다. 부정부패와 비리 그리고 불평등과 폭력 등의 문제적 현실이 시간의 연쇄에 따라 사건이 전개되는 서사적 특성과 부합되기 때문이다. 또한, 문제적 현실의 인과관계를 천착함으로써 바람직한 해결 방안을 제시하는 서사적 특성은 객관적 기록물 이상의 사회적 영향력을 발휘하기도 한다. 언론을 통해 보도된 사회적 약자의 고통과 상처를 예술적으로 형상화한 작품들이 사회 변화를 견인한 경우가 적지 않은 것이 방증이다. 특히 소설과 희곡에 비해 상대적으로 대중적 속성이 강한 영화와 텔레비전드라마에서 재현된 문제적 현실은 종종 사회적 쟁점으로 담론화되어 정치적 각성과 함께 제도 개선을 이끌어내기도 한다.[4]

그러나 같은 영상예술이라 하더라도 텔레비전드라마는 불특정 다수가 시청한다는 점 때문에 방송 심의에서 자유롭지 못하다보니 제재와 표현의 차원에서 영화보다 보수적인 경향이 강한 편이다. 영화에 비해 역사적·정치적 논쟁이 심한 근·현대의 비극적 사건들을 다룬 텔레비전드라마가 많지 않은 것도 그래서이다. 심지어 오랫동안 방송의 중심축이었던 지상파 방송 드라마에서는 정치드라마를 표방한 일부 작품을 제외하고는 정치적 제재를 외면하기까지 했다. 이러한 텔레비전드라마의 보수성은 2000년대 이후 케이블과 종합편성채널 등의 새로운 플랫폼이 등장하면서 무너지기 시작하였다. 케이블과 종합편성채널은 시청률을 확

4 청각장애인학교에서 발생한 성폭력과 학대사건을 소재로 한 영화 〈도가니〉, 박종철 고문치사사건과 6월항쟁을 모티브로 한 영화 〈1987〉, 1980년대 화성 연쇄 살인사건을 모티브로 장기미제사건에 대한 인식을 제고한 드라마 〈시그널〉, 검찰과 경찰 내부 비리 폭로를 통해 공권력 행사의 문제를 고발한 드라마 〈비밀의 숲〉 등이 대표적이다.

보하기 위해 지상파에서 보기 어려웠던 새로운 장르 실험을 지속적으로 시도하였고, 이로 인해 드라마의 제재가 다양해지고 표현 수위가 올라가면서 지상파 방송 드라마의 장르 지형에도 변화가 일어났다. 그 결과 제1공화국에서 제5공화국까지를 극적으로 재구성한 MBC '공화국 시리즈', 일제강점기와 해방 정국 그리고 한국전쟁으로 이어지는 격동의 근·현대사를 다룬 〈여명의 눈동자〉, 1970~1980년대 산업화와 민주화 시기의 정치적 권모술수와 폭력을 멜로드라마적으로 재현한 〈모래시계〉 이후 한동안 방송에서 접하기 어려웠던 역사적·정치적사건을 모티브로 취한 일련의 드라마들이 2010년을 전후한 시기부터 본격적으로 제작·방영되었다.[5]

역사적·정치적으로 민감한 사건을 모티브로 취한 텔레비전드라마 가운데 〈상어〉[6]는 일제강점기에서 2000년대까지 지속적으로 누적된 사회적 폐해에 대한 극적 성찰을 견인한 작품이다. 〈상어〉는 신자유주의적 세계화 전략에 따른 병리적 현상들을 한국 사회가 당면한 파국의 한 징후로 전제하고, 여전히 반복되고 있는 과거의 부조리와 신자유주의가 수반하는 병리적 현상을 재현한 드라마로 평가받았다.[7] 아버지를 죽이고 자

---

5 1945년 해방 공간을 집중적으로 조명한 〈서울 1945〉, 일제강점기 좌익 계열의 독립운동을 본격적으로 소환한 〈이몽〉, 동학농민운동의 전모를 파헤친 〈녹두꽃〉 등이 대표적이다. 이들 작품에서 다룬 역사적·정치적사건들은 연극과 영화에서는 이미 오래전부터 다뤄졌다는 점에서 텔레비전드라마의 정치적 보수성을 보여주는 방증으로 꼽을 수 있다.

6 김지우 극본, 박찬홍·차영훈 연출, 김남길(한이수 역)·손예진(조해우 역)·하석진(오준영 역)·이정길(조상국 역)·이하늬(장영희 역)·김규철(조의선 역)·박원상(변방진 역)·정원중(오현식 역)·정인기(한영만 역)·이재구(요시무라 준이치로 역) 등 출연, 총 20부작, KBS2, 2013.5.27~7.30 방영.

신의 생명마저 빼앗으려는 정치적·경제적 기득권 세력에 맞서 복수를 실행하는 청년의 비극적 개인사를 통해 역사적 사실 조작과 진실 은폐의 폐해를 극적으로 형상화하였기 때문이다. 따라서 〈상어〉는 일제강점기의 친일 잔재를 제대로 청산하지 못한 역사적 과오에 대한 극적 상상력으로 정치적 적폐 청산과 병리 현상 해소를 시도한 작품이라 할 수 있다.

한국의 역사적·정치적 병리 현상에 대한 〈상어〉의 극적 상상력은 청산해야 할 잘못된 역사를 자양분 삼아 권력을 장악한 기득권 세력 때문에 정치·경제·사회·문화적 적폐가 청산되지 못하고 있다는 문제의식에서 출발한다. 일제강점기의 잔재, 분단과 군사주의, 재벌 중심의 자본주의, 가부장제 이데올로기, 정치·경제와 유착된 언론과 교육 등의 폐해가 복잡하게 얽힌 문제적 현실[8]에 대한 극적 상상력을 청년세대의 복수와 사랑으로 풀어낸 것이다. 이를 통해 한국 사회에서 한때 쟁점이 되었으나 관심이 소멸된 과거사 청산 문제를 환기함으로써 역사에 대한 비판적 이해와 성찰을 견인하였다.[9] 이에 따라 이 글에서는 복수와 추리 기법의 멜로드라마 서사에 내재된 정치적 적폐와 병리 현상의 실상을 천착하기 위해 역사적 과오에서 자유롭지 못한 기성세대의 상징적 인물 천영보조상국와 은폐된 진실 규명과 조작된 역사를 바로 잡으려는 청년세대의 상징적 인물 한이수김준의 대립과 갈등을 집중적으로 분석하고자 한다. 독립운동

---

7 권양현, 「TV드라마 〈상어〉에 나타난 파국의 징후와 구원의 가능성」, 『드라마연구』 47호, 한국드라마학회, 2015.10, 27쪽.

8 김귀옥, 앞의 글, 129~142쪽 참조.

9 권양현, 「김지우·박찬홍의 '복수 3부작'에 나타난 파국과 성찰」, 충남대 박사논문, 2016, 13쪽 참조.

가 조상국으로 자기기만의 삶을 살아온 친일파 출신의 기업인 천영보 때문에 죽음의 위기에 빠졌다가 재일교포 사업가 김준으로 신분을 위장하여 은폐되고 왜곡된 역사적 진실 규명에 나서는 한이수의 복수 서사를 통해 일제강점기의 잔재를 제대로 청산하지 못한 정치적 과오가 적폐로 고착되고, 이로 인해 한국 사회의 병리적 현상이 심화되는 문제적 현실에 대한 텔레비전드라마 〈상어〉의 극적 상상력을 확인할 수 있을 것이다.

2. 진실 은폐의 주체와 정치적 병리 현상의 실상

〈상어〉는 음주 운전 뺑소니 교통사고로 사람을 죽였다는 누명을 쓰고 세상을 떠난 아버지의 죽음과 관련한 진실을 밝히려다 자신마저 교통사고로 위장한 살해 위협으로 죽을 뻔한 한이수가 재일교포 사업가 요시무라 준이치로의 도움으로 살아나 복수하는 과정을 추리 서사 기법으로 풀어낸다. 한이수가 자신의 첫사랑이자 검사가 된 조해우를 이용하여 아버지 한영만을 죽인 조상국에게 복수하는 과정에서 진실 은폐와 역사 조작에서 비롯한 정치적 적폐와 병리 현상의 실상이 드러난다. 사랑과 복수의 서사와 결합한 진실 찾기라는 추리의 서사 전개를 통해 일제강점기의 독립운동과 친일 행위, 해방기 미군정의 폐해, 6·25한국전쟁 당시 발생한 거창양민학살, 군사정권시대의 5·18광주민주화운동 등 근·현대사의 비극이 드러나면서 정치적 적폐 청산과 병리 현상 해소의 당위성을 강조한 것이다.

복수와 추리 서사로 구성된 도입부의 주요 내용은 다음과 같다. 대학생들이 가장 존경하는 한국인이자 우리 시대의 존경받는 스승으로 정의와 성찰을 강조하는 독립운동가 출신의 기업인 조상국은 역사 왜곡과 진실 은폐에서 비롯한 정치적 병리 현상의 중심에 놓인 인물이다. 일본 야쿠자 출신의 호텔 사업가 요시무라 준이치로가 조상국을 찾아와 자신의 아버지 김윤식을 아느냐고 묻고, '역사바로잡기연구회' 간사로 활동하는 강희수 교수가 조상국에게 친일파 천영보에 대해 아느냐는 질문을 던지면서 조상국의 숨겨진 과거에 대한 추리가 시작된다. 조상국의 운전기사 한영만은 자신이 과거에 정보기관의 고문관이었다는 것을 알아본 강희수를 죽이게 된다. 같은 시각 조상국의 아들이자 가야호텔 사장 조의선은 음주 운전으로 사람을 죽이고 뺑소니치는 사고를 낸다. 자식들의 미래를 책임지겠다는 조상국의 말에 조의선 대신 자수하러 가던 한영만은 킬러 최병기에 의해 독살당한다. 그리고 아버지의 죽음에 의문을 갖고 있던 한이수마저 죽음의 위기에 처한다. 때마침 사고 현장을 목격한 요시무라 준이치로에 의해 목숨을 건진 한이수는 일본에서 전신 수술을 받고 요시무라의 양아들 요시무라 준이치로한국 이름 김준의 신분으로 한국에 돌아와 검사가 된 첫사랑 조해우에게 접근하여 복수를 결행한다.

복수와 추리 서사가 결합한 도입부를 통해 한이수와 그의 가족에게 발생한 비극이 조상국의 계략에서 비롯했다는 것을 확인할 수 있다. 독립운동가 출신의 성공한 기업인으로 존경받는 스승 조상국이 킬러에게 살인을 교사한 인물이라는 정보가 드라마 도입부에 전진 배치된 것이다. 그리고 한이수에 의해 친일파 천영보가 자신이 살해한 독립운동가 조상국으로 행세하고 있는 사실이 밝혀지고, 이렇게 은폐된 진실이 드러나는 과정에서 자식세대의 불행이 역사적 과오를 제대로 청산하지 못한 기성세대의 잘못 때문이라는 문제적 상황이 부각된다.

조상국으로 살아온 천영보는 진실 은폐와 역사 조작에서 비롯한 정치적 병리 현상을 상징하는 인물이다. 일제강점기 친일 행위를 하던 천영보가 독립운동가 조상국을 살해한 것으로도 모자라 조상국으로 신분을 세탁할 수 있었던 것은 해방 이후 분단과 미군정으로 이어진 정치적 상황에서 친일 잔재 청산이 좌절되었기 때문이다.

> 잘 알려진 바와 같이 식민 잔재 청산을 향한 노력은 반민특위 출범 단계에서부터 저항에 부딪혔다. 사실 식민 잔재를 청산하고자 하는 정책적 노력은 일본의 패망, 그리고 미군의 주둔과 함께 시작되었어야 하는 문제였다. 그러나 해방과 함께 38도선 이남을 점령한 미군정에게 친일반민족행위자 처벌은 관심 밖의 사안이었다. 미군정은 남한 사회를 효율적으로 장악하는 것이 더 중요하다고 보았으며, 식민 지배 아래에서 행정 경험을 닦은 사람들이 그러한 목적 달성에 유용한 존재라고 파악했다. 그들을 청산 대상이 아니라 재활용 대상으로 보았던 것이다. 이 때문에 친일반민족행위자와 그 비호 세력들은 미군정 아래에서 아무런 처벌을 받지 않은 채 명맥을 유지할 수 있었다.[10]

남한 사회를 장악하기 위해 일제강점기에 행정 경험을 닦은 사람들을

10 최병택, 「친일 잔재 청산과 민주화」, 『내일을 여는 역사』 77, 재단법인 내일을여는역사재단, 2019.12, 315~316쪽.

재기용한 미군정의 정책은 친일파 천영보가 자신이 살해한 독립운동가 조상국으로 행세할 수 있는 기반이 되었다. '천영보에 관한 진실'이라는 문건이 세상에 나오기 전까지, 조상국은 존경받는 스승으로 명예롭게 삶을 정리할 수 있었다. 대학 시절 군사독재에 맞서 민주화운동을 했던 재미 역사학자 로버트 윤이 발굴한 미군정기 기록에 따르면, 천영보는 일제강점기 시절에는 친일파였지만 해방 이후 미군정 치하에서 미국 첩자로 활약하다가 어떻게 죽었는지 모르게 세상을 떠난 인물로 독립운동가 조상국과는 고향이 같다는 점 외에 아무런 연관성이 없다. 그런데 조상국을 살해하고 그와 관련된 기록을 모두 없애기 위해 마을에 방화를 저지른 천영보의 만행을 알고 있다는 것 때문에 살해당한 김윤식이 죽기 전에 남긴 문건이 그의 아들 김준일본 이름 요시무라 준이치로[11]의 손을 거쳐 역사학자 강희수에게 넘어가고, 급기야 조상국으로 살고 있는 천영보에게 전해지면서 친일파 천영보의 실체가 세상에 알려지기 시작한다. 자기기만의 삶을 살아온 조상국으로서는 절체절명의 위기 상황이 발생하지만, 정관계는 물론 검찰과 언론을 좌지우지하면서 일상의 평온을 되찾는다.

그러나 한이수가 요시무라 준이치로라는 이름의 재일교포 사업가로 한국에 들어와 검사 조해우와 12년 전 사고에 대해 의문을 품었던 형사 변방진에게 당시 사건의 진실에 대한 실마리를 제공하기 시작하면서 세상 사람들의 존경 속에 명예로운 퇴장을 생각했던 조상국의 계획이 틀어

11 '요시무라 준이치로'라는 김준의 일본 이름은 조상국에 의해 죽을 뻔하다가 살아난 한이수가 물려받아 사용하는데, 이러한 인물의 명명(命名)은 조상국으로 살아가는 천영보의 만행 때문에 일어난 불행이 어느 한 개인의 비극이 아님을 상징하는 장치로 기능한다.

지기 시작한다. 요시무라 준이치로가 한이수라는 사실을 전혀 눈치채지 못한 조상국은 자신의 지시로 12년 전 사건 조작과 은폐에 가담했던 형사 정만철이 살해당하고, '천영보에 관한 진실'이라는 문건의 사실 여부를 증명할 수 있는 진짜 조상국의 사진이 발견되면서 궁지에 몰린다. 급기야 12년 전의 음주 운전 뺑소니 사고의 범인이 조의선이었다는 사실까지 밝혀지자 조상국은 기자회견을 열어 어떤 비난도 달게 받겠다면서 눈물을 흘리며 용서를 구한다. 하지만 12년 전의 사건을 재수사하면서 증조할아버지 조인석에 관해 묻는 검사 손녀 조해우에게는 독립운동사에 수록된 사진을 보여주면서 끝까지 진실을 은폐한다.

조상국으로 살아가는 천영보는 철저하게 자기 자신만 생각하는 이기적인 인간이다. 그는 기득권을 지키기 위해 역사를 조작해서 축적한 자본을 이용하여 정관계와 재계는 물론 검찰과 언론까지 좌지우지한다. 표면적으로는 정의와 원칙 그리고 대의명분을 중시하는 '시대의 스승'이자 자상하고 사려 깊은 '어른'이지만, 실상은 회유와 협박 그리고 권모술수와 음모로 아랫사람을 부리는 잔인하고 노회한 인물이다. 그는 12년 전 아들 조의선의 음주 운전 뺑소니 사고를 운전기사 한영만에게 떠넘기고, 오준영의 아버지 오현식 검사에게 "나라를 위해 큰일을 맡아야지!"라는 말과 함께 검찰 조직 인사 문제를 운운하면서 회유한다. 강희수가 들고 온 '천영보에 관한 진실' 문건을 "영웅주의에 사로잡힌 역사학자가 만들어낸 책상머리 공상"으로 치부하고, 12년 전 사건이 다시 불거지면서 초조해하는 아들 조의선에게는 "네 체면 같은 거 중요하지 않아. 자식이 받을 상처부터 걱정하는 것이 애비"라며 질타하는 동시에 오현식 지검장에게 정만철 형사 살해사건이 "룸싸롱 이권을 둘러싼 원한 살인쯤으로 해석"된다고 말하면서 수사 가이드라인을 제시할 정도로 뻔뻔하게 행동한다.[12]

그는 12년 전 발생한 한영만과 한이수의 죽음에 대한 재수사의 진실이 자신을 향하자 관련 인물 살해를 교사하는가 하면, 조해우의 의지와 선택을 존중한다면서도 재수사를 추동한 배후가 누구인지 알아내려 하다가 오준영을 움직여 조해우의 재수사를 저지하려 한다. 그런가 하면, 은폐된 진실을 밝히려는 한이수에게는 "어떤 인간도 남을 판단할 만큼 순수하지도 완벽하지도 않아. 아무리 선량하게 보이는 사람한테도 감춰진 얼굴이 있어. 그래서 진실이란 걸 알면 안 되는 건지도 몰라. 진실을 알면 두려움이 생기고, 결국은 스스로를 무너뜨리지"12회라고 충고할 정도로 자기기만에 사로잡혀 있다. 거짓과 위선으로 쌓아올린 명예에 함몰된 조상국은 자신의 만행을 감추기 위해 아들 조의선의 생명은 물론 손녀 조해우의 미래도 아랑곳하지 않는다. 마침내 자신이 독립운동가 조상국을 살해한 친일파 천영보라는 사실이 밝혀진 상황에서도 거짓과 위선으로 일관한다. "허긴 이번 문제는 내 개인의 문제가 아니라, 이 나라 전체 기강의 문제라고 생각을 하고 있어요. 한심한 위인이 지어낸 책상머리 공상이라 할지라도 많은 국민들 마음속에서는 나에 대한 의심이 싹이

---

12 조상국으로 살아가는 천영보는 오현식 지검장을 "중책을 맡고 있는 사람이 노트북 파일에 흔들려서야 되겠어? 자넨 지금 그 자리보다 더 중요한 위치에 올라갈 사람이야. 잠시 숨고르기 한다 생각하고 그 자리에 연연하면 안 돼. 내 말 오해하면 안 돼. 자네 없이 나도 없고, 나도 자네 없이 안 돼"(12회)라고 회유하는 방식으로 출세욕을 자극하면서 정관계 권력 실세에 대한 자신의 영향력을 과시한다.

텄을 테고, 그 의심은 불신을 낳고, 그 불신은 어쩌면 현 정부를 향할 수도 있을 거야. 수석도 알다시피 내가 키운 정치인이 한 둘이 아니야. 내가 타격을 입게 되면 어쩔 수 없이 정치권도 요동을 치게 될 걸세"20회라면서 최고 권력자의 우려를 전하러 온 수석을 겁박한다.

그리고 자신의 전 재산을 사회에 환원하겠다는 발표로 '천영보에 관한 진실' 문건을 덮으려는 꼼수를 부리고, "지금까지 살아오면서 나도 모르게 누군가에게 상처를 주었을 테고, 또 알게 모르게 죄도 지으면서 살았을 거예요. 이번에 괴문서를 만들고 불법 배포한 사람 역시 내게 뭔가 섭섭함이 있었을 테니까요. 오히려 이런 일을 계기로 살아온 삶을 되돌아보는 계기가 됐어요"20회라면서 이 세상에 완전무결한 사람은 없다는 식으로 자신의 인생을 합리화시킨다. 자신이 버린 아내이자 조의선의 생모가 남긴 유품에서 독립운동가 조상국이 아니라 친일파 천영보라는 것을 보여주는 결정적 증거가 나오고, 결국 검찰에 체포되는 순간에도 "나는 조국을 위해 살아왔습니다. 내가 하고 싶은 말은 오직 그것뿐입니다"20회라고 외친다. 이러한 태도 때문에 조상국은 전체주의적 성향이 강한 인물로 해석[13]되지만, 친일파와 인민군 그리고 미군 첩자를 넘나들었던 그는 갑작스러운 분단을 계기로 생명을 연장한 것은 물론 독립운동가 행세를 하면서 명예와 부를 축적한 분단의 수혜자[14]일 뿐이다.[15] 그는 "우리

---

13 권양현, 앞의 글, 20쪽 참조.

14 한홍구, 「적폐청산의 시발점, 공안체제의 해체」, 『황해문화』 여름호, 새얼문화재단, 2017.6, 17쪽.

15 미국 기밀문서를 연구한 재미 역사학자 로버트 윤은 천영보의 실체에 대해 묻는 조해우에게 "좌도 우도 어떤 이념도 없었던 거 같아요"라면서 "전쟁이 일어나고 인민군이

민족을 믿어. 전쟁의 폐허를 딛고 지금의 발전을 이뤄낸 민족, 나는 우리 국민의 현명함을 믿"17회으면서 "전쟁으로 폐허가 된 조국의 미래를 위해서 지금까지 난 최선을 다해 왔어. 아무도 나를 비난할 수가 없어. 나는 애국자야"19회라고 강변한다. 이러한 천영보조상국의 태도는 국가를 위한다는 의도로 거짓말이라는 죄책감을 희석시키는 전형적인 자기기만에 해당한다. 천영보조상국의 자기기만적 행위는 손녀 조해우가 증거물로 제시한 인민군 시절 사진 때문에 교도소에 수감된 상황에서도 수족처럼 부리던 형사를 시켜 한이수를 살해하는 것으로 이어진다. 한이수가 죽었다는 소식을 접한 그는 비열한 표정으로 음흉하게 웃는다. 근접 촬영한 그의 음흉한 웃음은 은폐된 진실 규명과 상관없이 정치적 적폐 세력의 뿌리를 완전히 제거하기 어렵다는, 비관적이면서도 암담한 문제적 현실을 환기한다.

일제강점기의 친일, 해방 이후 분단과 전쟁 상황에서의 인민군과 미군 첩자, 휴전 이후 독립운동가 출신의 호텔 경영인이자 이 시대의 존경받는 어른으로 부와 명예를 축적한 천영보는 진실 은폐와 역사 조작에서 비롯한 정치적 병리 현상을 상징하는 인물이다.[16] 다시 말해 독립운동가

기선을 잡았을 때 천영보는 인민군 수족이 되어서 지주들뿐만 아니라 양민들을 무참히 학살했어요. 그리고 미군이 다시 기선을 잡자 곧바로 미군 첩자가 되어서 어제 동료였던 사람들을 밀고했고, 처형에도 직접 가담했다고 기록되어 있어요."(14회)라고 설명한다.

16 텔레비전드라마 〈상어〉는 6·25한국전쟁 이후 휴전 상황에서 그치지 않고, 5·16군사쿠데타로 시작된 제3공화국에서 5·18광주민주화운동을 유혈 진압하고 출범한 제5공화국에 이르는 군사독재정권 시기까지 극적 상상력의 범주를 확장하여 진실 은폐와 역사 조작의 정치적 병리 현상에 대한 성찰을 시도한다. 조상국으로 살아가는 천영보의 수족이었던 최병기와 한영만을 5·18광주민주화운동을 유혈로 진압한 군인이자

조상국을 살해하고 그의 이름으로 부와 명예를 누리며 살아온 천영보는 "해방공간 초기 일제잔재 청산을 단행하지 못한 탓으로 일제강점기 구축된 인적 물적 토대와 반민족적 식민지 지배구조의 틀이 오늘에 이르기까지 우리 사회의 주류를 이루고 있다. 정치, 경제, 사회는 물론 문화, 교육, 예술계 분야에도 인적·물적 일제 잔재는 여전히 작동 중"[17]인 현실을 환기하기 위해 극적으로 상상된 인물이자, 우리 사회에 곳곳에 깊이 뿌리내려 청산하기 쉽지 않으나 반드시 청산해야 할 정치적 적폐의 실체라 할 수 있다.

3. 진실 규명의 주체와 정치적 적폐 청산의 시작

〈상어〉의 핵심 서사는 천영보에게 아버지를 잃고 일본으로 건너가 야쿠자 생활을 하다가 호텔 사업에 성공한 요시무라 준이치로가 「천영보에 관한 진실」이라는 문건을 역사학자 강희수에게 건네고, 이로 인해 평생을 독립운동가로 살아온 친일파의 실체가 세상에 드러날 위기 상황에서 진실을 은폐하기 위해 수단 방법을 가리지 않는 천영보의 만행과 이에 대한 한이수의 복수와 진실 규명이다. 요시무라 준이치로의 복수 계획은 아버지의 죽음이 조상국 회장 때문이라는 것을 알게 된 한이수에

남영동 대공분실에서 악질적인 고문을 자행한 형사로 설정한 것은 〈상어〉의 극적 상상력의 범주가 근·현대사 전반에 걸쳐 있음을 보여주는 방증이다.

17 윤경로, 앞의 글, 24쪽.

의해 실행되면서 추동력을 갖게 된다. 요시무라 준이치로의 도움으로 살아난 한이수가 재일교포 김준으로 신분을 위장하고 한국에 돌아와 조상국으로 살아가는 천영보에게 복수의 칼날을 겨누면서 복수 서사가 본격적으로 전개된다. 이 과정에서 은폐되고 조작된 천영보의 진실에 대한 추리 서사가 동시에 가동되면서 수십 년의 세월 동안 누적된 정치적 적폐의 실상이 서서히 드러난다. 한이수의 복수 서사는 한국 근현대사에서 공권력에 의해 자행된 폭력적 사건의 실체를 드러내면서 사회적 서사로 확장된다.[18] 다시 말해 은폐된 진실 규명을 통해 조작된 역사를 바로 잡는 과정에서 요시무라 준이치로와 한이수의 개인 복수 서사가 공적 영역의 역사적·정치적 서사로 전이된다는 것이다.

그러나 복수 주체의 태도는 세대와 처지에 따라 구분된다. 천영보의 파멸이 공동의 목표지만 요시무라 준이치로가 전면에 나서지 않는 반면, 한이수는 요시무라 준이치로의 자본력과 조해우의 공권력을 이용하여 전면에 나서서 천영보를 직접 응징하는 방법을 선택한다.[19] 요시무라 준이치로는 천영보에 관한 문건을 찾았을 때 바로 공개하지 않은 이유를 묻는 한이수에게 "공개했다면 어떻게 됐을 거 같은가? 난 힘이 없었고, 조회장은 권력자들을 등에 업고 있었어"17회라고 대답하면서 조상국

---

18 권양현, 앞의 글, 9쪽.

19 요시무라 준이치로가 조상국 회장을 "무너뜨리는 것보다 무너지는 과정이 중요."(6회)하다고 생각하는 반면, 아버지의 죽음에 대한 진실을 규명하기 위해 뺑소니 교통사고 현장의 목격자까지 직접 찾아내지만 이미 사건 처리가 끝났다는 담당 형사의 말에 분노하면서 "돈과 권력이 많아도 진실은 이기지 못"(3회)한다고 절규했던 한이수는 조상국 회장의 파멸 자체를 중시한다는 점에서도 차이가 있다.

을 상대할 수 있는 힘을 기르는 것이 우선이었음을 밝힌다. 요시무라 준이치로의 말은 '독립운동가'로서의 사회적 명예와 '호텔 경영인'으로서의 자본력을 겸비한 조상국에게 역사적 사실을 조작하고 왜곡할 수 있는 '보이지 않는 권력'이 있고, 그의 권력이 정치적 적폐 세력과 결탁되어 있는 현실을 환기한다. 조상국 회장이 '천영보에 관한 진실'이라는 문건을 "영웅주의에 사로잡힌 역사학자가 만들어낸 책상머리 공상"2회, "할애빈 사람을 죽였다. 내가 천영보를 죽였다"14회,[20] "역사는 승자의 편"17회, "누군지 얘기를 아주 잘 만들어냈더군"20회, "한심한 위인이 지어낸 책상머리 공상"20회으로 치부하면서 손녀 조해우를 속이는 것은 물론, 언론계와 법조계 실세를 움직여 진실이 드러나는 것을 마지막까지 저지하려고 시도[21]하는 상황들에서 그가 진실 은폐와 역사 조작으로 명예와 부를 축적한 정치적 적폐 세력임을 확인할 수 있다.

---

20 조상국 회장은 손녀 조해우에게 자신의 과거를 다음과 같이 조작한다. "할애비한테 실망이 큰 거 안다. 하지만 난 그때 천영보 그 자를 도저히 용서할 수가 없었다. 천영보는 네 증조부를 일본 경찰에 밀고해서 잔혹한 옥고를 치르게 했고, 인민군이 돼서 내 아버지를 무참하게 살해했어. 그리고 집과 마을을 불더미로 만들어서 죄 없는 수많은 사람들의 목숨을 빼앗았어. 그때 내 어머니도……. 아버지는 천영보를 아들처럼 아끼셨고, 나도 동생처럼 친구처럼 생각을 했다. 천영보가 내 눈 앞에 나타났을 때 나는 하늘이 준 기회라고 생각해서 그때를 놓치면 평생을 후회할 거 같았었다. 지금에서야 내가 부질없는 짓을 저질렀다는 것을 깨달았지만, 그땐 그 자를 살려둘 수가 없었다."(15회)

21 '천영보에 관한 진실' 문건을 읽은 기자의 언론 보도는 언론사 국장에 의해 저지(19회)되고, 가야그룹 비자금 파일을 제보받은 검사의 사건 조사 또한 부장검사 선에서 저지(19회)당할 정도로 조상국의 힘은 강력하다. 이처럼 조상국이 언론계를 장악할 수 있었던 것은 자신의 재력으로 언론계 장학생을 육성했기 때문이다. 이것은 언론계 인사들 가운데 한 명이 바쁜 와중에도 조해우와 오준영의 결혼식에 참석해줘서 고맙다는 조상국의 말에 "여기 모인 사람들 전부 회장님 덕분에 공부하고 이 자리까지 온 사람들입니다"(3회)라고 말하는 상황에서 잘 드러난다.

조상국 회장이 자신의 과거를 기록한 문건을 끝까지 은폐할 수 있다고 생각한 것은 내용을 입증할 수 있는 증거가 하나도 없다는 판단에서이다. 그러나 독립운동가 출신의 성공한 기업인이자 존경받는 시대의 어른 조상국 회장이 독립운동가 조상국을 살해한 친일파이자 인민군과 미군 첩자로 처세했던, "좌우 없이 자기 자신만 아는 사람"14회 '천영보'라는 사실을 입증할 수 있는 결정적 증거인 인민군 시절 사진을 그가 버린 아내이자 조의선의 생모가 유품으로 남기고, 그것이 조해우에게 들어가면서 그는 결국 파멸의 나락으로 떨어진다. 한이수에게 증명할 수 없을 것이라 큰소리쳤던 '은폐된 진실'이 자신의 혈육에 의해 규명되는 아이러니한 상황이 발생한 것이다.

다만, 요시무라 준이치로 회장이 갖고 있던 문건이 한이수를 통해 조해우에게 전달되었지만, 조상국 회장이 천영보라는 사실을 입증할 결정적인 증거가 없어서 '영웅주의에 사로잡힌 역사학자가 만들어낸 책상머리 공상'으로 은폐될 뻔했던 역사적 진실이 조해우의 부탁을 받은 해커에 의해 인터넷을 통해 공개되는 상황을 주목할 필요가 있다. 천영보가 왜곡하고 은폐한 역사적 진실이 언론과 검찰이라는 공식적인 통로가 아니라 해커라는 비정상적인 방법으로 공개되었다는 것은 조상국 회장의 파멸을 정치적 적폐 청산과 병리 현상 해소라는 '시적 정의poetic justice'[22] 구현으로 해석할 수 없도록 만든다. 교도소에 수감된 천영보의 사주를 받은 수사 담당 형사가 한이수를 살해한 결말 또한 마찬가지이다. 이처

22 윤석진, 『한국 멜로드라마의 근대적 상상력』, 푸른사상, 2004, 24~26쪽 참조.

럼 〈상어〉는 멜로드라마 장르 문법을 차용하면서도 시적 정의를 완벽하게 구현하지 않음으로써 역사적·정치적 병리 해소에 대한 비관적 인식을 드러낸다.

은폐된 진실 규명을 통해 조작된 역사를 바로 잡으려는 한이수는 정치적 적폐 세력의 상징적인 존재 조상국 회장 때문에 비극적 운명에 빠진 청년세대이다. 그는 조상국 회장이 은폐한 진실을 규명할 수 있는 단서를 하나씩 조해우에게 넘기면서 12년 전 사건의 재수사를 끌어낸다. 한이수의 복수와 조해우의 추리를 결합하는 고리는 첫사랑의 감정이다. 한이수는 조해우가 다니는 학교로 전학 와서 처음 만나고, 바로 그날 조해우가 가야호텔 창업주 조상국 회장의 손녀라는 사실을 알게 된다. 하지만 이들은 경제적 여건과 상관없이 서로에게 가장 소중한 존재가 된다. 조해우는 자신이 가장 소중하게 생각하는 호숫가로 한이수를 데려간 날을 기념하기 위해 비디오카메라를 촬영하면서 가장 좋아하는 것이 무엇이냐는 질문을 던진다.

한이수 상어, 상어는 부레가 없어.

조해우 그럼 어떻게 살아?

한이수 살기 위해선 끊임없이 움직여야 돼. 멈추면 죽으니까. 자면서도 움직여야 상어는 살 수가 있어.

조해우 되게 피곤하게 사는 거네.

한이수 그래도 바다에선 상어가 제일 강해.

조해우 그래서 상어를 좋아하는 거야? 상어가 강하니까?

한이수 아니, 불쌍해. 아무도 상어를 좋아하지 않을 거 같아서.

조해우 넌 만약 내가 사라지면 어떡할 거야?

한이수 찾아야지.

조해우 만약 찾을 수 없으면?

한이수 반드시 찾을 수 있어.

조해우 어떻게? 어떻게 찾을 건데? 어떻게 찾을 건데? 대답해봐, 어떻게 찾을 건데?

한이수 죽을 때까지 널 찾을 거니까. 널 찾기 전엔 난 죽지도 못할 테니까.[1회]

〈상어〉 1회 도입부에서 어린 한이수와 조해우가 대화하는 장면이다. 이 장면은 이들의 불행한 상황과 비극적 인연을 환기할 때마다 반복적으로 제시된다. 아무도 좋아하지 않을 것 같아서 좋아하는 '상어'는 살기 위해서 끊임없이 움직여야 하는 청년세대를 환기하는 한이수를 상징하는 오브제이다. 인간으로서의 존재감을 갖기 위해 기성세대가 만들어놓은 틀에 갇혀 살아가는 역설적 운명의 동시대 청년세대는 부레가 없어서 자면서도 쉴 수 없는 상어의 처지와 다르지 않기 때문이다. 상어처럼 강해야 살아남는 것을 알고 있는 한이수는 기성세대의 요구에 맞춰 살아가지 않는다. 아버지가 살해당한 것을 알게 된 이후, 돈과 권력으로 막을 수 없는 진실을 규명하기 위해 자신의 모든 것을 던진다.

각자 처한 상황이 다르기 때문에 은폐된 진실과 마주하는 한이수와 조해우의 태도는 미묘한 차이를 드러낸다. 조해우가 12년 전의 뺑소니 음주 운전 교통사고의 진범이 아버지 조의선일지 모른다는 의구심 때문에 진실을 피해 도망가고 싶어 하는 것과 달리, 한이수는 아버지 한영만을 위해 반드시 진실을 규명하고자 한다. 이 과정에서 조해우는 12년 전 사건 재수사 과정에서 당시 목격자가 오현식 지검장의 지시 때문에 증언을 거부한다는 사실을 알게 된다. 그리고 "진실을 왜곡하고 덮는 게 검사가 하는 일이라면 이 자리에 관심 없"다면서 "누군가 과거의 진실을 밝히기 위해 살인까지 저지르"는 상황을 막아야 한다는 사명감으로 12년 전 사건 재수사를 포기하지 않으면서도 한편으로는 "과거는 들출 때만 존재하는 거야. 그러니 묻어"7회 두라는 오현식 지검장의 말을 무시하지 못한다. 그리고 한이수가 살아있는 것을 알게 된 남편 오준영이 사건에서 빠지라고 조언하자, 한이수를 영영 만나지 못할 것을 우려하면서 사건을 포기하지 않는다. 마침내 김준이 들고 있는 상어 금속 조각을 통해 그가 한이수임을 직감하고 복수를 멈추라고 호소하다가 "김준이 원해서가 아니라, 내 스스로 진실을 찾을 거야. 그게 한이수를 다시 찾는 일일 테니까"12회라고 말할 정도로 개인적인 감정에 함몰된다. 이처럼 조해우는 정당한 공권력 집행으로 은폐된 진실을 규명해야 하는 검사로서의 사명감보다 첫사랑 한이수에 대한 연민의 감정에 사로잡혀 있다.

한이수는 "이 사회는 힘 있는 사람들이 말하는 것처럼 정당하지 않아요. 한 번도 그랬던 적이 없죠"12회라면서 김준의 신분으로 조해우를 상대하다가, 자신이 학창 시절에 그녀를 위로하며 해주었던, "시시한 사람들이 벌인 일일 뿐이야"라는 조해우의 말에 흥분해서 한이수의 마음으로 "난 누구의 말도 듣지 않아. 시작도 끝도 내가 선택해"라면서 조상국 회장에 대한 복수 의지를 강조한다. 그러나 조상국의 살인 교사로 억울하게 세상을 떠난 아버지가 악명 높은 고문 수사관이라는 사실을 알게 된 한이수는 자신이 조상국 회장에게 했던, "세상엔 균형이 필요해. 한쪽만 억울한 일을 당하면 균형이 무너져. 당신 인생에 균형이 필요하다고 생각하지 않아?"3회라는 말이 부메랑으로 돌아온 것을 확인하고 당혹감을 감추지 못한다. 그리고 "돌아보지 마,[23] 끝을 내야지, 한이수!"18회라면서 감춰둔 권총을 꺼내 들고 조상국 회장을 찾아간다.

조상국 무슨 일인가?

한이수 (조상국에게 권총을 겨누며) 처음부터 이렇게 끝냈어야 했어. 당신 같은 인간은 세상에 존재해서는 안 되는 거였어. 증거, 진실 증명, 당신한텐 사치일 뿐이다.

조상국 솔직해봐, 자네는 진실을 마주할 자신이 없어진 거야. 그렇지?

한이수 당신은 진실이란 단어를 입에 담을 자격조차 없어.

조상국 넌 자격이 있다고 생각하나?

한이수 당신하고 난 달라. 천영보 당신이 딛고 선 그 자린 죄 없는 사람들의 생명을 짓밟고 선 무덤일 뿐이니까.

조상국 독립투사라도 된 것 같구먼, 기껏해야 복수심 따위도 극복하지 못한 한심한 위인이 말이야.

한이수 입 닥쳐.

---

23 돌아보면 안 된다는 경고를 무시해서 비극이 된 사연을 모티브로 그린 샤갈의 〈오르페우스〉는 한이수가 과거에 얽매여 진실을 외면하는 것을 경계하는 의미를 상징하는 오브제로 기능한다.

조해우 (서재 밖에서) 안 돼, 이수야. 이렇게 끝내면 허무할 뿐이야. 잘못된 것을 바로잡지도 못하고, 아무 것도 밝힐 수가 없어. 너만 살인자가 될 뿐이라고. 넌 지금 도망치는 거야. 내가 그랬듯이 너도 지금 도망치려 하고 있어. 네가 지금껏 찾아왔던 건 진실이야. 너조차 상상할 수 없는 무서운 진실을 마주했다고 도망치면 안 돼. 우리 잘못이 아니야. 너도 나도 우리가 할 수 있는 일을 하는 수밖에 없어. 한 사람의 죽음으로 허망하게 끝내서는 안 돼, 이수야. 너의 아버진 진실을 밝히려고 하셨어. 잘못을 뉘우치고, 스스로 용서를 구하는 건 누구나 할 수 있는 일이야. 한기사님의 죽음을 헛되게 하지 마, 이수야. 제발 너 자신을 버리지 마.

한이수 (조상국에게 겨누었던 권총을 내려놓는다)

조상국 날 쏴, 네 손에 죽는 것도 나쁘지 않아. 피는 속이지 못한다는 걸, 살인자의 아들인 네가 결국은 증명하게 되는 거니까. 뭘 망설이나? 여긴 자네하고 나하고 둘 뿐이야.

조해우 (서재 밖에서) 안 돼, 이수야! 안 돼!

조상국 나는 지금 죽어도 여한이 없어, 내가 살아온 시간을 절대로 후회하지 않아. 끔찍한 시간을 살아내기 위해서 어쩔 수 없는 선택을 한 거 뿐이니까.

한이수 끔찍한 시대였다고? 그 시대를 끔찍하게 만든 장본인이 누구지? 바로 당신 같은 사람들이야.

조상국 너희가 누리는 풍요로움을 누구의 덕이라고 생각을 하나? 전쟁으로 폐허가 된 조국의 미래를 위해서 지금까지 난 최선을 다해 왔어.

아무도 나를 비난할 수가 없어. 나는 애국자야!

한이수 당신은 역시 구제불능이야. (서재 창문을 향해 권총을 발사한다.) 당신은 편안히 죽을 자격이 없어.[19회]

자신이 마주한 아버지의 진실 때문에 흥분했던 한이수는 자신의 만행을 뻔뻔하게 합리화하는 조상국 회장의 말에 분노하며 사적 영역의 복수심을 거두고, 공적 영역으로 나아간다. 그리고 아버지의 고문 때문에 생명을 잃은 피해자의 유족을 찾아가 용서를 구한다. 한 달에 한 번씩 찾아와서 용서를 구해도 마음이 움직이지 않던 피해자 어머니는 한이수의 사죄를 받아들이면서 "세상 사람들한테 내 아들같이 불쌍한 아이들도 있다고, 제발 잊지 말아 달라고, 잊어버리지 말라고 젊은이가 좀 알려줘요. 아무도 내 말은 들어주지를 않아. 난 늙고 못 배워서 어떻게 시작을 해야 하는지 모르겠고, 젊은이가 전해줘요, 그게 내 부탁이오"[19회]라고 호소한다. 이렇게 개인적인 원한에서 시작된, 조상국이 은폐한 진실을 규명하려 했던 한이수의 행위는 사적 영역의 복수에서 벗어나 공적 영역의 역사적 과오 청산으로 확장된다. 이는 곧 한이수가 공권력을 집행하는 조해우와 달리, 암울한 시대의 방향을 제시하는 '북극성' 같은 존재임을 의미한다. 〈상어〉에서 '북극성'은 개인적 감정 때문에 공적 영역의 문제 해결이 방해 받아서는 안 된다는 주제의식을 환기하는 오브제이다. 12년 전 비극이 시작되기 전에 한이수가 조해우에게 '북극성'이 어두운 밤에 길을 잃었을 때 방향을 알려주는 별이라고 알려줬던 장면이 조작된 역사를 바로 잡기 위한 진실 규명 과정에서 한이수와 조해우가 갈등할 때마다 반복적으로 회상되면서 정치적 병리 현상의 해소라는 주제의식을 환기시키기 때문이다.

은폐된 진실 규명을 통해 조작된 역사를 바로 잡아 정치적 병리 현상을 해소하려는 〈상어〉의 주제의식은 등장인물들의 공간을 통해서도 잘 드러난다. 조상국 회장의 잘 꾸며진 서재는 그의 명예와 부가 독립운동가 조상국을 죽인 진실 은폐와 과거 조작의 부산물임을 상징적으로 보여준다. 그리고 조상국 회장의 수족이라는 신분을 위장하기 위해 최병기가 운영하는 헌책방 '대오서점'은 5·18광주민주화운동 진압군에서 남영동 대공 분실 고문 수사관으로 활동했던 과거를 포함하여 미처 청산하지 못한 과거들이 뒤엉킨 역사를 상징한다. 반면에 한이수와 조해우의 추억이 깃든 학교 도서관은 과거에서 교훈을 얻고 미래를 준비하는 청년세대의 현재를 공적으로 상징하는 장소라 할 수 있다. 이처럼 〈상어〉에서는 '기록물'로서의 책이 진열되고 보관된 '공간'에 상징적 의미를 부여하여 '장소'로 제시함으로써 '사실과 진실'의 '조작과 왜곡'을 경계하는 주제의식을 효과적으로 시각화한다.

조해우가 할아버지 조상국 회장의 파멸 이후 찾아간 서재 장면에서도 은폐된 진실 규명과 조작된 역사를 바로 잡고 미래로 나아가야 한다는 〈상어〉의 주제의식을 확인할 수 있다. 한이수는 교도소에 수감된 조상국 회장의 사주를 받은 형사가 쏜 총에 맞아 생명이 위태로운 상황에서 마지막으로 동생 한이현에게 간을 이식해주고 눈을 감는다. 그리고 조해우는 교도소에 수감된 할아버지의 공간이었던 서재에 들어가 둘러보다가 문을 닫고 나온다. 조상국천영보의 손때가 묻어 있는 책꽂이는 어둠 속에 잠기고, 돌아서 나오는 조해우의 모습은 밖에서 들어온 햇빛으로 빛나는 장면, 그리고 조해우가 문을 닫고 나온 서재가 서서히 어둠에 잠기는 장면은 조상국천영보의 서재가 손녀 조해우에 의해 굳게 닫힘으로써 왜곡되고 은폐되었던 역사의 진실을 바로 잡을 수 있는 가능성을 보여준다.[24] 다시 말해 천영보조상국가 환기시킨 역사적·정치적 병리가 해소되고, 한국 사회의 뿌리 깊은 정치적 적폐가 청산되기 시작했음을 상징적으로 보여주는 것이다. 그리고 조해우가 부레를 새겨 넣은 상어 나무 조각을 바다로 흘려보내는 마지막 장면에는 비극적으로 생을 마감한 한이수가 죽어서나마 편히 쉬기를 바라는, 기성세대 때문에 불행했던 청년세대에 대한 애도의 의미가 담겨 있다. "의사는 이수가 살아있다는 것이 기적이라고 했다. 하지만 난 안다. 그건 기적이 아니라 이수의 강한 의지라는 거, 이수는 있는 힘껏 생명의 끈을 붙들고 내게 말한다. 자신을 살려달라고, 자신을 그만 놓아달라고, 그리고 지금 내가 할 수 있는 일을 하라고. 사랑해, 이수야. 이제는 편히 숨 쉴 수 있어, 이수야"20회라는 조해우의 마지막 독백은 한이수를 위한 애도사라 할 수 있다.

4. 기득권 적폐 세력의 청산과 시적 정의 구현

텔레비전드라마 〈상어〉는 청산해야 할 잘못된 역사를 자양분 삼아 권력을 장악한 기득권 세력이 정치·경제·사회·문화적 병리의 원인 제공

---

24 권양현, 앞의 글, 141쪽.

자라는 진단과 함께 역사적·정치적 병리를 해소하기 위한 방안을 복수와 추리 기법의 극적 상상력으로 구현한 멜로드라마이다. 특히, 독립운동가 조상국으로 살아온 천영보의 자기기만과 만행, 그리고 재일교포 김준으로 신분을 숨긴 한이수의 복수와 진실 규명을 통해 역사에 대한 비판적 이해와 성찰을 견인하는 데 성공하였다. 이 글에서는 멜로드라마적인 서사에 내재된 정치적 적폐와 병리 현상의 실상을 천착하기 위해 역사적 과오에서 자유롭지 못한 기성세대의 상징적 인물 천영보조상국와 은폐된 진실을 규명하고 조작된 역사를 바로 잡으려는 청년세대의 상징적 인물 한이수김준의 대립과 갈등을 분석하였다.

독립운동가 조상국으로 자기기만의 삶을 살아온 친일파 출신의 기업인 천영보 때문에 죽음의 위기에 빠졌다가 재일교포 사업가 김준으로 신분을 위장하여 은폐되고 왜곡된 역사적 진실 규명에 나서는 한이수의 복수 서사는 일제강점기의 잔재를 제대로 청산하지 못한 정치적 과오가 적폐로 고착되고, 이로 인해 한국 사회의 병리적 현상이 심화하는 문제적 현실에 대한 텔레비전드라마 〈상어〉의 극적 성찰의 결과물이다. 천영보조상국는 일제강점기의 친일, 해방 이후 분단과 전쟁 상황에서의 인민군과 미군 첩자, 휴전 이후 독립운동가 출신의 호텔 경영인이자 이 시대의 존경받는 어른으로 부와 명예를 축적하여 역사를 조작하고 진실을 은폐한 인물이다. 다시 말해 독립운동가 조상국을 살해하고 그의 이름으로 부와 명예를 누리며 살아온 천영보는 역사적·정치적 병리 현상을 환기하기 위해 극적으로 상상된 인물이자, 우리 사회에 곳곳에 깊이 뿌리 내려 청산하기 쉽지 않으나 반드시 청산해야 할 정치적 적폐의 실체라 할 수 있다.

그리고 천영보조상국에 대한 개인적 원한에서 시작된, 조작되고 은폐된 진실을 규명하려 했던 한이수김준는 공권력을 집행하는 검사 조해우와 달리, 암울한 시대의 방향을 제시하는 '북극성' 같은 상징적 존재로 상상되었다. 〈상어〉에서 '북극성'은 개인적 감정 때문에 공적 영역의 문제 해결이 방해받아서는 안 된다는 주제의식을 환기하는 오브제이다. 12년 전 비극이 시작되기 전에 한이수가 조해우에게 '북극성'이 어두운 밤에 길을 잃었을 때 방향을 알려주는 별이라고 알려줬던 장면이 조작된 역사를 바로 잡기 위한 은폐된 진실 규명 과정에서 한이수와 조해우가 갈등할 때마다 반복적으로 회상되면서 정치적 병리 현상의 해소라는 주제의식을 환기하기 때문이다. 〈상어〉는 일제강점기의 잔재를 제대로 청산하지 못한 정치적 과오가 적폐로 고착되고, 이로 인해 청년세대의 좌절과 절망이 심화하면서 미래로 나아가지 못하는 문제적 현실에 대한 시적 정의 구현의 가능성을 모색한 텔레비전드라마라 할 수 있다. 천영보조상국에 대한 한이수김준의 복수가 사적 영역에 함몰되지 않고 공적 영역으로 전이되는 과정을 통해 일제강점기에서 1980년대 군사정권에 이르는 세월 동안 누적된 정치적 적폐 청산과 병리 현상의 해소라는 극적 상상력이 탁월하게 형상화되었기 때문이다. 따라서 〈상어〉는 그동안 정치적인 민감성 때문에 한국드라마에서 제대로 주목하지 않았던, "오랫동안 쌓인 관행, 부패, 비리 등의 폐단"으로서의 '적폐積弊' 문제를 과거와 현재 그리고 미래로 이어지는 역사에 대한 극적 상상력을 통해 형상화하여 정치적 적폐 청산 문제로 갈등하는 한국 사회에 경종을 울린 텔레비전드라마로 평가받아 마땅하다.

참고문헌

1. 기본 자료

김지우 극본, 박찬홍·차영훈 연출, 〈상어〉, 총 20부작, KBS2, 2013.5.27~7.30.

2. 논문 및 단행본

권양현, 「TV드라마 〈상어〉에 나타난 파국의 징후와 구원의 가능성」, 『드라마연구』 47호, 한국드라마학회, 2015.10.

______, 「김지우·박찬홍의 '복수 3부작'에 나타난 파국과 성찰」, 충남대 박사논문, 2016.

김귀옥, 「적폐 청산의 시대, 화해와 소통을 위한 사회 운동의 방향」, 『통일인문학』 76, 건국대 인문학연구원, 2018.12.

윤경로, 「해방 70년, 일제잔재 무엇을 어떻게 청산할 것인가?」, 『내일을 여는 역사』 59호, 재단법인 역사와 책임, 2015.6.

윤석진, 『한국 멜로드라마의 근대적 상상력』, 푸른사상, 2004.

최병택, 「친일 잔재 청산과 민주화」, 『내일을 여는 역사』 77, 재단법인 내일을여는역사재단, 2019.12.

켄달 L. 월튼, 양민정 역, 『미메시스－믿는 체하기로서의 예술』, 북코리아, 2019.

한홍구, 「적폐청산의 시발점, 공안체제의 해체」, 『황해문화』 여름호, 새얼문화재단, 2017.6.

* 이 글은 "윤석진, 「역사적·정치적 병리에 대한 텔레비전드라마 〈상어〉의 상상력」, 『동아시아연구』 84집, 한양대 동아시아문화연구소, 2021"을 수정·보완하였음.

<모범택시>, 사법 체제의 균열과 응보적 정의

백소연

1. 새로운 정의에 대한 열망

2000년대 이후 한국 텔레비전드라마의 뚜렷한 변화 가운데 하나는 "복수"를 테마로 한 작품들이 대거 등장했다는 점이다. "드라마들의 자극 강도가 세지고 갈등의 양상은 격화되고 폭력이 난무하며 강력 범죄들이 즐비한 그 한복판"[1]에 바로 이러한 유형의 드라마가 자리하게 된 것이다. 물론 복수라는 소재는 멜로드라마를 비롯한 여러 장르와 결합되어 왔지만 특히 범죄로 인한 피해를 다룬 경우, 대체로 잔혹한 형태의 사적 복수극으로 나아가는 양상을 보여 왔다. 이 시기를 전후하여 OCN을 필두로 한 케이블 채널 등이 소위 "장르드라마"로 일컫는 수사드라마의 제작을 선도했다는 점 역시 이러한 사적 복수극의 출현과 밀접한 연관성을 갖고 있다.[2]

수위 높은 범죄가 무차별적으로 발생하는데도 이에 기민하게 대응하

---

1 신주진, 「복수극을 통해, 복수극을 넘어 – 〈너의 목소리가 들려〉에 나타난 복수 중지의 윤리성」, 『여성이론』 38, 여성문화연구소, 2018, 138쪽.

지 못하는 공권력의 무능력은 결국 부당한 현실에 맞서 피해자 혹은 그의 대리자들이 스스로 정의를 세우려는 욕망을 정당화하도록 만든다.[3] 초현실적 능력을 지닌 주인공이 악을 응징하는 판타지 수사드라마가 비슷한 시기에 다수 방영되었다는 점 또한 불합리한 현실을 향해 드라마가 선택한 하나의 상상적 대안이었다는 점을 보여준다.[4] 그리고 한편에서는 적법한 절차를 통하지 않고 도리어 법을 위반하는 행위를 통해 정의를 바로 세우겠다는 발상이 나타나기도 했다. 범죄자와 결탁하여 해결이 어려운 사건을 풀어가는 드라마들이 바로 그 사례로, 분명 주목할 만한 현상이었다.[5] OCN의 〈나쁜 녀석들〉2014은 경찰과 여러 범죄자가 손을 잡아 공권력으로 제압하기 어려웠던 범죄자들을 검거하는 과정을 보여주었다. 또 〈38사기동대〉2016의 경우, 사기 전과범과 세금 징수 공무원이 불

---

2 장르는 창작, 산업, 관객의 삼각축에 의해 만들어진다. 그래서 많은 편수의 복수극이 제작되어 하부 장르를 형성하고 있다는 사실은 복수 주제에 대한 창작자의 관심, 복수 연작 시리즈에 대한 관객들의 지지를 방증한다. 또한 내러티브에서 공통적으로 반복되고 인기 있는 유형은 핵심적인 문제들이 해결하기 힘들다는 것을 의미한다고도 볼 수 있다(서곡숙, 「복수의 다층성과 사적 복수의 정당성－영화 〈나이팅게일〉을 중심으로」, 『영화연구』 88, 한국영화학회, 2021, 433쪽).

3 하승우는 2000년대 한국영화의 특징 가운데 하나로, 영화적 내러티브 요소로서 등장한 형사 혹은 경찰이 지극히 무기력하게 그려진다는 점을 지적한다. 이 때문에 영화 속 복수의 주체들은 더 이상 공권력을 신뢰하지 않으며 사적 복수를 실행에 옮기게 된다는 것이다(하승우, 「폭력과 대항폭력 사이에서 '반폭력'을 위치 짓기－〈복수는 나의 것〉」, 『문화연구』 6-1, 한국문화연구학회, 2018, 104쪽).

4 백소연, 「OCN 수사드라마에 나타난 '환상'의 의미」, 『한국극예술연구』 55, 한국극예술학회, 2017, 285쪽.

5 물론 수사드라마들에서는 제도권 내에서 수사 절차를 무시하거나 과도한 폭력을 행사하는 모습들이 다수 등장한다. 이는 관례에 가깝지만 본격적으로 법을 위반하거나 범죄자와 적극적으로 손잡는 과정을 그린다는 점은 유의미한 변화 지점이라 할 것이다.

법 탈세를 일삼는 이들에게 합동으로 사기를 쳐서 징세하는 이야기를 다루었다. 이들은 탈법 혹은 불법적 행위를 통해 정의를 구현함으로써 다시 법을 바로 세울 수 있다고 주장하는데, 이 아이러니한 상황은 신뢰하기 어려운 공권력에 대해 텔레비전드라마가 보여준 또 하나의 반응이었다.

그런데 이처럼 현실에 대한 비판적 인식이 과감한 표현을 통해 구현될 수 있었던 데에는 방영 채널의 다변화와 온라인 플랫폼의 확장이라는 조건이 크게 작용했다. 이와 달리 상대적으로 일정 정도의 공공성을 담보해야 하는 지상파 채널들로서는 이러한 양질의 콘텐츠들이 경쟁적으로 쏟아지는 가운데에서도 발 빠르게 변화하지 못했다. 그 결과 화제성이나 시청률 면에서도 주목할 만한 작품을 찾기가 점차 어려워졌다. 그 가운데 지상파 채널을 통해 방영된 드라마들에서도 변화가 포착되기 시작하는데 2021년 방영된 SBS 〈모범택시〉오상호·이지현 극본, 박준우 연출, 총 16회, 2021. 4.9~5.29가 그 예의 하나라 할 것이다. 이 드라마는 2010년 이후, 케이블 채널 등에서 자주 등장하였던 강력 범죄와 수위 높은 복수의 문제를 본격적으로 다루었다. 물론 지나친 선정성과 잔혹성으로 비판받기도 했지만 세간의 화제를 모으며 최고 16%의 시청률을 기록하였고 2023년 방영된 후속 시즌 역시 최고 시청률 20%를 넘어섰다.

〈모범택시〉가 비슷한 유형의 작품들 가운데에서도 뚜렷한 차별성을 지닐 수 있었던 것은 현실에서 벌어졌던 강력 범죄들을 모티프로 삼아 당시 사회적 공분을 샀던 경찰과 검찰의 미진한 수사, 재판부의 경미한 처벌과 관련된 문제를 직접적으로 건드렸기 때문이다. 대중의 분노를 달래주기라도 하듯, 드라마적 상상력을 통해 해당 사건을 다시 써 내려갔다는 점만으로도 화제를 사기에 충분한 시작이었다. 또한 〈모범택시〉를 연출한 박준우 PD가 〈그것이 알고 싶다〉, 〈궁금한 이야기 Y〉 등의 시사교양 프로그램을 연출했다는 전력은 해당 범죄사건의 디테일을 보다 잘 살릴 수 있었던 요인이 되었다. 결과적으로 이 드라마는 통쾌한 "복수대행"이 실제 현실이기를 바라는 시청자들의 욕망을 직접적으로 투영한 산물이었다.

그러나 법을 부정하거나 위반하여 정의를 세우고자 하는 열망은 대개의 경우 그 어느 쪽으로도 명확한 답을 내리지 못한 채 봉합되어 왔다. 현존하는 사법 체계, 권력의 불안정성을 폭로하면서도 결국은 개별사건을 해결하는 선에 머물거나 불안정하게라도 다시 그 체계로 회귀하는 양상을 보였기 때문이다. 〈모범택시〉 역시 사적 복수의 불가피함과 새로운 정의를 세우고자 했던 과정의 한계를 자인하지만 그 한편에서는 다시금 강력한 응보주의의 정당함을 피력하고자 한다. 또한 공권력의 무력함의 근원이 특정 인물이나 집단의 부정부패 그 자체에 있다기보다는 교정 교화의 불가능성과 응징의 미온함에 있다는 점을 강조한다. 이로 인해 〈모범택시〉는 기존 작품들과의 차별성을 확보하였던 것이다.

2. 부각된 악행과 가해자 서사의 소거

다양한 범죄 수사물들로 유의미한 성공을 거두며 관련 장르의 흐름을 선도해 온 OCN에서는 절대악에 빙의되거나 싸이코패스의 성향으로 범죄를 저지르는 이들에 관한 작품들을 다수 선보여 왔다. 이들의 공통점은 그 악행이 합리적 인과 관계로 설명되기 어렵고 범죄 대상의 무차별성과 범행 방식의 잔혹성으로 불특정 다수에게 공포를 자아낸다는 데에 있다. 물론 악인이 될 수밖에 없는 과정에는 한 개인이 놓인 사회 환경적 요인과 심리적 상황 등, 어느 정도의 이유가 존재하는 것처럼 다루어지기도 한다. 그러나 〈타인은 지옥이다〉2019와 같은 작품에 이르러서는 범죄 동기에 대해 딱히 설명하기 어려운 절대적 악인들이 등장한다. 드라마는 그저 살인의 욕망에 탐닉하는 과정, 그 자체에 집중하는 인물들의 모습을 보여주기 시작했다.[6]

〈모범택시〉에서 피해자들이 대신 복수해 달라며 의뢰해 온 가해자들은 범죄를 저지르게 된 요인, 동기 등에 대해 쉽사리 추정할 수 없는 악인에 불과하다. 대체로 그들은 금전을 목적으로 하거나 폭행과 살인 등 가학적 욕망에 탐닉하여 끔찍한 범죄를 저지른다. 모범택시의 첫 의뢰자로 1~2회에 걸쳐 등장하는 강마리아는 지적장애 2급 여성이다. 그녀는 보육원을 나온 후 사회복지사에게 소개받은 '창성 젓갈'에 취직하게 된다. 그러나 다수 언론을 통해 사회적 기업으로 포장되어 온 창성 젓갈의 대표 박주찬은 오히려 그 이미지를 악용해 장애인을 쉽게 고용해 왔다. 친절했던 사회복지사 또한 그런 그와 결탁해 금전적 이득을 취해 온 브로커에 불과했다. 박주찬은 이렇게 고용한 장애인들을 감금하여 무자비한 폭력을 휘두르고 열악한 환경에서 장시간 일하도록 강제한 후 임금을 빼돌리고 있었다. 그럼에도 과연 어떠한 경유를 거쳐 그가 이 기업을 만들

6 백소연, 「일상이 된 공포, 출구 없는 지옥-OCN 〈타인은 지옥이다〉를 중심으로」, 『한국극예술연구』 70, 한국극예술학회, 2020 참조.

게 되었으며 지적장애가 있는 노동자들을 고용하여 착취할 수 있었던가에 대한 구체적 설명은 누락된다.

5~8회에 걸쳐 등장하는 유데이타의 박양진 회장도 직원들에게 상상하기 어려운 폭력을 휘두르고 불법 성 착취물을 올려 막대한 수익을 올려온 인물이지만 그의 이상 심리나 행동에 대해 이해할 수 있는 단서는 전혀 등장하지 않는다. 그는 불법 촬영물이 유출된 이후 자살한 피해자의 영상을 "유작"이라는 이름을 붙여 돈벌이에 거리낌 없이 이용하고, 이에 방해되는 인물들은 무자비하게 폭행하며 심지어 살해하려고까지 든다. 이러한 가해자들에게 인간성의 다면적 부분이란 존재하지 않는다. 그 외 〈모범택시〉에 등장하는 복수 대상자들도 상당히 평면적으로 그려지는데, 이를 통해 그들은 교정, 교화의 가능성을 조금도 갖고 있지 않은 절대적 악인 캐릭터로 부각된다.

범죄자 개인의 서사에 집중하지 않겠다는 의도는 드라마의 시작을 열었던 조도철의 출소나 무지개 운수가 다루는 잠정적 마지막 사건, 오철영 관련 에피소드를 통해 더욱 분명해진다. 물론 앞서 언급된 다른 범죄나 범죄자들도 실화를 바탕으로 만들어졌지만[7] 조도철과 오철영이야말로 우리 사회를 떠들썩하게 만들었던 대표적 범죄자의 특징을 거의 그대로 복사해 오고 있다. 그래서 그들의 외양, 특정 행위나 관련 에피소드만으로도 실제 사건을 쉽게 연상할 수밖에 없게 된다. 그 때문에 이 둘의 존재야말로 방영된 그 어떤 화보다도 현실을 토대로 제작된 드라마라는 점을 공공연하게 보여주고 있다. 오히려 드라마의 시작 장면마다 등장하는 아래 공지는 〈모범택시〉에서 다루는 사건들이 과연 어떤 실화를 바탕으로 하고 있는지, 해당 사건이 뚜렷이 지시되지 않은 경우조차 시청자의 호기심을 자극한다.

> 본 드라마의 인물 지명 기관 단체 그 밖에 일체의 명칭은 허구적으로 창작된 것이며, 피해사건이 묘사될 불편한 장면이 있을 수 있으니 양해해 주시기 바랍니다.3회[8]

오철영의 모델이 된 '유영철'은 2003~2004년에 이르는 동안 20명을 잔혹하게 살해한 전대미문의 연쇄 살인범이다. 그는 자신의 범죄에 대해 끝까지 반성하지 않는 태도를 보여 사형제의 부활을 둘러싼 논란을 재점화한 인물이기도 했다. 그의 충격적 범행은 영화 〈추격자〉2008를 비롯한 각종 영화, 드라마, 시사보도 프로그램은 물론 예능 프로그램 등을 통해서도 지속적으로 언급되었다. 대표적인 한국의 연쇄 살인마로 회자되어 온 것이다. 또 검거 이후에도 그가 교도소 내에서 교도관을 폭행하고 난동을 부렸다든지 월간조선 객원기자와 주고받았던 편지가 『살인중독』[9]으로 출판됐다는 점[10]도 오철영이라는 캐릭터를 통해 고스란히 드러나고 있다.

가해자 관련 서사를 누락하는 동시에, 현실을 복사라도 하듯 범죄자의 악행을 뚜렷이 부각하는 여러 의도적 설정 등은 결국 그 범죄가 왜 발

---

7 〈모범택시〉에서 실제 범죄자가 확연히 특정되는 경우는 조도철(조두순), 박양진(양진호), 오철영(유영철), 남규정(정남규) 정도라 할 수 있다. 다른 에피소드의 경우 장애인 감금 학대, 학교 폭력, 보이스피싱, 장기매매 관련 사건들을 여럿 참조한 것으로 보인다.

8 이하 드라마 관련 대사 인용은 실제 방영분을 참고로 하였다.

9 이은영 편, 『살인중독–사형수 유영철의 편지 모음』, 월간조선사, 2005.

10 서한기, 「희대의 살인마 유영철 편지 모음 출간」, 『연합뉴스』, 2005.3.29.

생되었는가의 맥락을 보기보다는, 범행 자체의 잔혹함, 범죄자 개인의 악마성에 주목하도록 만든다. 더구나 시청자가 기본적으로 가지고 있을, 과거의 경험, 실제 사건에 대한 깊은 분노를 더할 때, 그에 대한 응징의 감정은 더욱 증폭될 수밖에 없다. 사실 대중적 인기를 끌어온 다양한 범죄 스릴러들이 계속해서 쏟아오지는 가운데, 악의로 가득 찬 괴물로 악마화 된 살인범에 대한 이미지는 결국 대중이 응보주의적인 태도를 일관하게 만든 중요한 요인이 되었다. 그러면서 그런 범죄자들이야말로 애초에 악을 상쇄시킬 자질이나 인간답게 살아갈 특성들을 선천적으로 가지지 않은 존재로 여겨지게 된 것이다.[11]

장성철은 다른 방식의 교화에 대해서 언급하지만 가해자의 주변 서사를 누락하는 드라마의 진행 안에서 애초에 그것은 불가능한 프로젝트였다는 사실이 쉽게 확인된다. 심지어 그는 "악에게 지지 말고 선으로 악을 이기라 로마서 십이 장 이십일 절"이라는 성경의 어구를 액자에 담아 거실에 걸어두는데 바로 그 아래에서 김도기를 향해 악을 이길 그 선이 "나만의 방식"에 있음을 강조하고 있다. 그리고 그것은 교정, 교화에 목적을 두는 것이 아니라 "쓰레기"인 범죄자들을 "영원히 격리"하는 데에 있음을 분명히 한다.

장성철 악에게 지지 않고 나만의 방식으로 이길 거야. 우리 주변의 쓰레기들을 다 수거해서 그들의 세상으로부터 영원히 격리시킬 생각이야.

---

11 박민정, 「연쇄 살인의 정신분석학적 이해와 형법학적 고려」, 『법학논집』 24(4), 이화여대 법학연구소, 2020, 110쪽.

난 그들을 교화시킬 거야. 2회

가해자의 악행과 그의 사회적 영구 격리에만 집중하게 만드는 것으로는 결국 그 범죄가 발생되기까지의 가해자를 둘러싼 사회적 맥락을 살피지 못하는 결과를 낳을 수 있다. 한 개인에 대한 증오와 강력한 응징에만 그 관심이 머문다면 사실 추후에도 유사사건은 얼마든지 발생할 수 있기 때문이다. 그런 의미에서 8회에 등장하는 박양진 회장과 유데이터 관련 사건은 실제 위디스크와 파일노리의 실질적 소유자였던 양진호 한국미래기술 회장을 연상시켜 매우 의미심장하게 다가온다. 불법 유출 동영상의 원본 파일 저장 공간을 폭파하려는 김도기에게 박양진은 그가 하려는 일이 사실 일회성에 불과한 보복일 수 있다는 점을 말한다. 결국 그러한 범죄를 키워낸 것은 비단 한 개인의 부도덕성 때문만이 아니다. 박양진을 가능하게 만든 사회적 환경, 즉 불법영상물을 죄의식 없이 공유하는 사람들이 더 큰 문제라는 사실은 바로 "다운로드 받아가는 그 개새끼들"의 존재를 통해 확인된다.

박양진 너 여기만 광산인 것 같지? 나한테 50원, 100원 내고 다운로드 받아가는 그 개새끼들이 다 내 광산이야! 8회

특정 개인에 대한 응징으로 이러한 범죄가 근본적으로 척결되기 어려운 부분임을 드러내고 있지만 이 에피소드도 박양진의 기행과 폭력만을 자극적으로 표현함으로써, 이 유의미한 지적마저 악인의 자기 합리화로

치부하게 만들고 있다. 시청자들의 입장에서는 박양진의 죽음과 유디스크의 몰락이 그 자체로 통쾌할 뿐이다. 그리하여 이 사건에 대해 우리 사회가 진짜 주목하고 비판해야 할 문제가 상대적으로 덜 부각된다는 점은 큰 아쉬움을 남기고 있다. 또한 다른 에피소드들의 경우, 이러한 요소조차 나타나지 않거나 위의 사례와 크게 다르지 않은 방식으로 범죄를 그려내고 있다. 이를테면 학교 폭력을 다룰 때에도 드라마는 가해 학생을 무지개 운수가 짜놓은 위기 상황으로 몰아놓고 응징하는 것에 집중하지만, 사실 그들의 폭력을 방관하거나 조장했던 학교, 가정, 지역 사회가 지어야 할 책임을 묻거나 잘못을 적극적으로 바로잡으려 들지는 않는다.

테리 이글턴은 특정 범행을 '악'이라고 호명하여 그것을 도저히 이해할 수 없는 행동, 일상의 사회 조건을 초월하는 행동으로 규정하여 논의와 협상의 가능성을 봉쇄해 버리는 사고 형태를 경계해야 한다고 주장해왔다. 악이 일상의 사회 조건을 넘어선다 해도 근본적으로 불가해한 것은 아니며 선이 그러하듯 악 역시 사회적 조건화에서 자유로울 수 없는 것이기 때문이다.[12] 그럼에도 어느 순간 가해자의 맥락을 읽으려는 시도 자체만으로도 특정 범죄인에 공감하게 되거나 그 공감이 비인간적 행태에 대한 심리적 긍정인 것처럼 받아들여지고 있다. 그러나 정작 그 피해-가해의 구도에서 한 발 떨어진 우리가 진짜로 들여다보아야만 하는 일은 그러한 범죄 이후, 그 가해자를 만들어낸 사회의 진짜 문제가 무엇인가 하는 점이다. 애덤 모턴의 말처럼 이제는 보다 적극적으로 "과거의 공포

---

12 테리 이글턴, 오수원 역, 『악―우리 시대의 악한 존재들』, 이매진, 2015, 201쪽.

를 돌이켜보고 미래를 염려하면서, 인간이 품고 있는 악의 가능성에 대해 우리 사회는 어떻게 대비해야 하는지 자문"할 필요가 있다.[13]

3. 현행법의 한계와 사적 복수의 불가피성

범죄 수사 관련 드라마에서 자주 등장하는 설정 가운데 하나는 사건의 실체에 다가설 수 없게 만드는 부패한 공권력의 문제이다. 물론 〈모범택시〉에서도 지역 경찰과의 유착, 전관예우를 비롯한 비리와 부정한 수사 관행들이 일부 등장하고 있다. 그러나 이는 사건을 해결하는 데에 결정적 장애가 된다고 보기 어렵다. 모범택시의 1회는 조도철의 출소를 알리는 뉴스들과 검찰청으로 몰려든 기자들의 인터뷰 요청으로 시작된다. 사실 조도철의 검거 자체나 그 이후 죄의 실상을 밝히는 데에 어떤 미진함이 있었던 것은 아니다. 문제는 사법부가 그를 두고 내린 판단, 즉 심신 미약 등을 이유로 감형 판결을 내렸고 그 결과 위험한 범죄자가 조금도 교화되지 않은 채 너무 빨리 사회로 복귀되었다는 데에 있다. 이를 두고 실체적 정의가 과연 실현되었냐고 되묻는 차장 검사의 발언은 〈모범택시〉가 비판하려는 부분이 무엇인지, 그 시작을 직접적으로 지시하는 부분이라 할 수 있다.

조진우 사법부의 최종 판단은 존중하지만 심신미약으로 인한 감형은 여전

---

13 애덤 모턴, 변징경 역, 『잔혹함에 대하여 – 악에 대한 성찰』, 돌베개, 2015, 219쪽.

히 유감입니다. 또한 사법적 판단과는 상관없이 이 사건의 실체적 정의는 과연 실현되었는가 피해자는 앞으로 어떻게 보호할 것인가 검사로서 깊은 우려가 듭니다. 이상입니다.1회

검사의 이러한 발언은 결국 사법부의 판단이 잘못되었다는 것만으로 비춰질 수 있으나 사실 수사를 담당한 경찰이나 검찰의 상황 역시 크게 다르지 않다. 조진우는 후배 검사인 강하나의 수사를 수시로 중단시키는데 그것은 법에 적합한 수사 방식이 아닐 때 생겨날 추후의 문제를 대비하여 후배 검사를 보호하기 위함이다. 법이 정한 절차를 따르지 않고서 수사가 이루어지기 어려운 상황이라면 결국 기소 자체도 불가능해지기 때문이다. 유데이터의 직원으로 위장 취업한 김도기에게 강하나는 공익 제보를 요구하지만 "소스"를 주면 과연 일할 수 있는지 조롱하듯 되묻는 김도기의 발언 또한 이를 잘 보여주고 있다. 상부의 지시로 강하나 검사가 수사 파일을 버리려 했던 상황을 그는 이미 알고 있었기 때문이다.

정황이 분명한데도 정해진 절차를 따르자면 수사가 불가능해지고, 어떻게든 무리해서 검거한다 해도 범인들은 법망을 이용해 쉽게 빠져나가는 것이 현실이다. 또한 장성철은 검찰 내부에서 파랑새 재단을 운영하며 피해자의 지원을 돕지만 결국 그 지원에 얼마나 많은 문제가 있는가 종종 토로한다. 이는 결국 가해-피해의 문제를 풀어 나가는 데에 있어 범죄자의 검거 전후로 그 어느 쪽도 현재의 법 체계가 적절한 해결 수단이 되지 못한다는 점을 보여준다.

연쇄 살인범 때문에 부모 모두를 잃어야 했던 장성철은 자신과 비슷한

아픔을 지닌 김도기에게 모범택시의 일을 제안하게 된다. 그는 김도기를 설득하는 과정에서 결국 이 모든 문제의 근원이 "값싼 용서"에 있음을 강조한다. 장성철의 부모님이 돌아가신 그날에 멈춘 달력과 십자가, 성모마리아상 등이 차례로 비추어지는 장면을 통해 시청자들은 그에게 보다 쉽게 감정 이입할 수 있게 된다. 스스로 극악한 범죄의 피해자가 되었을 때, 과연 가해자를 용서할 수 있겠는가 하는 질문과 마주하게 되는 것이다. 그리고 장성철은 이 물음 앞에 "경찰, 검찰, 판사들의 정의"를 믿을 수 없으며 그들에게 그것을 맡길 수 없다고 말함으로써, 결국 단죄의 권리가 범죄의 피해자인 "당한 사람들", 당자에게 있다는 주장을 매우 설득력 있게 피력한다.

장성철 당신이 지금 겪고 있는 고통은 당한 사람들만 알지. 안 당한 사람들은 관심조차 없어요. 김도기 씨 어머니가 왜 돌아가셨는 줄 압니까? 미치광이 살인자 때문에? 아닙니다. 값싼 용서로 그런 괴물을 키운 이 사회 탓입니다. 아직도 경찰, 검찰, 판사들의 정의를 믿습니까? 그들에게 정의를 맡길 수 있습니까? 난 아주 오랫동안 이 일을 준비해 왔어요. 맞서 싸우기 위해서. 여기가 어딘지 압니까? 20년 전 내 부모가 무참히 살해당한 그곳입니다. 난 단 하루도 그 날을 잊은 적이 없어요. 용서? 난 절대 용서하지 않아. 나와 함께 복수하지 않겠나?2회

그렇다고 해서 장성철이 적합한 처벌을 받지 않은 강력 범죄자를 협박과 폭행, 살해로써 곧바로 응징하는 것은 아니다. 굳이 장성철이 낙원신용정보를 운영하는 백성미와 손을 잡고 지하 사설 감옥을 빌려 이를

직접 운영하는 것도 그가 주관하는 사적 복수가 또 다른 부정의의 의미를 지녀서는 안 되기 때문이다. 즉, 사적 복수의 방식을 선택한 것은 적어도 범인들이 자행했던 폭력과는 다른, 절차적 정당성과 도덕성을 지닌 응징이 되어야만 하는 것이다. 백성미의 시선에서는 무지개 운수가 진행하는 이러한 복수의 방식은 의미가 없지만, 장성철에게 이는 현 사법 정의에 대한 현실적 선택이자 사적 복수로서의 합리적 대안을 제시하기 위한 오랜 고민의 결과이다.

백성미의 사무실 지하에 마련된 사설 감옥은 범죄자들이 온전히 교화되기 이전까지 격리되어야 하는 곳으로 인간답지 않게 처우하겠다는 강력한 의지를 담아낸 공간으로 볼 수 있다. 그러나 그 참혹한 지하 감옥에서조차 자신을 그렇게 만든 세상에 복수를 다짐하는 대다수 가해자들의 모습이 증명해 주듯, 장성철도 이들의 교화 가능성을 믿지 않는다는 사실이 곳곳에서 드러난다. 이는 장성철이 말하는 "정의"란 결국 강력한 응보주의에 전적으로 기대고 있음을 반영하는 것이다.

사실 응보주의는 범죄자에 가해지는 형벌의 정당성의 철학적 기반으로 오랫동안 보편적인 형벌의 이론으로 정착되어 왔다. 죄를 지었으면 그에 상응하는 응분의 벌을 받아야 하는 것이 가장 기초적인 형벌의 이유이다. 이는 "눈에는 눈, 이에는 이"라는 동해보복同害報復으로 여겨지기도 하지만 사실 이것은 죄를 지은 만큼 벌을 받아야 한다는 "비례성의 원칙"을 보여준다고 할 수 있다.[14] 그러나 무지개 운수의 입장에서 현 법률

14 조극훈, 「응보주의 형벌론과 교정 정의」, 『교정담론』 15-1, 아시아교정포럼, 2021, 70~73쪽.

의 체계로는 범죄자가 죄에 상응하는 처벌을 받지 못한다고 본다. 공적 처벌이 적절히 이루어지지 못했기에 현 형벌 제도에 대한 분노와 불신이 만들어졌으며 수많은 범죄자가 양산되었다고 결론짓는 것이다. "짐승 우리"와 다름없는 곳에서 "비인간적 대우"와 "공포"를 통해 교화를 의도한다고 주장하면서도, 사실 애초에 그 설계 자체가 불가능했고 목적 또한 "복수"였다는 사실에 대해 장성철을 비롯한 모범택시 일에 가담한 모두가 충분히 인지하였다고 볼 수 있다.

이춘식 그곳은 일어설 수도 그렇다고 다리를 뻗고 누울 수도 없는 곳입니다. 마치 짐승 우리 같았죠. 오물 냄새가 진동을 하고 늘 춥고 배고팠습니다. 먹을 거라곤 비스킷 몇 개와 영양제 몇 알이 전부였어요. 거기서 우린 인간이 아니었습니다.15회

김도기 비인간적 대우를 하면서 매일 같이 말해줬습니다. 네 놈들이 한 짓도 우리와 다를 게 없다고요. 그들에겐 매일매일이 지옥이었겠죠. 또 죄를 지었다간 언제 떨어지게 될지도 모를 지옥. 그런 공포로라도 어떻게든 뉘우치길 바랐어요. 결국 실패했지만요.15회

물론 돈벌이를 위해 장성철 몰래 죄수들의 장기매매를 시도하는 또 다른 악인 백성미 때문에 무지개 운수가 목표한 정의의 가치가 오염된 것은 사실이다. 그러나 이는 나이 많은 남편을 죽여 재산을 가로채고 사람들의 장기를 매매하며 목숨을 빼앗는 등, 각종 악행을 일삼아 온 한 개

인으로 인해 벌어진 결과에 불과하다. 그러기에 무지개 운수가 추구한 사적 복수의 정당성 자체가 완벽히 부정되었다고 보기는 어렵다. 다만 그 방법상의 합당함에 대해 다시 재정비하도록 만들었을 뿐이다. 게다가 장성철을 비롯한 무지개 운수의 직원들은 백성미, 구석태 등과 대결하는 과정에서 치명적 부상을 입음으로써 자신들의 과오에 대한 대가를 치르기도 했다. 따라서 이후 백성미와 같은 "괴물"과 손을 잡지만 않는다면, 가해자에게 고통을 주기 위한 다른 방식의 설계는 얼마든지 가능하며 이 방법에 대한 정당성을 유지할 수 있게 된다.

백성미의 악행에서 간신히 목숨을 구한 무지개 운수의 직원들은 결국 모범택시 운영을 종료하는 것에 일단은 동의한다. 그러나 마지막으로 맡게 된 사건에서 다른 형태의 복수, 심리적 고통을 주기 위한 새로운 설계가 시작되었음이 드러난다. 싸이코패스 연쇄 살인범 오철영을 응징하기 위해 장성철은 그의 약점이 아들이라는 사실을 김도기에게 알려준다. 그리고 그들은 오철영의 아들이 오철영의 검거 이후, 오현수에서 한동찬으로 개명하여 성장하였으며 그 이후 오철영이 수감된 교도소에서 교도관으로 일한다는 사실까지 알게 된다. 아버지가 오철영이라는 사실을 알지 못하는 한동찬에게 과연 그 존재를 인지시킬 것인가 김도기의 고민이 이어지지만, 결국 이 사실을 전혀 모르던 오철영은 이감 과정에서 다시 한 번 아들인 교도관을 마구 폭행하게 된다.

이 사건을 계기로 한동찬은 병원에 있던 치매 어머니를 간호하지 못하게 되고 그 어머니는 아들을 애타게 찾던 중 사고로 목숨마저 잃게 된다. 결국 장성철은 이러한 비극이 발생한 이후에 일부러 그간의 진실을 오철영에게 알린다. "내가 널 어떻게 좌절시키는지"16회 지켜보라던 장성철의 설계는 이렇게 마무리 된다. 물론 이 '좌절'을 통해 오철영은 자신 대신 누명을 쓰고 수감되어야 했던 김철진에게 무릎을 꿇고 사죄하게 된다. 그러나 사실 이것을 두고 오철영 스스로 교화된 결과라 판단하기에는 어렵다. 아들의 존재에 대해 알지만 아들을 만날 수 없고, 유일하게 사랑하는 사람에게 처참한 고통을 주었다는 사실로 인해 오철영은 극도로 고통스러워한다. 그러나 이것은 어디까지나 특정 대상에 대한 선택적 공감과 애정에 불과하다. 그러기에 무분별하지 않은 복수, 적절한 응징이 완성되었을 뿐이다. 〈모범택시〉에서 범죄자의 교정과 교화에 대해 발화하고 행동하는 부분들은 이어지는 그 좌절의 과정을 통해 도리어 응보에 기댄 정의의 강한 정당성을 유도한다고 할 수 있다. 즉 강력 범죄에 대해서만큼은 교화의 가능성이란 완벽하게 닫혀 있다고 결론 내리면서 현행법의 처벌 방식에 대해 근본적으로 문제 제기를 하는 것이다.

4. 강화된 응보적 정의의 정당성

강하나 검사는 무지개 운수의 수상한 행보에 주목하며 수사망을 좁혀왔다. 그녀는 강력한 응보주의에 기댄 정의 구현에 반대하며 현 사법 체계를 지지하고 수호하는 대표적 인물로 보인다. 그러나 사실 그녀 역시 과거 면접장에서 남다른 소신을 밝혔다가 사법고시 3차에서 낙방한 이력을 지니고 있다. 당시 면접관들은 늦은 밤 공사장 안에서 폭행당한 누군가를 볼 때 올바른 행동이 무엇인가에 대해 묻지만 강하나는 공사장의 벽돌과 철근, 못과 목공 연장 등을 활용해 대응할 것이라는 현 법률에 적합하지 않은 답을 내놓는다. 그리고 "법원권근法遠拳近"이라는 말을 통해 힘없는 약자에게 당장에 필요한 것이 무엇인지 알아야 하며 법률상의 이론적 논의란 그 상황에서 "어불성설"에 불과하다고 주장한다. 결국 면접관이 의도했을 모범답안을 내놓지 않았던 탓에 그녀는 면접에서 탈락하고 만다.

강하나 법원권근, 법은 멀고 권력은 가까운 현실에서 위기에 빠진 힘없는 약자에게 법이 해결해 줄 때까지 기다리라고 하는 것은 어불성설입니다.6회

"법원권근"이야말로 무지개 운수가 선택한 응징의 지향점을 보여준다. 하지만 강하나가 결국 다음 면접을 통과하여 마침내 검찰 조직으로 들어왔다는 사실은 표면적으로라도 현행 법률이 제한하는 행위들을 인정하며 스스로 순치되었다는 점을 보여준다. 물론 강하나는 김도기에게 그들이 행하는 일이 결코 정의가 아님을 강조하며 집요하게 법의 중요성을 피력한다. 그러나 그녀 역시 자신과 함께 일하던 왕민호 수사관을 범죄자에게 잃고 나서야 피상적으로만 이해해 온, 범죄 피해자의 아픔을 온전히 헤아릴 수 있게 된다. 그러나 그 아픔에 대한 공감만큼이나 법률에 의거된 행위 이상을 할 수 없는 검사로서의 무력감을 깨닫고는 마침내 "그쪽 방식"을 따르겠다며 모범택시에 사건을 의뢰하기에 이른다. 검사인 그녀가 스스로 가진 권력의 한계를 자인하는 과정은 결국 사적 복수, 범죄자에 대

한 강력한 응징이 불가피하다는 사실을 재확인해 주는 부분이 된다. 물론 이후 강하나 스스로 그 의뢰를 취소하여 "법이 단죄하는 모습"을 보이겠다고 선언하지만 주범들을 검거하는 과정에서만큼은 무지개 운수와 적극적으로 연대한다. 그리고 그 도움이 존재하지 않았다면 법의 테두리 안에서 "납득할 수 있는 죄값"을 묻는 일조차 불가능했을 것이다.

강하나 근데 내가 할 수 있는 게 없어요. 내 방식대로 안 되면 그쪽 방식 따를게요. 구영태 복수해 줘요.[12회]

왕민호 수사관은 물론 다수의 경찰들조차 내부의 정보력으로는 그 실체를 파악하지 못했으며 물리적 힘으로도 쉽게 제압하지 못했던 백성미와 구석태는 김도기를 필두로 한 무지개 운수의 주도하에 마침내 검거되기에 이른다. 도주하던 범인들을 김도기 홀로 어렵게 잡아 세우고 나서야 경찰들은 그 현장에 뒤늦게 나타나는데, 이는 역으로 공권력이 독자적으로는 여전히 무력하다는 사실을 그대로 노출하는 장면이라 하겠다. 즉 유능한 사적 복수의 주체들과 연대할 때에만 공권력은 그 힘과 가치를 발휘할 수 있게 되는 것이다.

수사 과정에서도 강하나는 현행법과 수사의 한계를 역으로 이용하여 검거를 지연시킴으로써 무지개 운수의 일원들이 증거를 인멸할 기회를 준다. 또 지하 감옥에 갇혔던 죄수들과 백성미, 구석태, 구영태를 심문하는 과정에서도 의도적으로 김도기와 장성철의 존재를 은닉하면서 그들에 관한 내용을 법적 증거로 인정해 주지 않는다. 도리어 백성미에게 무지개 운수에 대해 증언하는 것이 형량상 이득이 되지 않음을 근거로 그간의 진실을 숨기도록 적극 압박해 나간다. 그리고 무죄추정 원칙을 두고 과거 도기와 대립했던 강하나는 결말에 이르러 스스로 저지른 죄를 자인하며 체포를 요청하는 김도기에게 고개 숙여 감사의 인사까지 전하게 된다. 그녀는 "그럴 만한 가치"를 위해 검사로서 불법적 행위를 "감수"하기로 작정한 것이다.

강하나 백 명의 범죄자를 풀어주는 한이 있더라도 단 한 명의 억울한 죄인을 만들지 마라. 백 명에게 희생된 사람들, 당신은 그들을 지킨 거에요. 범법자가 되는 걸 감수하면서…….

김도기 날 잡지 않으면 당신 본분을 저버리게 되는 거라고.

강하나 나도 감수할게요. 김도기 씨, 그럴 만한 가치 있는 사람입니다. 법이 완벽하지 않다는 거 알아요. 그 때문에 우리가 놓친 사람들 지켜줘서 고맙습니다.16회

강하나가 주도한 편파적 수사 과정을 잘 알면서도 장성철의 친구, 조진우 검사는 강하나 대신 사건의 진실을 전부 덮고 스스로 검찰청을 떠나는 것으로 책임을 다한다. 그 이후 조진우의 선택 역시 눈여겨볼 만한 것이다. 그는 재심 전문 변호사로 처음 사건을 맡게 되는데 그것이 바로 오철영 대신 누명을 쓰고 20년의 수감생활을 했던 김철진을 변호하는 일이었다. 그리고 마침내 사법부로부터 무죄 판결을 받아내기에 이른다. 재심이라는 제도 자체가 경찰, 검찰의 수사 과정의 허점, 사법부 판단의 한계를 공식적으로 인정하게 만드는 일이기에, 조진우 검사가 조직을 버

리고 나와 이 일을 선택했다는 것 자체로도 기존 권력의 문제를 그대로 드러내는 것이라 하겠다. 더구나 김철진의 사건은 화성 연쇄 살인사건의 진범 이춘재의 8차 범행을 뒤집어쓰고 20여 년 억울한 옥살이를 해야 했던 윤성여 씨의 사건을 복사하듯 가져오고 있다. 2020년에서야 재심을 통해 뒤늦게 무죄를 선고받았던 윤성여 씨의 사건을 떠올리게 하면서 다시금 드라마의 비판적 시선은 지금 우리 현실의 문제로 향하고 있다.

장성철은 자기 식의 복수의 한계를 인정하며 모두에게 무지개 운수의 해체를 선언함으로써 사적 복수의 정당성에 대해 부정하듯 말한다. 그리고 진정한 복수란 "스스로 오롯이" "자신의 삶"을 살아갈 때 완성된다고 이야기하지만 사실 결말은 다시 복수의 시작점으로 돌아오고 있다. 모범택시의 운행이 재개될 것이라는 암시가 드라마의 말미에 이르러 예고되기 때문이다. 각자 생업의 자리로 돌아간 듯 보였던 무지개 운수의 직원들은 다시 장성철 대표의 호출로 지하 벙커로 하나 둘 모여들고 있다.

장성철 의도야 어찌 됐건 폭력은 폭력을 낳고 복수는 또 다른 복수를 낳는다는 거 다들 잘 봤잖아. 이번엔 이렇게 끝났지만 다음번엔 어떤 일이 벌어질지 아무도 장담을 못해. 지금까지 있었던 일은 대표로서 내가 모든 책임을 지고 안고 가는 걸로 할게.15회

장성철 도기야. 복수는 상대방을 망가뜨리는 것만으로 완성되지 않더라. 네가 너 스스로 오롯이 너 자신의 삶을 살아갈 때 그 때 비로소 복수는 완성되는 거야.16회

그리고 그들이 모이는 사이 배경으로 끊임없이 흘러나오는 뉴스들은 다시금 최근의 현실을 그대로 보여주고 있다. 입양아 학대 살해, 묻지마 범죄, 스토킹사건 등의 내용이 연이어 보도되고 있기 때문이다. 문제는 이 호출에 모습을 드러낸 이들이 비단 무지개 운수의 전 직원들만이 아니라는 점이다. 안고은이 현직 경찰로 재직한다는 사실이 드러나고 있을 뿐만 아니라 강하나 검사가 이 조직에 합류하고 있다. 이들을 기다리던 장성철은 지하 벙커에 걸려 있는 칠판 위에 사건의 개요도를 정리하고 있는데, 여기에 기록된 사건은 그간 여러 언론을 통해 지속적으로 보도되어 온 사건이었다. "주식회사 영길 살인사건"이라고 되어 있는 아래 요약된 내용들은, 영남제분 회장의 부인 윤길자가 사위의 사촌 여동생을 2002년 청부 살해했던 사건을 가리키는 것으로 보인다.

윤길자는 그 죗값에 맞게 무기징역을 선고받았지만 그 이후에도 각종 진단서를 발급받아 VIP 병실에서 호화 생활을 이어갔고 이 사실은 시사 프로그램을 통해 보도되었다. 이로써 다시 한 번 큰 논란이 일기도 했던 것이다. 그러나 피해자의 어머니는 극심한 고통 끝에 사망한 것으로 알려져 주위의 안타까움을 샀다. 이처럼 가해자와 그를 도왔던 이들의 죄는 충분히 입증되지 못했으며 처벌마저 분명히 이루어졌다고 보기 어려운 상태인 것이다. 현직 검사와 경찰까지 합류하여 20여 년이 흘러도 제대로 해결되지 못한 이 사건을 다시 브리핑하는 장면은 기존 공권력을 통한 수사, 사법부에 기댄 판단과 처벌로는 "모두가 납득할 수 있는 죗값"을 받아내기 어렵다는 사실을 다시 한번 공표하는 부분이다.

결국 기존에 범죄자를 응징하는 과정에서의 한계를 보완하기 위해 손잡은 "괴물"과도 같았던 백성미 대신, 정의로운 검사의 표본인 강하나를 합류시킴으로써 복수나 보복과는 분명 다른 응보로서의 의미가 강화되었다고 볼 수 있다. 사실 복수나 보복은 정당한 응보라는 명목으로 집행되더라도 규율이 없고 무절제하기에 또 다른 부정의를 만들어낼 수 있다.

이에 비해 정당한 응보는 공평한 재판을 담보하는 법률에 의거하여, 범죄에 맞는 처벌을 지향하는 법관에 의해, 처벌될 범죄에 대해, 유죄로 인정된 자에 대해서만 부과되는 것이다.[15] 따라서 백성미로 인해 훼손되었던 정의 구현 절차의 정당성은 결국 공권력의 대리자들의 합류와 조직의 재정비를 통해 강화되었다고 볼 수 있다. 그리고 이는 역설적으로 현 공권력의 힘과 사법부의 판단은 앞으로도 결코 홀로 온전해질 수 없음을 암시하는 결말이라 하겠다.

5. 남겨진 문제들

텔레비전드라마 〈모범택시〉는 실제 우리 사회를 떠들썩하게 만들었던 각종 강력 범죄사건들을 직접적인 모티프로 삼아 각각의 에피소드를 구성해내고 있다. 현행 법률이 피해자가 아닌 가해자의 인권만을 지나치게 보호한다는 목소리가 점차 높아지는 상황에서, 드라마 속 "복수대행"의 과정과 결과는 시청자들의 심정적 지지를 얻을 수밖에 없다. 더구나

15 오세혁, 「형벌의 철학적 기초－영미 형벌 정당화이론의 동향」, 『중앙법학』 14(3), 중앙법학회, 2012, 17쪽.

무지개 운수를 통해 서로 연대하는 이들은 같은 범죄 피해자이기에 또 다른 피해자를 대리할 만한 정당한 자격을 가진 듯 보였다. 동시에 그들은 그에 상응하는 탁월한 능력과 도덕성까지 지니고 있다. 또한 가해자에게 적절한 물리적 응징을 가하면서도 사설 감옥을 통해 범죄자를 사회로부터 철저히 분리한다는 점에서 무지개 운수의 선택은 응보와 교화 모두에 지향을 둔 설득력 있는 대안으로 제시되었다. 즉 재소 시설의 열악한 환경을 구축하여 수감하고 그 안에서 교화가 이루어지지 않을 경우, 해당 범죄자를 영구 격리하겠다는 원칙은 무분별한 보복이나 복수가 아닌 현 사법 체계에 대한 정당한 대응으로 받아들여지게 되었던 것이다. 이는 역으로 범죄 피해자의 고통에 대한 사회적 지원은 물론 가해자의 교정 교화에 대한 지금의 현실을 신랄하게 비판한다는 점에서 분명 우리 사회에 여러 시사점을 던지고 있다.

그러나 동시에 이 드라마는 그러한 범죄를 양산케 한 환경의 문제를 충분히 파고들지 못했다는 점에서 한계를 지닌다. 지적장애를 가진 이들의 노동 현장에 대한 관리 감독, 학교 폭력에 대한 학교 및 가정과 지역사회의 대응, 불법 촬영물의 공공연한 판매와 폭넓은 공유 등등, 특정 가해자 개인의 응징과 교화만큼이나 중요한, 추후 범죄 발생을 예방하는 사회적 시스템을 고민하지 못하게 만드는 것이다. 물론 범죄자 개인의 악마성에 그 모든 원인을 돌리고 각 개인을 강력히 처벌하고 격리하는 것만으로 개별사건은 일단락될 수 있다. 그러나 구조적 문제가 개선되지 않는다면 이후 비슷한 형태의 범죄는 얼마든지 다시 발생할 수 있다.

그뿐만 아니라 현실에서 벌어진 사건의 사실관계를 거의 그대로, 혹은 과장하여 화면에 재현하고 있어 〈모범택시〉는 해당 사건 피해자 및 그들 가족의 고통을 다루는 과정의 윤리에 대해서도 비판받을 여지가 충분하다. 범죄 실화 관련 프로그램들이 예능의 영역을 넘나들며 출몰하는 현실을 고려한다면 이러한 드라마의 요소는 더욱 문제적 현상이라 하지 않을 수 없다. 여전히 "피해자는 범죄의 잔혹성을 이해하기 위한 수단"으로 전락되고 그를 향한 "공감과 이해를 위한 노력"[16]은 범죄자에 대한 응징으로만 제한되기 때문이다.

〈모범택시〉는 최근 시즌 1의 높은 인기와 화제성에 힘입어 시즌 2가 제작되었고 시청률 면에서 또 다시 엄청난 성공을 거두었다. 향후 시즌 3의 출현마저 예고하는 상황에서 과연 "정의가 실종된 사회, 전화 한 통이면 오케이"라는 제작진의 성찰이 어떻게 유지, 변화되어 가는지는 관심을 갖고 지켜볼 문제일 것이다. 또한 다른 드라마들에 〈모범택시〉가 어떠한 영향을 끼쳤는지, 정의에 대한 이러한 시각을 공유하는 타 드라마들에 대해서도 보다 폭넓은 연구가 필요하리라 본다.

16 김태경, 『용서하지 않을 권리』, 웨일북, 2022, 17쪽.

참고문헌

1. 기본 자료

오상호·이지현 극본, 박준우 연출, 〈모범택시〉, 총 16부작, SBS, 2021.4.9~5.29.

2. 논문 및 단행본

김태경, 『용서하지 않을 권리』, 웨일북, 2022.

박민정, 「연쇄 살인의 정신분석학적 이해와 형법학적 고려」, 『법학논집』 24(4), 이화여대 법학연구소. 2020.

백소연, 「OCN 수사드라마에 나타난 '환상'의 의미」, 『한국극예술연구』 55, 한국극예술학회, 2017.

______, 「일상이 된 공포, 출구 없는 지옥-OCN 〈타인은 지옥이다〉를 중심으로」, 『한국극예술연구』 70, 한국극예술학회, 2020.

서곡숙, 「복수의 다층성과 사적 복수의 정당성-영화 〈나이팅게일〉을 중심으로」, 『영화연구』 88, 한국영화학회, 2021.

신주진, 「복수극을 통해, 복수극을 넘어-〈너의 목소리가 들려〉에 나타난 복수 중지의 윤리성」, 『여성이론』 38, 여성문화연구소, 2018.

오세혁, 「형벌의 철학적 기초-영미 형벌 정당화이론의 동향」, 『중앙법학』 14(3), 중앙법학회, 2012.

이은영 편, 『살인중독-사형수 유영철의 편지 모음』, 월간조선사, 2005.

조극훈, 「응보주의 형벌론과 교정 정의」, 『교정담론』 15-1, 아시아교정포럼, 2021.

하승우, 「폭력과 대항폭력 사이에서 '반폭력'을 위치 짓기-〈복수는 나의 것〉」, 『문화연구』 6-1, 한국문화연구학회. 2018.

애덤 모턴, 변진경 역, 『잔혹함에 대하여-악에 대한 성찰』, 돌베개, 2015.

테리 이글턴, 오수원 역, 『악-우리 시대의 악한 존재들』, 이매진, 2015.

3. 기타 자료

서한기, 「희대의 살인마 유영철 편지 모음 출간」, 『연합뉴스』, 2005.3.29.

* 이 글은 "백소연, 「〈모범택시〉에 나타난 응보적 정의의 구현 양상과 그 의미」, 『문화와 융합』 44-3, 한국문화융합학회, 2022"를 수정·보완하였음.

<검색어를 입력하세요 WWW>, 포털의 공간정치학과 데이터 사회

김민영

1. 데이터 사회의 지배자, '포털'

우리의 시대는 빅데이터, 사물인터넷, 플랫폼, 알고리즘 등으로 대표되는 4차 산업혁명의 기술을 바탕으로, 별도의 영역으로 이질적이라 여기던 문화와 기술을 하나로 결합·융합시키며 인간의 삶 전반에 혁신적인 변화를 불러오고 있다. 그중 빅데이터는 4차 산업혁명의 중추로서, 외부의 간섭없이 사회 구성원 간의 정보 흐름을 촉진하도록 구성된 인터넷을 이용하는 행위 자체가 빅데이터의 근원이 된다. 빅데이터는 인터넷만 연결된다면 모든 스마트 기기를 통해 언제, 어디서든 쌓인다. 사람들은 포털에서 관심사를 검색하고, 이메일을 확인하고, 디지털 웨어러블 기기로 생체 정보를 저장하며 스스로 데이터를 생산하기도 하며, 자신의 감정이나 정서를 인터넷 공간에 내보이는 등 인터넷 영역에 최적화된 삶을 향유하고 있다. 그들은 외부의 강요가 아닌 자발적·적극적으로 거대한 데이터 자원을 제공한다. 그렇기에 오늘날 사회 구성원이 인터넷 공간에

서 유사 이래 인류 문명 기록만큼의 방대한 데이터를 매일 마주하며 살아가는 것은 당연한 결과이다.[1]

이로써 현대인들은 "전통적인 인간 상징 언어를 통한 담론적 발화나 상징 교환 데이터뿐만 아니라 신체를 둘러싼 분위기나 감정선의 분출 데이터, 그리고 신체의 생체리듬과 시·공간 정보 등에 대한 자가생산된 데이터가 매순간 상호 뒤섞이는"[2] 데이터 사회로 진입하게 된다. 이때의 데이터를 "사실의 기록, 1차 자료, 자료의 집적이라는 표면적이고 기능적인 차원을 넘어, 특정 알고리즘을 통해 일정한 의미를 창출하면서 삶과 신체 내부로 침투해 들어오는 권력의 촉수이자 저항의 무기"로 이해한다면, 데이터는 "사물의 단순 모사와 기록의 흔적을 넘어 사물을 일정한 형태로 만들거나 변형시키는 물질성으로 전화하는 역동성"[3]을 지니고 새로운 체계를 구축하는데 중추적 요인이 된다. 이로써 데이터가 비가시적인 영역에서 홀대를 받았던 과거의 위치를 탈피하고 끊임없이 갱신되어 사회적 가치를 실현할 힘을 지니며 사회적 지위가 높아졌음을 알 수 있다.[4]

이러한 데이터가 한데 모여 사회 구성원들에게 제공되는 대표적인 공

---

1 구글의 전 CEO 에릭 슈미트는 "역사가 시작된 이래 2003년까지 인류의 의사 전달 내용을 모두 기록한다면 50억 기가바이트 정도 된다. 지금 우리는 단 이틀 만에 그만큼의 데이터를 만들어내고 있다"라고 언급했다(엘리 프레이저, 이현수·이정태 역, 『생각 조종자들』, 시공사, 2011, 17쪽). 이 책이 2011년도에 출판된 점을 감안한다면, 현재는 그 이상의 데이터가 생성 및 축적되고 있음을 짐작할 수 있다.

2 이광석, 「데이터 사회의 형성과 대항장치의 기획」, 『문화과학』 87, 문화과학사, 2016, 30쪽.

3 김성일, 「산업 사회와 데이터 사회에서 작동하는 물신주의」, 『문화과학』 87, 문화과학사, 2016, 99쪽.

4 이광석, 앞의 글, 28쪽.

간이 '포털portal'이다. 일반적으로 "인터넷 창을 열면 누구나 거쳐 갈 수밖에 없는 관문 같은 곳"13회[5]으로 인식되는 포털은 "이용자의 편의를 위해 인터넷 관련서비스와 콘텐츠를 한 공간에 집적시켜 놓은 인터넷 이용을 위한 통합 사이트"[6]라고 정의할 수 있다. 인터넷 사용이 포털이라는 플랫폼에 집중되면서 포털이 통합미디어의 면모를 갖추기 시작한 것이다. 포털은 인터넷 사용자를 그곳에 오래 머물도록 인터넷상의 거의 모든 영역의 콘텐츠와 서비스를 제공한다. 일단 해당 포털의 주력 서비스를 중심으로 인터넷 사용자들을 포털로 끌어들이면, 이들은 자사 사이트에서 각자의 기호나 욕구에 맞는 다른 서비스나 콘텐츠를 사용하게 된다.

포털이 제공하는 여러 서비스 중에서 가장 중요한 것은 '검색'이다. 국내에서는 포털이라는 용어가 익숙하지만, 해외에서 이를 가리키는 대표적인 용어는 '검색엔진search engine'이다. 즉 포털이 인터넷 콘텐츠 유통에서 절대적인 우위의 영역을 차지할 수 있었던 핵심은 사용자가 원하는 콘텐츠의 검색이 가능했기 때문이다.[7] "검색 결과의 첫 페이지에 뜨지 않는 것은 존재하지 않는 것과 마찬가지"[8]로 이해할 수 있을 만큼 검색은 포털의 흥망성쇠를 좌지우지하는 서비스라 봐도 과언이 아니다. 포털은

---

5 이는 〈검색어를 입력하세요 WWW〉 13회의 대사이다. 이후 본문에서 대사를 인용할 때에는 인용부호(" ") 뒤에 회차를 표기하겠다.

6 백선기·최민재·김위근, 『인터넷 공간의 진화와 미디어 콘텐츠』, 커뮤니케이션북스, 2007, 64쪽.

7 김위근, 「포털 뉴스서비스와 온라인 저널리즘의 지형－뉴스 유통의 구조 변동 혹은 권력 변화」, 『한국언론정보학보』 66, 한국언론정보학회, 2014, 7쪽.

8 크리스토프 드뢰서, 전대호 역, 『알고리즘이 당신에게 이것을 추천합니다』, 해나무, 2018, 73쪽.

고유의 알고리즘으로 구축된 시스템을 통해 사용자가 만족할 만한 검색 서비스를 제공함으로써 해당 포털에 사용자를 오래 잡아둘 수 있는 명분을 만든다. 검색 서비스와 포털의 여타 서비스, 콘텐츠가 유기적으로 결합함으로써 사용자를 포털에서 계속 머무르게 하는 것은 그만큼 포털의 지배력이 강화된다는 의미일 것이다. 물론 사용자가 제공되는 모든 콘텐츠를 이용하는 것은 불가능하지만, 포털은 지속적으로 그들에게 필요한 혹은 관심이 있는 콘텐츠를 사용하게 함으로써 다른 경로를 통해 인터넷에 접속하려는 시도 자체를 차단한다. 그렇기에 포털은 자사의 사이트에 사용자들이 오래 머무를 수 있도록, 즉 '점유율'을 높이기 위한 다양한 전략으로 이용자들에게 접근한다.

TV드라마 〈검색어를 입력하세요 WWW〉이하 〈검블유〉[9]는 포털사이트를 배경으로 삼아 데이터 사회에서 포털의 막강한 영향력을 보여주고 있다. 남녀노소 불문하고 "내 방 창문보다 더 많이 보는 창"[10]인 포털의 검색창을 통해 원하는 데이터를 얻는 행위를 하지 않는 인터넷 사용자는 없다고 단언할 수 있다. 〈검블유〉는 현실과 인터넷 영역의 통로로서 데이터 사회에서 막중한 임무를 수행하고 있는 '포털'이라는 공간을 전면화하여 포털에서 일어나는 다양한 양상을 내러티브에 담아내 대중적 공감을 확보한다. 이에 따라 이 글은 중심 캐릭터의 특징, 즉 주체적이고 진취적인 여주인공을 호명하여 그들의 사회적 위치와 우정, 연대를 중심으로 전도

---

9 권도은 극본, 정지헌·권영일 연출, tvN, 총 16부작, 2019.6.5.~2019.7.25.

10 〈검색어를 입력하세요 WWW〉 공식 홈페이지의 기획의도.
http://program.tving. com/tvn/searchwww/11/Contents/Html.

된 남녀관계에 집중했던 그간의 시선에서 벗어나 〈검블유〉의 서사적 배경이 되는 '포털'이라는 공간 자체에 집중하고자 한다.

기획의도에서 밝히듯, 〈검블유〉는 거대 포털 기업이 '인터넷 영역을 차지하는 비율', 즉 '점유율'을 차지하기 위해 경쟁하는 내러티브가 주축이 된다. 데이터 터전인 인터넷은 사회 구성원의 일상 경험은 물론이고 미래에까지 깊이 통합되어있다. 그들은 인터넷 영역에 드나들며 "서로가 진정으로 '거기에' 있는 듯한 느낌을 가지게" 되고, 이를 통해 인터넷 영역은 "형태, 질감, 윤곽, 깊이, 세부사항이 이미 주어져 있는, 간단히 말해, '실재reality'"[11] 공간으로 거듭나게 된다. "공간은 중립적인 범주이거나 객관적이고 순진한 영역이 아니라 사회적인 구성물로서 사회적이고 물질적인 실천을 통해 구성"[12]되기 때문에, 데이터 사회에서 '포털'은 가장 대중적이고 보편적인 사회적 산물로 읽어낼 수 있다. TV드라마가 '지금-여기'의 구성물이자 사회 구성원의 선택, 문화적 결정, 사회적 압력의 결과라면,[13] 포털이라는 공간을 배경 삼아 〈검블유〉에서 그려지는 사건의 의미를 밝히는 작업은 유의미하리라 기대된다.

---

11 메리 차이코, 배현석 역, 『초연결사회』, 한울엠플러스(주), 2018, 93쪽.

12 최효찬, 『일상의 공간과 미디어』, 연세대 출판부, 2007, 60쪽.

13 존 피스크·존 하틀리, 이익성·이은호 역, 『TV 읽기』, 현대미학사, 1997, 21쪽.

2. 지능적 가면 뒤에 은폐된 욕망

대한민국이 '정보화 강국', '인터넷 강국'이라 불리며 세계적으로 도약한 시점은 2000년대 중반이기 때문에, 현재와 같은 인터넷 인프라의 이미지가 구축된 것은 그리 오래전 일이 아니다. 물론 '강국'이라는 명성에 맞는 기술적인 경쟁력을 갖췄는지의 여부는 세부적인 지표의 확인이 필요하지만, 정부의 적극적인 개입 덕분에 초고속 통신망에 과감한 투자가 가능했고 그 결과로 단기간에 '인터넷 강국'의 대열에 들어선 점은 주지의 사실이다.[14]

인터넷 출발점으로서의 포털은 초기 사용자들에게 인터넷 공간으로 들어가기 위해 '잠시 들리는 곳'이라는 인식이 강했기 때문에 검색 기능보다는 자사가 제공하는 콘텐츠 수준을 높이기 위한 방안을 모색했다. 사용자는 제공받는 서비스가 불편하면 가차 없이 다른 포털로 이동하므로, 포털은 점차 인터넷 영역에서 할 수 있는 모든 서비스를 구축했다. PV 페이지 뷰와 체류 시간을 늘리기 위해 검색은 기본이고 이메일에서 블로그와 카페, 각종 콘텐츠를 제공하여 사용자를 최대한 오랫동안 포털에 남게 할 수 있는 전략 구사는 '점유율' 경쟁에서 승패를 결정지었다. 따라서 포털 업계는 창의적이고 혁신적인 아이디어를 제공할 수 있는 인재가 곧 최우선적 자산이자 경쟁력임을 인지하고, 직원들에게 실적 성장을 바탕으로 연봉과 파격적인 인센티브를 제시할 뿐만 아니라 세세한 부분의

---

14 강병준·류현정, 『구글 vs 네이버 검색대전쟁』, 전자신문사, 2008, 14~18쪽.

복지까지 제공하는 것으로 알려졌다. 이에 직원들이 회사 성장에 도움이 될 수 있는 프로젝트를 꾸준히 추진하며 본인의 역할을 충실히 수행하는 것은 자연스러운 결과이다.

이처럼 포털은 여타의 기업보다 '사람'의 창의성과 개발 역량을 중요시하는 기업 문화 덕분에, "개방, 중립, 평등 그리고 진보의 함의"[15]를 지닌 공간으로 의미가 확장되었다. 자본과 정보가 집약된 포털은 〈검블유〉에서 언급된 '포털윤리강령' 제1조의 내용대로 "가장 진보하며 참여적인 광장"2회 으로 탈권위적인 성향이 두드러진 매개자가 된 것이다.

이상에서 살펴본 포털의 특성을 바탕으로 〈검블유〉는 국내 양대 포털 기업인 '유니콘'과 '바로'가 점유율을 차지하기 위해 경쟁하는 내러티브를 재현한다. 상대적으로 '유니콘'은 보수적 경향을 띤 기업으로, '바로'는 진보적인 기업으로 그려진다. '유니콘'은 전술한 포털 기업의 분위기와는 사뭇 다르다. 기업 대표의 발언보다 대기업 KU의 입김이 크게 작용하는 '유니콘'은 KU 며느리인 송가경전혜진 분의 선택이 곧 '유니콘'의 결정이 된다. KU 대표 장희은예수정 분이 '유니콘'을 사익을 위한 수단으로 여기며 부당한 요구를 했을 때, 송가경은 이를 묵인함으로써 친정과 스스로를 보호한다. 그녀는 '유니콘' 임원으로서 점유율 1위 자리를 지키기 위한 정당한 전략을 준비하거나 시도하지 않고, "정의든 불의든 이기는 수단이 되면 뭐든"9회 행한다. KU와 절연하고 대표직에 오른 후에도 그녀는 "보수적이고 고급스럽고 우아하고 세련"15회 된 이미지를 고수하기로 결정한다.

---

15 김동원, 「플랫폼 담론과 플랫폼 자본」, 『문화과학』 87, 문화과학사, 2016, 84쪽.

반면, '바로'의 지향점은 '유니콘'과 정반대이다. 자유분방한 분위기를 추구하고 직급 대신 영어이름을 부르고 직원들 간에 존댓말을 사용하며 강제적인 회식 문화도 부재한다. 나아가 '바로' 직원들은 그들이 몸담은 기업의 대표가 민홍주권해효 분라는 사실에 굉장한 자부심을 갖는다. 민홍주가 사퇴한 직후 상당수의 직원들이 동요하고 심지어 80% 이상의 직원들이 그의 복귀 서명에 참여하는 등 민홍주는 '바로'라는 기업 그 자체를 대표하는 수장이다. 즉 '바로'는 수평적이고 탈권위적인 포털의 이상적 기업으로 그려진다.

42% 점유율을 차지한 포털 2위 '바로'는 배타미임수정 분를 영입함으로써 52% 점유율을 보유한 '유니콘'과의 점유율 전쟁에서 이기고자 한다. 배타미는 대기업 KU의 며느리인 송가경이 시어머니의 꼭두각시를 자처하며 친정권적 행위를 하는 '유니콘'에서 벗어나, 본인이 기틀을 다진 '포털윤리강령'[16]을 이행할 수 있는 '바로'에서 점유율 1위라는 목표를 이루기 위해 다양한 마케팅 전략을 구사한다. 배타미는 '유니콘'이 아닌 '바

---

16 〈검블유〉에서 언급한 '포털윤리강령'은 다음과 같다.

제1조 포털은 가장 진보하여 참여적인 광장이다. 어떠한 경우에도 포털은 사용자의 알 권리와 표현의 자유를 침해하지 않는다.

제2조 포털은 조작하지 않고 은폐하지 않는다. 이를 해치려는 모든 압력과 침해, 제한, 차별 등으로부터 사용자의 권리를 적극 수호한다.

제3조 포털은 사익에 흔들리지 않고 정치, 경제, 사회 등 내·외부 세력으로부터 독립성을 지키며 공정성을 훼손하는 어떠한 개입도 하지 않는다.

제4조 포털은 포털 내부에서 발생하는 모든 사안에 대해 관리, 감독하며 책임을 진다. 절대 침묵과 회피로 묵과하지 않는다.

제5조 포털의 영향력은 사용자에게서 오고 사용자로 향한다. 어떠한 경우에도 부당한 이득을 도모하지 않고, 부당한 영향력을 행사하지 않는다.

로'였기 때문에, 자신의 신념을 지키며 점유율 전쟁에서 이길 수 있었다. '바로'의 초창기 멤버인 차현이다희 분이 '유니콘' 성향이 엿보이는 그녀의 전략을 납득할 수 없어 "여긴 바로예요. 유니콘이 아니라"3회고 막아서기도 하지만, 배타미는 팀원들과 대표가 인정한 합리적인 전략으로 문제적 상황을 해결하며 진취적이고 전문적인 여성으로 그려진다. 때문에 배타미가 기존 드라마의 여성 캐릭터를 벗어나 적극적이고 발전적인 여성으로 묘사되는 것은 분명하다. 하지만 이상의 호의적인 평가는 포털또는 포털기업이라는 공간이 신자유주의적 착취를 철저하게 감추며 숨기고 있음을 포착하지 못하게 한다. 이를 염두에 두면 배타미는 기존과 전혀 다른 관점에서 접근할 수 있다. 다시 말해 "폭력과 전쟁을 의미"하는 경쟁이 "일상생활의 모든 틈바구니에 있는 전쟁기계를 은폐"[17] 한다는 비포의 의견을 빌리면, 배타미를 기존의 TV드라마에서 내세운 여성 캐릭터에 비해 진보적이라는 긍정적인 평가로만 볼 수 없다.

> 기호자본주의는 정신적 에너지의 끊임없는 착취에 의존하며 경쟁은 불안정노동의 영역에 존재하는 일반적 [사회]관계 형태이기 때문에, 극심한 이행기였던 지난 30년 동안 정신적 고통은 사회의 유행병이 되어버렸다. **접속의 세계에서 경쟁이란** [외부로부터 들어오는 정보자극이나 신경자극에] **끊임없이 관심을 기울여야 하는 데서 오는 스트레스, 애정에 쏟아부을 수 있는 시간의 축소, 외로움, 실존적**

17 프랑코 베라르디 [비포], 유충현 역, 『봉기』, 갈무리, 2012b, 102~103쪽.
이 책에서 프랑코 베라르디는 '프랑코 베라르디 [비포]'와 '프랑코 베라르디 '비포'', 두 가지로 표기되고 있다. 이는 동일인물이며, 각 출판사의 표기를 따랐다.

고통, 그에 따른 분노, 공황, 우울증을 의미한다. (…중략…) 이것이 지난 수십 년 사이에 사이버문화, 신자유주의에 대한 지지, 시장 이데올로기의 전지구적 헤게모니 등과 긴밀히 연결되어 등장한 네트 경제의 어두운 이면이다.강조－필자, 이하 생략[18]

그에 의하면, 배타미는 강박적인 행동자극들로 가득한 경쟁의 세계에 내몰려 스스로를 착취하는 인물로, 진취적이고 전문적인 여성이라는 긍정적 의미에 은폐되어 보이지 않은 면모를 확인할 수 있다. 배타미의 '바로' 이직은 오로지 "유니콘 제끼고 바로 1위 만드는"2회 것에만 초점을 두고 있다. 자신의 선택이 잘못된 결과를 가져오지 않을지, 그 결과 목표에 도달하지 못하고 좌절하지는 않을까 하는 두려움으로 고통받으며 "나는 나를 실현한다는 믿음 속에서 자발적으로 나 스스로를 착취"[19]한다. 그녀를 경쟁의 세계에 매몰되게 만든 것은 그녀가 6개월 안에 성과를 보여야만 '바로'에서 계속 일할 수 있는 불안정한 지위이다. 그녀는 "바로의 1위 탈환을 위한 TF팀"2회, 즉 애초에 '일시적으로' 구성되어 점유율 1위의 성과가 달성되면 해산되는 수순을 밟는 팀을 이끌고 있다. 뿐만 아니라 TF팀원들은 야근 없는 회사를 만들고 싶은 민홍주의 바람과 달리, 중차대한 일이 발생할 때마다 시간에 구애받지 않고 자발적으로 전면에 나선다. 이는 '바로'가 지향하는 바에 반하는 것이지만, 이들의 모습은 "자유

18 프랑코 베라르디 '비포', 장유리 역, 『프레카리아트를 위한 랩소디』, 난장, 2013, 12쪽. [ ]는 원 저서의 옮긴이주이다.

19 한병철, 이재영 역, 『타자의 추방』, 문학과지성사, 2017, 62쪽.

의 착취가 생산성과 효율성을 극대화"[20]하는 신자유주의의 본질을 정확히 반영한다.

점유율 경쟁에서 우위를 차지하기 위해 배타미는 부단히 이슈 몰이를 한다. 커뮤니티에서 '바로 뷰'가 사생활을 침해했다는 이슈로 갑론을박하게 만들고, 웹툰 작가를 섭외하기 위해서는 그들의 약점이나 욕망을 교묘히 이용하는데 주저함이 없다. 웹툰 작가 김백작이 "인기가 많고 조회 수도 높고 바로가 유니콘을 이기는 데 도움이 되"7회므로, 그가 제자의 작품을 뺏었다는 윤리적인 문제는 그를 '바로'로 영입하는 데 걸림돌이 되지 못한다. 배타미의 "관심은 누굴 데려와야 유니콘을 이길 수 있느냐"7회일 뿐이다. 그녀는 "사람들을 개별화하고 고립시키는 고독한 피로"가 축적되어 스스로를 "극단적 피로와 탈진 상태"[21]로 끊임없이 밀어 넣는 삶의 방식을 선택한다.

따라서 이 전쟁에서 '유니콘'을 이기기 위해 모든 에너지를 쏟아붓는 배타미가 시도하는 마케팅 전략을 세밀히 살펴볼 필요가 있다. 점유율 1위를 차지한다는 것은 사용자가 '바로'에서 제공하는 서비스, 콘텐츠 등을 이용하면서 '바로'에 머물러 있는 시간을 최대한 지연시켰다는 의미이다. 이는 최종적으로 '바로'라는 기업의 수익 창출과 연관된다. 사용자에게 포털 체류시간이 늘어난다는 것은 광고 노출 빈도가 높아졌다는 것이고, 이는 곧 기업으로서 '바로'의 이익에 낙관적인 신호이다. 다시 말해 '바로'의 점유율 1위 선점은 배타미 개인의 목표 성취이기도 하지만, 그

20 위의 책, 29쪽.

21 한병철, 김태환 역, 『피로사회』, 문학과지성사, 2012, 66쪽.

것의 최종 목적은 '바로'라는 기업으로서의 이익 추구이다. 포털이 "자본의 끊임없는 이윤 창출의 도구"로서 "공간의 상품화"[22]가 된 환경을 조성한 것이다. 그렇기에 배타미가 '바로'에서 점유율을 높이기 위해 최초로 시도한 전략이 "검색에 대한 이미지를 선점"하기 위해 "누가 봐도 노린 게 분명한 비교광고"3회라는 점은 눈여겨봐야 한다. 그녀는 '바로'가 점유율이 낮아 '유니콘'에 비해 데이터의 양이 적다는 약점을 역으로 이용해, 사용자들에게 클릭 수가 줄어들었다고 느끼게 하여 검색이 잘 되는 것으로 착각하게 만드는 광고를 제작한다.

> 광고는 환상들을 체계적으로 생산하고, 따라서 환멸을 체계적으로 생산하며, 아울러 경쟁과 패배, 도취와 우울을 체계적으로 생산한다. 광고의 소통 메커니즘은, 적당하다고 느끼기 위해서는 그리고 마침내 우리 곁을 떠나고 있던 행복을 실현하기 위해서는 소비자가 되어야 한다는 유혹과 결부된 '부족하다'는 느낌을 생산하는 것에 기초하고 있다.[23]

포털 서비스 중 가장 중요한 '검색' 서비스에서 사용자의 만족도가 높아지면, '바로'는 사용자들을 자사 사이트에 더 오래 붙잡아둘 구실이 생기는 것이며, 이는 추가적인 이익으로 자연스럽게 이어진다. 기술적으로 '유니콘'과 '바로'의 검색 기능에는 큰 차이가 없지만, 사용자들은 광고를 통해 퍼진 환상에 의해 진실을 보지 못한다. 인터넷 사용자들은 현재 이

22 이무용, 『공간의 문화정치학』, 논형, 2005, 41쪽.
23 프랑코 베라르디 [비포], 서창현 역, 『노동하는 영혼』, 갈무리, 2012a, 123~124쪽.

용하고 있는 포털에 불평·불만이 발생하면, 다른 포털로 이동하는데 일말의 주저함도 없다. 그러므로 그들은 "점점 더 쾌락을 느끼지 못하는 무능력에 종속되고 쾌락을 자극하는 방식을 선택하도록 강요"[24]당하여, 더 빠르고, 더 정확하고, 더 편리하다는 이미지를 선점한 '바로'로 흘러들어간다. 이는 "광고를 보는 사람으로 하여금, 어딘가 자기의 현재 생활방식이 만족스럽지 못한 느낌을 갖도록 만드는 데 있다"[25]는 광고의 목적에 부합한다.

점유율을 높이기 위한 '바로'의 가장 큰 변화는 메인 화면 개편으로, '실시간 검색어'이하 실검와 '마이홈피' 서비스에 변화를 줌으로써 카테고리 간소화를 시도한다. 특히 '마이홈피'는 현 '바로'를 자리매김하게 만든 일등공신이지만, "한물간 서비스에 들어가는 인력이 너무 많"12회다는, 즉 이익에 비해 소모되는 경제적 손실이 큰 상품은 불필요하다는 가장 기본적인 경제 원리를 내세우며 서비스를 중단하기로 결정내린다. 포털은 최신 트렌드를 반영하여 주도적인 위치에서 변화를 이끌어 가는 길라잡이의 공간으로 현 시대의 사용자 욕망을 반영한 콘텐츠를 제공해야 하기에, 급변하는 데이터시대에 어울리지 않는 서비스를 지속한다는 것은 비합리적인 행위라는 판단이 선 것이다.

차현 마이홈피는 케빈이 없앤 게 아니라 시대에게 버려진 거예요. (…중략…) 삶은 움직이고 우리도 그래야 해요. (…중략…) 매일매일 많

---

24 프랑코 베라르디 '비포', 앞의 책, 2013, 178쪽.

25 존 버거, 최민 역, 『다른 방식으로 보기』, 열화당, 2012, 165쪽.

은 것들이 생겼다가 사라지잖아요. 마이홈피는 바로의 빛났던 과거이자 잊혀진 영광이에요.12회

문제는 '마이홈피' 서비스가 시대의 흐름에 편승하지 못했다 해서, "단순히 한물간 SNS가 아니라 한 시대가 기록된 디지털 유산"12회임에도 불구하고 그것의 역사와 본질 자체를 상실되고 유예된 것으로 여긴다는 점이다. ""우리는 누구인가?"보다 "우리는 무엇이 될 수 있는가?"가 더 중요"[26]하기 때문에, '바로'는 시대적 요구에 부응하여 "시간적으로 미래가 없는, 나아가 역사가 없는 직접적인 현재를 표시"[27]해주는 메인 화면으로 새롭게 치장한다.

'실검' 또한 다음 세대가 원하는 바, 즉 타인의 관심사보다는 스스로에게 집중하는 현상에 맞춰 개편된다. 차현은 실검의 시대가 저물고 있기에, "시대에게 버려질 것을 미리 버리"12회는 개편의 기본 속성이 곧 '바로'의 핵심적인 메시지라 설명한다. 현재 사회 구성원들에게 필요한 정보를 제공하기 위해 포털이 제공한 서비스가 '실검'인데, 미래 세대는 "자기 관심만 관심"12회을 둘 것이라 판단하여 메인 화면에서 그것의 영역을 줄인 것이다.

검색팀장 실시간 검색어 롤링하자는 의견, 받아들여져서 기쁘시겠습니다.

배타미 바로를 위한 방향이었다고 생각합니다.

---

26 프랑코 베라르디 '비포', 앞의 책, 2013, 25쪽.

27 한병철, 이재영 역, 『아름다움의 구원』, 문학과지성사, 2016, 43쪽.

검색팀장 그 방향 덕분에 저희 검색 팀은 팀 분위기 아주 엉망이고요.

배타미 어느 한 팀의 득과 실이 제 결정의 기준은 아닙니다.

(…중략…)

검색팀장 참 추진력 있고 멋진 사람이라고 생각했어요. 근데 생각해보니 그 추진력 뒤엔 항상 이렇게 누군가의 희생이 따랐겠죠?13회

메인 화면은 포털이 사용자에게 제공하는 콘텐츠가 한눈에 인지될 수 있도록 상품화되어 전시된다. '바로'는 메인 화면 개편 이벤트를 통해 사용자들의 참여와 공감을 유도함으로써 대외적으로 포털 기업이 추구하는 사회 공헌적이며 공익적인 가치를 실현하고 있음을 보이나, 이는 "당장의 광고 매출 손실은 있겠지만 이 정도 손실은 오히려 가치 있는 투자"13회라 여기기 때문에 용인될 수 있었다. 기업 입장에서 가시적으로 증명이 가능한 수치만을 고려할 뿐, 그 뒤에 희생된 직원들은 고려대상이 아니다.

상품화된 공간으로서 포털은 "상품의 기능을 강조하는 '필요'의 원칙보다는 상품 판매 공간의 미학적 세련미를 강조하는 '욕망'이 지배"하여 "자본의 문화적 지배전략이 공고화"[28]되는 전략을 동원한다. 즉 소비공간으로 변모한 포털 공간이 기업의 이윤 재생산 및 확대를 시도할 때 동원되는 것은 스펙터클이다. 이는 '외부로 노출되는 볼거리'라는 일차적인 의미를 넘어 "일종의 이미지화된 자본으로서, 특정 목적을 위해 의식적으

---

28 이무용, 앞의 책, 42쪽.

로 만들어진 공간에서 대량생산·소비되는 이미지"[29]를 가리킨다. '바로'는 '유니콘'보다 앞서 메인 화면 개편을 추진하여 익숙함·편안함에서 벗어나 새로운 시각적 자극을 인터넷 사용자들에게 제공했고, 끝없이 새로운 무언가에 목마른 사용자들의 시선을 사로잡았다. 배타미가 시도하고 진행한 모든 마케팅 전략은 새롭고 참신하고 편리한 '바로'의 이미지를 제공함으로써 사용자들의 소비를 자극하고 욕망을 창출하고 있지만, 이는 철저히 은폐된다. 화려하고 볼거리 넘치는 상업적 스펙터클의 이면에는 시대에 버려진 '마이홈피'와 '실검'의 역사성이 상실된 채 가려져 있다.

포털은 데이터 사회의 가장 전형적이자 보편적인 사회적 산물로, 새롭게 변모하는 시장 논리를 빠르게 정착하고 인터넷 사용자들의 일상생활 전반에 침투한다. 뿐만 아니라 데이터 사회의 일원으로 사용자들은 포털 서비스를 이용하며 그들이 인지하지 못한 채 이용요금을 지불하고 있다. 그들은 필요와 선택에 의해 자율적·자발적으로 서비스를 소비하는 것이라 여기지만, 실상은 가시적인 강제 행위가 없을 뿐 그들의 일상은 거의 모든 것이 전유되고 상품화되고 있다. 문제는 사용자들이 이에 대해 알아차리지 못할 뿐 아니라, 설사 인지한다 해도 지금의 체계에서 벗어나는 것이 불가능하다는 점이다. 배타미가 '유니콘'을 퇴사하며 '바로'에서 이뤄내고자 했던 '포털윤리강령'과 시의적절한 마케팅 전략은 그녀를 점유율 전쟁에서 승리를 가져온 '바로'의 영웅으로 스펙타클하게 포장한다. 그 결과 현 사회의 진면목, 즉 신자유주의의 민낯은 그녀가 시도했던 전

29 위의 책, 174쪽.

략의 뒷면에 파묻힌 채 결코 드러날 수 없다. 이는 "가장 엄격한, 가장 폭력적인, 가장 냉소적인, 가장 비합리적인 법칙, 즉 경제적 정글의 법칙"[30]을 가장 충실히 이행하는 공간이 포털의 참모습임을 빈틈없이 숨겨놓는다.

3. 권력의 판도를 바꾼 투명성의 신화

포털이 제공하는 여러 서비스 중 가장 핵심적인 것은 '검색'이다. 검색은 인터넷의 모든 공간을 연결하는 중추적 역할을 담당하며 그의 영향력은 갈수록 비대해지고 있다. 인터넷 공간을 떠도는 무수히 많은 데이터에서 포털 사용자가 원하는 것을 선별해 바로 보여주는 검색은 이제 단순한 데이터를 찾고 웹사이트를 탐색하는 차원을 넘어서고 있다.

빌 텐서는 인터넷 사용자가 '공포증'과 관련된 검색을 빈번히 하고 있으며, 그 중 '사회공포증'과 관련된 검색이 상당하다는 사실을 밝힌다. 사회공포증은 말을 하는 행위 자체에 대한 두려움, 심한 경우는 타인의 존재 자체가 두려움이 되는 상황까지 포함한다. 중요한 것은 그들이 자신의 공포증에 대해 지인들에게 털어놓는 대신 검색창을 찾았다는 것, 다시 말해 인터넷이 가감 없이 자신을 표출할 수 있는 공간으로 변모했다는 사실이다. 빌 텐서는 이 같은 상황이 '비밀 털어놓기' 웹사이트 카테고리가 확산되는 현상을 통해 확증된다고 언급한다.[31] 사회적 소통 방식에

30 프랑코 베라르디 [비포], 앞의 책, 2012a, 258쪽.

31 빌 탠서, 김원옥 역, 『검색의 경제학』, 21세기북스, 2009, 129~140쪽.

지대한 변화를 불러온 데이터 사회에서 검색 행위는 그 자체가 우리가 누구인지를 대변하며, 검색창은 그들의 욕망을 보여주는 "판도라 게이트"[32]가 되었다.

"물리성이 존재하지 않을 때, 생각과 감정은 더 쉽게, 더 편하게, 더 믿을 만하게 공유"[33]되므로 "사람들은 검색창 앞에서 가장 진실"1회할 수 있다. 따라서 "일정 시간 동안 급상승한 비율이 높은 검색어를 보여주는 서비스"[34]인 '실검'은 동시대 사람들의 관심과 사회적 현상의 흐름을 파악하기 위한 적절한 수단이다. 이것은 논란의 여부를 떠나 인터넷 사용자들이 주목하고 있는, 혹은 주목해야 하는 사안이 무엇인지 알려주는 언론의 '의제 설정' 기능을 수행하며 공론장의 역할을 담당하기 때문에, 현재를 읽어내는 데 유용하다.

배타미 **사람들의 하루는 검색으로 시작해 검색으로 끝이 납니다.** 날씨를 확인하고 시간을 절약하고 의식주를 해결하고 간편하게 원하는 정보를 얻으며 평화롭게 중고 거래를 합니다. 시간, 장소, 국적의 구애 없이 이 모든 정보를 실시간으로 제공하는 곳은 이 세상에 단 하나, 검색창뿐입니다. **포털 사이트 하루 누적 검색량 최대 4억 3천 건, 1초마다 평균 5천 개의 검색어가 유입**됩니다. 1인당 하루 평균 포털 검색 횟수는 63.8회, **인터넷을 하는 대한민국 국민이라면 적어도 하루에 한 번은**

32 김태규·손재권, 『네이버, 빛과 그림자』, KT문화재단, 2006, 198쪽.

33 메리 차이코, 앞의 책, 109쪽.

34 금준경, 「실시간 검색어 서비스, 무엇을 남겼나」, 『언론중재』 154, 언론중재위원회, 2020, 69쪽.

반드시 검색을 합니다. 그리고 그 모든 검색어는 실시간 검색으로 집계됩니다. 지금 현재 사람들이 무엇을 가장 많이 검색하고 무엇에 관심 있어 하는지 전부 집계됩니다.1회

〈검블유〉의 모든 사건의 시발점은 '유니콘'이 친정권 세력인 KU 압박에 의해 특정 대선 후보의 불륜관련 '실검'을 삭제한 것이다. 이는 '포털윤리강령' 제3조, 즉 "포털은 사익에 흔들리지 않고 정치, 경제, 사회 등 내·외부 세력으로부터 독립성을 지키며 공정성을 훼손하는 어떠한 개입도 하지 않는다"2회에도 위반되는 사건이다. 포털 사용자들은 포털이 누구라도 이용가능한 인프라를 제공하여 그 활동의 편리를 제공해야 한다는 점에서 그 공간이 개방적이고 중립적이며 진보적이며 평등하다고 여긴다. 특히 실검은 "사람들의 관심을 반영하는 현상 그 자체"4회이기 때문에, 국내 포털 점유율 1위인 '유니콘'이 자본 권력에 의해 국민의 알권리를 무시하고 공적 관심사인 대선 후보에 대한 데이터를 임의로 조작한 처사는 사회적 질타를 받을 수밖에 없었다. 그러나 '유니콘' 대표로 청문회에 참석한 본부장 배타미는 "알고리즘 상 순식간에 검색어가 사라지는 것은 흔한 일"1회이라 해명하면서도 알고리즘은 절대 공개할 수 없다고 단언한다.

'실검'의 핵심 시스템인 알고리즘은 "어떤 작업을 이행하기 위해 정확한 순서로 진행되어야 하는 일련의 규칙절차"[35]이라고 정의된다. 포털 시

35 "an algorithm is a sequence of rules that should be performed in an exact order to carry out a certain task."(OECD, "Algorithms and Collusion : Competition policy in the digital age", OECD Roundtable on Algorithms and Collusion, 2017, p.8, https://www.oecd.org/competition/algorithms-collusion-competition-policy-in-the-digital-age.htm.)

스템은 방대한 데이터를 정해진 규칙에 따라 결과를 도출하여 문제를 해결하는 방법, 즉 수학적 원리에 따라 작용하는 알고리즘에 의해 운영된다. 알고리즘은 "프로그래머들에겐 수학 문제를 해결할 충분히 상세하고 체계적인 행동지침이므로 정확히 구현코드로 번역되는 경우 모든 정확한 인풋에 대해 정확한 아웃풋을 계산"[36]하기 때문에 포털 사용자가 필요로 하는 데이터를 찾아주는 검색 시스템에 우선 적용된다. 사용자가 검색창에 원하는 데이터를 입력하면, 포털은 다량의 데이터 속에서 가장 적합하고 가치 있다고 판단되는 결과물을 판단하여 제공한다. 이에 따른 검색 결과는 수학적 규칙·질서에 의한 것이기에, 절차상 오류가 발생하여 부적절한 결과물이 도출될 수 있는 가능성은 희박하다고 생각하는 것이 사용자들의 지배적 생각이다.

> 알고리즘은 특정한 질문에 대답할 때 중요하게 여기는 것에서 비롯한 **개발자의 편견을 곧잘 반영**한다. 설령 어떤 정보가 적절한가, 또는 문제를 푸는 최선의 방법은 무엇인가를 결정하는 알고리즘을 개발하더라도, 이 또한 **가설을 바탕으로 삼아야 한다**. 심지어 데이터도 사람의 편견에서 자유롭지 못하다. 데이터를 어디에서 수집하고, 알고리즘을 적용할 수 있도록 노이즈를 어떻게 제거하는지에 **편견이 개입**되게 마련이다.[37]

이상의 루크 도멜의 주장은 포털의 실검이 자사 서버에 집계되어 순

---

36 카타리나 츠바이크, 유영미 역, 『무자비한 알고리즘』, 니케북스, 2021, 53쪽.
37 루크 도멜, 노승영 역, 『만물의 공식』, 반니, 2014, 273~274쪽.

위가 결정되는 과정에서 개발자의 편향성이 반영되어 결코 투명하지 않다는 것에 힘을 실어준다. '일련의 규칙'이라 명명하는 알고리즘은 투명하고 객관적이라는 외양을 갖고 있지만, 실상은 개발자의 주관적 선입견과 같은 외부 요소가 반영된 작동원리로 운영된다. 이 시대의 투명성은 "오히려 불투명한 것, 즉 컴퓨터가 어떻게 작동하는지 이해하지 못하고서도 작동시킬 수 있"[38]다는 의미로 탈바꿈된다. "의사결정권자들은 복잡한 기술을 의도적으로 단순화한 인터페이스 아래에 숨기는 것을 핵심 장점으로 여"[39]기며 배타미가 청문회에서 언급한 것처럼 알고리즘의 세부적인 지침은 철저하게 회사 기밀로 관리된다. 포털 사용자에게 허용된 것은 가시적인 결과물일 뿐, 그것을 생성하는 규칙과 시스템이 운영되는 과정은 독립적이며 객관적이라는 신화로 단단히 둘러싸여 있다.

〈검블유〉는 알고리즘의 신화를 세 번 실검의 대상자가 된 배타미를 통해 그려낸다. 첫 번째는 유니콘 임원으로서 사측 대표로 청문회에 참석했을 때인데, 윗선에서 지시한 대로 '유니콘'의 입장만을 전달했다면 실검에 오르지 않았을 것이다. 현직 국회의원의 성범죄, 즉 사회적으로 반향을 불러올 수 있을 이슈를 대중들에게 공개했기 때문에 일반인임에도 그녀는 실검 순위에 오르내린다.

두 번째는 "호스트바 출신 배우와 포털사이트 임원 스폰서"5회라는 그녀를 둘러싼 불명확한 데이터들이 빠른 속도로 인터넷 영역을 누비며 그녀를 실검의 자리에 올린 때이다. 두 번째 실검은 아무런 인풋도 없이 만

38 위의 책, 166쪽.

39 위의 책, 279쪽.

들어진 아웃풋으로, 송가경의 남편인 오진우지승현 분 개인의 불법적인 거래에 의한 결과였다. 지극히 사적인 이유로 행해진 불법적 거래를 통해 공적 관심사인 실검이 조작됐지만, 사용자들은 이 과정을 알 수 없을 뿐더러 진위 여부를 확인하려는 시도조차 하지 않는다. 그저 삼삼오오 모여 앉아 눈으로만 확인되는 실검 결과를 기정사실로 치부해버린다.

배타미 **포털에게 쓸데없이 권력을 쥐여 주니까**. 이건 이래서 지우고 저건 저래서 놔두고, 그 자체가 난 좀 이상해요. 검색어는 사람들이 만드는 건데 그걸 **포털이 검열**하니까요.

차현 검열이 아니라 점검이죠. 누군가에게 유해하고 음란하고 폭력적이지 않기 위해.

배타미 근데 스칼렛은 그 기준이 완벽하다고 생각해요?

차현 세상 어디에도 완벽한 기준은 없습니다.

배타미 그래서 싫다는 거예요. **서비스는 불완전한데 영향력은 지대**하니까. **영향력은 지대한데, 다스릴 법규는 없으니까**. 포털이 **실검을 삭제하고 조작해도 처벌할 수 없어요**. 법이 없어서.

차현 **실검은 포털의 수익을 위한 서비스 중 하나**일 뿐이기 때문에 법규가 없는 겁니다.4회

오진우는 기업형 검색어 조작 업체를 통해 불법적인 방법으로 일반인 배타미를 실검 대상자로 만들었지만, 어떠한 법적 처벌도 받지 않는다. 실검에 오르내리며 피해를 입은 배타미에게 그저 돈으로 보상할 뿐이다.

뿐만 아니라 '유니콘'은 물론이고 배타미가 소속된 '바로'도 누군가 의도적으로 실검을 조작했다는 사실을 알면서도 묵인한다. "현재로서는 조작된 검색어를 실시간으로 가려낼 수 있는 기술이 없"[5회]고, 실검 조작을 덮는 행위가 위법이지만 법적으로 처벌할 방법이 없다는 것을 알고 있기 때문에 이들은 묵인을 선택한다.

배타미가 세 번째 실검의 대상자가 된 것은 '유니콘' 임원으로서 송가경의 전략이다. 송가경이 배타미의 두 번째 실검이 조작됐다는 사실을 공표한 결과, 실검 조작 은폐를 인정할 수밖에 없던 '바로'는 공명정대한 이미지에 타격을 입으며, 민홍주는 대표로서 이 사태에 책임을 지고 사퇴까지 감행한다. 송가경은 두 번째 실검의 실제 배후가 오진우임을 알고 있었지만, 입증할 수 있는 증거가 없다는 점을 이용해 실검 조작 사태를 '유니콘'의 이익에 이용한다.

포털이 알고리즘에 의해 작동되는 실검 시스템 전반에 관여한다고 할 수는 없지만, 배타미 실검의 경우처럼 어떠한 개입도, 행위도 불가하다고 볼 수 없다. 더 심각한 문제는 외부적 개입이 가능한 실검 서비스가 포털에게 강력한 권력을 선사한다는 점이다. 개인정보 노출이나 사회적인 물의를 불러올 수 있는 여지가 있는 경우 포털 자체적으로 실검을 삭제할 수 있는데, 이 과정에서 포털 기업의 편향적 성향이 개입될 가능성이 상당하다. 기업으로서 각 포털이 추구하는 방향성이 다르기 때문에, 실검 결과는 포털 기업의 성향과 밀접하게 관련이 있다. 그렇기에 포털은 알고리즘이 사용자의 행동을 포털의 성향에 따라 유도하며 이들의 생각과 행동을 변화시킬 수 있다는 특성을 십분 활용한다.[40] 일반적으로 포털 사용자는 실검의 옳고 그름에 대해 판단하려 하지 않고 "알고리즘 암흑상자의 '무지 효과'"[41]에 빠져 알고리즘 시스템에 신격화된 권위를 부여할 뿐이기 때문이다.

그러므로 〈검블유〉에서 특정 대선 후보의 실검 삭제라는 사건은 상당히 문제적이다. 주인공들의 멜로 서사에 가려져 중심 서사에서 한발 떨어져 있지만, 이는 갈등의 기폭제이며 포털 시스템이 정치적 수단으로 전락할 수 있음을 시사하는 중요한 사건이다. 앞서 살펴본 것처럼 알고리즘 개입이 포털 사용자에게 직·간접적으로 영향을 미칠 수 있다면, 대기업 KU의 실검 조작 개입은 단순히 사회적 질타를 받을 만한 행동을 넘어서 사회 전반에 거대한 파장을 불러일으킬 수 있기 때문이다.

〈검블유〉에서 KU와 현 정권은 알고리즘 운영에 외압이 가능함을 알고 검색 시스템을 장악하려 한다. KU는 친정부적 기업으로 사익을 위해 대선 기간에 특정 후보를 지지한다. KU 장희은 회장은 며느리 송가경을 통해 '유니콘'을 산하 기관처럼 다루고 특정 후보에게 불리한 실검 삭제를 지시한다. 알고리즘이 "새로운 세계 권력"[42]이 될 수 있는 근간임을 인지하고 있기에, 포털 기업 '유니콘'을 정치적으로 이용하려는 것이다. 대선 후보 토론회에서 나온 이야기에 사회 구성원의 관심사는 집중될 수밖에 없고, 이때 실검은 공적 관심사를 반영한다. 따라서 대선 후보의 실검 삭제는 사회적 공분을 불러일으킬 수 있는 사건이지만, 장희은은 "검색

40 송해엽, 「알고리즘과 뉴스편집」, 『언론중재』 157, 언론중재위원회, 2020, 19쪽.

41 이광석, 앞의 글, 36쪽.

42 크리스토프 드뢰서, 전대호 역, 『알고리즘이 당신에게 이것을 추천합니다』, 해나무, 2018, 263쪽.

어 몇 개 지웠다고 나라가 망할 듯이"1회 반응하는 사회 구성원을 이해하지 못한다. KU와 정치적으로 반대 입장인 후보가 대통령으로 당선되면서 갈등의 시발점인 대선 후보의 실검 삭제 사건은 장희은에게 '유니콘'의 소유 욕망을 더욱 부추기며 현 정부와 야합하는 촉매로 작용한다.

장희은은 송가경의 친정에 경제적인 도움을 줬다는 이유로 송가경을 며느리가 아닌 자신의 소유물로 여긴다.[43] 사회적 영향력이 상당한 포털을 사적 재원으로 삼아 KU가 원하는 데이터를 수집 및 조작하기 위해서, 송가경의 능력과 사회적 지위, 즉 '유니콘'의 임원이라는 점은 든든한 권력의 지지대가 되어 주기 때문이다. 송가경은 친정이 KU로부터 받은 도움 때문에 학창시절 정의로웠던 삶의 방식을 버리고 악당을 자처하며 KU의 하수인을 선택한다. 하지만 실검을 조작한 사건이 스스로가 일궈놓은 '유니콘'의 근간까지 위협하는 지경에 이르자 그녀는 "자기 자신을 향해 결단하려는 주관성"[44]을 표출한다.

장희은 득 될 게 없는 유니콘이라면 무너져야지. 유니콘 하나 무너뜨리는 게 뭐 그렇게 어려운 일이겠어?

송가경 유니콘을 못 가진 어머님이 지금만큼 정치적으로 매력적일까요? 온갖 거지 같은 청탁들을 들어주든 안 들어주든 유니콘을 좌지우지하고 있는 것 자체가 권력이니까, 그러니까 저도 유니콘도 못 버리셨잖

---

43 "넌 송가경이가 네 거 같니? 걔는 내가 필요해서 들인 애야. 내 거라고. 너 이혼해서 이 집에서 나가는 거 난 아무렇지도 않아. 너 가지고 할 수 있는 게 아무것도 없는데 뭐가 아쉽겠어. 근데 송가경이는 안 돼. 이 집에서 못 나가."(10회 장희은의 대사 중)

아요. 실검 조작, 뉴스 조작, 더 이상은 안 됩니다. 시대가 용납하지 않습니다. 정의롭고 싶어졌냐 물으셨죠? 저 그딴 거에 관심 없습니다. 다만 KU가 어머님 것인 것처럼 유니콘은 제 겁니다. 제가 일궈 놓은 유니콘에 더 이상 손대지 마세요. 8회

KU는 자본 권력으로서 위세를 잃지 않기 위해 현 정권의 요구를 들어주며 포털 '유니콘'이 현 정권에 협조적인 입장을 취하도록 억압한다. 이를 꿰뚫고 있는 대통령은 그녀를 이용해서 정치적 기반을 다지기 위해 은밀한 거래를 제시한다. "권력의 형성과 확장을 위해서는 디지털적 영토 점유, 디지털적 공간 획득이 필수적"[45]이기 때문에, KU와 현 정부는 담합하여 '유니콘'을 자본과 정치 세력을 공고히 하는 수단으로 부리려는 것이다.

장희은 저런. 그런 심려가 있으셨네요. 어찌하면 좋습니까?

서명호 **확실하시니까 확실히 보여 주시면 되죠. 장 회장님이.** 8회

장희은 그래서 대통령께선 우리 포털들 걱정이 참 많으십니다. (…중략…) 그럼 참 좋은 제안이 될 것 같습니다. 우리 포털들, 데이터 센터 때문에 전기세 많이 내죠? **그 전기세 산업용으로 돌리면 연간 70억 정도가 절감된다고 한다는 데 맞습니까?**

---

44 한병철, 김남시 역, 『권력이란 무엇인가』, 문학과지성사, 2016, 122쪽.
45 위의 책, 157쪽.

나인경 지금은 일반용 전기를 사용하고 있지만 산업용으로 돌리 경우 그 정도 비용이 절감됩니다.

케빈 당근은 잘 알겠고 채찍은 뭡니까?

장희은 대통령께선 **실검에 관해서 걱정이 참 많으십니다.**[13회]

서명호 전 장회장님이 절 돕는 건지, 방해하는 건지 가끔 헷갈립니다.

(…중략…)

장희은 제가 드리는 말씀은 보다 명분 있는 방향으로 계획을 수정하자는 겁니다. (…중략…) 포털을 조작하면 논란만 야기시킬 뿐 얻을 게 아무것도 없는 시대라고요. 보다 근본적인 계획이 필요합니다.[14회]

현 정부는 국내 양대 포털인 '유니콘'과 '바로'에게 정부 요청 시 실검을 삭제할 수 있다는 조항을 추가하라고 요구했지만, 두 포털은 이를 불발한다. 그러자 정부는 장희은에게 '유니콘'을 움직일 수 있게 압력을 넣음과 동시에 "실검에 오르게 하는 세력들, 댓글을 선동해 여론을 조성하는 그 세력들이 여론을 조작하는 주범"[13회]이라 칭하며 조작된 여론을 구별해 내기 위해 포털 사용자 개인 정보를 열람할 수 있도록 협조하라고 공식적으로 압박한다. 중립적이고 개방적이고 평등하고 진보적인 포털의 외양은 그대로 둔 채, 보이지 않은 곳에서 외부의 통제와 차별을 자행하려 한 것이다.

KU의 지지를 동력으로 삼아, 현 정권은 거래를 가장한 명령을 함으로써 포털의 능력을 손에 쥐려 한다. 현재는 결코 억압적인 수단으로 권력이 유지되지 않음을 간과한 정부는 시대착오적 태도를 견지하며 시대적 흐름에 역행하는 정치적 면모를 보인다. 기업이 궁극적으로 추구하는 것은 이익 창출이므로, 정부는 양대 포털에게 수익을 보장해주고 그 대가로 이들이 자신의 입장에 공감하는 응답을 하라고 '바로'와 '유니콘'을 짓누르려 한다. "권력자가 하려는 것이 권력에 복종하는 자에 의해 그 자신이 하려는 것으로 긍정되거나 내면화되"[46]어야 진정한 권력을 지닌 것일진데, 현 정부의 행태는 "사용자 권한 강화라는 명분과 철저한 정보 통제라는 도구를 혼합하여 사람들의 특정 행동을 부추기는 동시에 기타 껄끄러운 부분을 숨"[47]기는 것에 급급할 뿐이다.

4. 데이터 사회 신질서의 환상

방대한 데이터를 언제 어디서든 이용할 수 있는 기술은 현재 사회, 정치, 경제 등 사회 구성원의 모든 일상에 변화를 가져왔다. 여기에 가장 크게 일조한 것이 인터넷의 영역과 인간의 영역을 이어주는 포털이다. 스마트 기기만 있으면 누구나, 언제든지 하루에도 수십번씩 포털을 통해 인터넷의 공간으로 들어간다. 인터넷 사용의 첫 출발점으로서 포털은 현재 사회 구성원의 일상에 막대한 영향력을 행사하는 사회적 산물이다.

〈검블유〉는 포털기업을 서사적 배경으로 내세우며 양대 포털 '유니콘'

---

46 한병철, 앞의 책, 17쪽.

47 에드 핀, 이로운 역, 『알고리즘이 욕망하는 것들』, 한빛미디어, 2019, 180쪽.

과 '바로'의 점유율 경쟁을 중심으로 한 내러티브를 선보인다. '유니콘'에서 '바로'로 이적한 배타미를 주축으로 '바로'는 점유율 전쟁에서 1위를 탈환하기 위한 다양한 전략을 제시한다. 그녀는 과감하게, 때로는 팀원의 말에 귀를 기울이며 '바로'에 변혁의 바람을 불고 온다. 그녀가 의도한 대로 점유율 1위가 되는 과정을 통해 '바로'의 시스템이 포털 사용자의 일상을 장악하게 되는데, 문제는 포털 사용자들이 그녀가 보여준 스펙터클한 가시적 성과에만 주목하여 시스템의 숨겨진 이면을 놓치기 쉽다는 점이다. 배타미를 진취적·진보적·발전적인 여성으로 보이게 만든 일련의 마케팅 전략의 뒤에는 철저하게 감춰지고 은폐되어 잔혹하게 작동하는 경제 논리가 작동하고 있다. 포털 사용자는 이를 파악하지 못한 채, 즉 포털을 움직이는 시스템이 데이터 사회를 지배하는 새로운 체제인 신자유주의가 배양되기 적합한 자본 체제임을 인지하지 못한 채 포털에서 일상을 소비한다.

수학적 원리와 규칙에 의해 운영되는 알고리즘은 포털의 핵심적 서비스인 '검색'을 담당하는 시스템이다. 이는 표면적으로 투명한 특성을 지녔기 때문에 외부의 편견이 개입될 여지가 없다는 시각이 일반적이다. 하지만 알고리즘을 만드는 과정에서 개발자의 편향과 가치, 나아가 그것이 작동하는 포털 기업의 성향이 끊임없이 주입된다. 때문에 배타미가 실검 대상자가 된 경유도 인과관계가 명확하게 밝혀질 수 없다. 더 큰 문제는 데이터 사회의 권력이 데이터의 수집, 분석, 통제 여부에 달렸음을 알고 있는 KU와 현 정부는 자신들의 권력기반을 위해 '포털'의 시스템을 소유하려 한다는 것이다. 포털은 이 시대 통치의 근간을 비가시적인 공간으로 밀어 넣어버리고 객관성, 공정함이라는 외양으로 미화시켜 최적의 정치적 수단으로 전락한다. 이는 기술은 끊임없이 발전하고 있지만, 정치적 상황은 여전히 전근대적 모습에서 벗어나지 못하고 퇴보하고 있는 우리 현실을 반영하는 것으로 파악할 수 있다.

〈검블유〉는 포털기업이라는 공간을 전면화하여, 이 시대의 가장 대표적·보편적 사회적 구성물인 포털 공간에서 발생하는 헤게모니를 다양한 내러티브로 재현한다. 여성주의 관점에서 배타미와 같은 캐릭터의 등장은 클리셰적 여성 캐릭터에서 탈피하며 괄목한 만한 발걸음을 내디뎠다고 할 수 있다. 하지만 멋드러진 여성 캐릭터를 앞세워 그 뒤에서 철저하게 은폐된 채 교묘하게 작동하고 있는 포털 시스템의 모순을 놓쳐서는 안 된다. 정치 권력과 자본 권력의 결탁이 가능한 우리 사회에서 이들을 감시하는 시스템이 부재하면, 이들은 사적 목적을 위해 시시때때로 사회 구성원을 감시하려 시도할 것이다. 더 은밀하고 더 보이지 않는 공간에서 유령처럼 시스템이 작동되는 사회로 내몰리지 않도록 데이터 사회의 신질서를 온전히 읽어내야 한다.

참고문헌

1. 기본 자료

권도은 극본, 정지현·권영일 연출, 〈검색어를 입력하세요 WWW〉, tvN, 총 16부작, 2019.6.5~2019.7.25.

2. 논문 및 단행본

강병준·류현정, 『구글 vs 네이버 검색대전쟁』, 전자신문사, 2008.

금준경, 「실시간 검색어 서비스, 무엇을 남겼나」, 『언론중재』 154, 언론중재위원회, 2020.

김동원, 「플랫폼 담론과 플랫폼 자본」, 『문화과학』 87, 문화과학사, 2016.

김성일, 「산업사회와 데이터 사회에서 작동하는 물신주의」, 『문화과학』 87, 문화과학사, 2016.

김위근, 「포털 뉴스서비스와 온라인 저널리즘의 지형 – 뉴스 유통의 구조 변동 혹은 권력 변화」, 『한국언론정보학보』 66, 한국언론정보학회, 2014.

김태규·손재권, 『네이버, 빛과 그림자』, KT문화재단, 2006.

루크 도멜, 노승영 역, 『만물의 공식』, 반니, 2014.

메리 차이코, 배현석 역, 『초연결사회』, 한울엠플러스(주), 2018.

백선기·최민재·김위근, 『인터넷 공간의 진화와 미디어 콘텐츠』, 커뮤니케이션북스, 2007.

빌 탠서, 김원옥 역, 『검색의 경제학』, 21세기북스, 2009.

송해엽, 「알고리즘과 뉴스편집」, 『언론중재』 157, 언론중재위원회, 2020.

에드 핀, 이로운 역, 『알고리즘이 욕망하는 것들』, 한빛미디어, 2019.

엘리 프레이저, 이현수·이정태 역, 『생각 조종자들』, 시공사, 2011.

이광석, 「데이터사회의 형성과 대항장치의 기획」, 『문화과학』 87, 문화과학사, 2016.

이무용, 『공간의 문화정치학』, 논형, 2005.

존 버거, 최민 역, 『다른 방식으로 보기』, 열화당, 2012.

존 피스크·존 하틀리, 이익성·이은호 역, 『TV 읽기』, 현대미학사, 1997.

최효찬, 『일상의 공간과 미디어』, 연세대 출판부, 2007.

카타리나 츠바이크, 유영미 역, 『무자비한 알고리즘』, 니케북스, 2021.

크리스토프 드뢰서, 전대호 역, 『알고리즘이 당신에게 이것을 추천합니다』, 해나무, 2018.

프랑코 베라르디 [비포], 서창현 역, 『노동하는 영혼』, 갈무리, 2012a.

____________________, 유충현 역, 『봉기』, 갈무리, 2012b.

________________ '비포', 장유리 역, 『프레카리아트를 위한 랩소디』, 난장, 2013.

한병철, 김태환 역, 『피로사회』, 문학과지성사, 2012.

한병철, 김남시 역, 『권력이란 무엇인가』, 문학과지성사, 2016.

______, 이재영 역, 『아름다움의 구원』, 문학과지성사, 2016.
______________, 『타자의 추방』, 문학과지성사, 2017.

3. 기타 자료

박현숙, 「'검블유' 리얼 포털 업계 종사자 "포털의 본질 짚은 에피소드에서 감동"」, 『스포츠경향』, 2019.7.2.

신규진, 「여성이야기를 중심으로 … 주목받는 '젠더 미러링' 콘텐츠, 논란은?」, 『동아일보』, 2019.7.30.

이로사, 「주류 서사를 그대로 뒤집었더니, 본의 아니게 '여탕'이 됐네」, 『경향신문』, 2019.6.21.

이수연, 「'검색어 WWW를 입력하세요' 여심을 사로잡은 드라마!」, 『스타뉴스』, 2019.6.14.

하재근, 「여성주의 열풍, 한국 드라마를 바꾸다」, 『시사저널』, 2019.7.27.

한숙인, 「'남자친구' 박보검 VS '검블유' 장기용, 페미니즘 남주의 진화」, 『셀럽미디어』, 2019.6.28.

OECD, "Algorithms and Collusion : Competition policy in the digital age", OECD Roundtable on Algorithms and Collusion, 2017, p.8.(https://www.oecd.org/competition/algorithms-collusion-competition-policy-in-the-digital-age.htm; http://www.internettrend.co.kr/trendForward.tsp)

* 이 글은 "「데이터사회에 작동하는 포털의 공간정치학－TV드라마 〈검색어를 입력하세요 WWW〉를 중심으로」, 『대중서사연구』 28, 대중서사학회, 2022"를 수정 · 보완하였음.

자본과 계급 권력을 현상하다

〈송곳〉, 신자유주의시대의 자본 권력과 노동자(들)
이승현

〈품위있는 그녀〉, 상류 사회의 상징자본과 상징 권력
윤석진

〈SKY캐슬〉, 능력주의 사회와 불안한 계급
정명문

<송곳>, 신자유주의시대의 자본 권력과 노동자(들)

이승현

1. 텔레비전드라마와 노동운동이라는 소재

2000년대 이후 나타난 방송 환경 및 디지털 매체의 변화[1]는 텔레비전드라마를 비롯한 다양한 영상 콘텐츠에 대한 존재 방식 및 감상 방식에 대한 인식까지 변화시키고 있다. 대표적인 예로 '역사적 상상력'을 꼽을 수 있다. 이는 역사적 소재의 활용도를 높이며 텔레비전드라마의 제작 측면에서도 큰 영향을 미친 바 있다. 또한, 기획력의 강화를 통해 새로운 소재 발굴과 다양한 하위 장르의 결합 등으로 변화한 시청자와 환경에 맞는 작품을 만들려는 시도들이 나타났다. 이러한 텔레비전드라마 제작의 다양한 변화에도 불구하고 노동운동이라는 소재는 대중적인 성격의 텔레비전드라마가 다루기 어려운 대상이다. 따라서 노동운동을 다룬 드라마 〈송곳〉은 텔레비전드라마 제작의 변화를 대표적으로 보여주는 작

1 이에 대해서는 윤석진의 「디지털 시대, TV드라마 연구 방법 시론」, 『한국극예술연구』 37집, 한국극예술학회, 2012을 참조할 것.

품이라고 할 수 있다.

드라마 〈송곳〉[2]은 2015년 10월 24일부터 11월 29일까지 JTBC를 통해 토요일과 일요일 이틀에 걸쳐 총 12부작으로 방영되었다. 드라마 〈송곳〉은 원작인 웹툰 〈송곳〉[3]과 마찬가지로 2003년 한국까르푸에서 있었던 노동조합 조직 과정과 이후 파업 상황을 모티브로 하고 있다.[4] 실제 사건과 원작 웹툰을 통해 예상할 수 있듯이, 드라마 〈송곳〉은 현재적 관점에서 자본과 노동 그리고 노동운동 등의 다양한 문제를 재현한다. 실화를 바탕으로 하고 있기에, 드라마는 노동운동의 관점에서 자본과 노동의 문제를 살피고 있는데, '지금, 현재'라는 동시성의 차원에서 자본과 노동은 그 성격과 범위가 크게 변화하고 있기에 자본과 노동에 대한 고민은 계속 변화할 수밖에 없다.

인간에게 노동은 과거부터 중요한 문제였다. 마르크스가 노동의 관점에서 새로운 세계를 꿈꿀 만큼 노동은 인간의 삶에 중요한 요소였다. 그러나 오늘날 노동에 대한 관점이 과거와 같이 일관되게 지속되었다고 보기는 어렵다. 과거의 노동이 신성한 개념으로 이해되었다면, 자본과 분리될 수 없는 노동은 이제 필요할 것인가에 대한 고민으로까지 이어진다. 노동에 관한 관점의 변화는 노동 자체의 변화와 연결되어 있다. 세계

---

2 드라마 〈송곳〉은 이남규·김수진이 극본을, 김석윤이 연출을 맡았다(이하 작품에 관한 인용은 회차만 표시).

3 최규석, 〈송곳〉, 네이버 웹툰, 2013.12.16~2017.8.27 연재.

4 〈송곳〉 주인공 이수인의 모델이 바로 김경욱이다. 그는 까르푸 노동조합과 홈에버 노동조합의 위원장이었으며, 육군사관학교를 졸업하고 대형마트에 취업 후 노조 위원장이 된 인물로 유명하다(배상미, 「대형마트 여성 노동자 투쟁의 재현과 군사주의-드라마 〈송곳〉을 중심으로」, 『한국극예술연구』 60집, 한국극예술학회, 2018, 110쪽 참조).

각국은 기업의 인적 자원에 대한 요구와 노동자의 삶의 방식 변화에 맞춰 노동 시간을 단축해 오고 있는데, 이는 '유연화 노동' 정책으로 이어진다. 순수한 시장의 관점에서 이러한 변화는 효율적이지만, 사회적 관점에서는 혼란을 야기할 수밖에 없다.[5]

신자유주의시대 하나의 상징이라고 할 수 있는 '노동 유연화'는 전지구적으로 확장된 자본 권력의 현재를 보여준다. 신자유주의는 자본 권력의 지배력을 조절하지 않으면서 세계 경제 질서마저 개혁하지 못하게 한다. 따라서 대다수의 서민은 가난한 삶을 살아가면서 자본주의 체제의 변화를 요구[6]하고 있다.[7] 최근 주목받고 있는 '욜로족'이나 '파이어족'도 그 양상은 다르지만, 자본주의 체제에서의 자본 권력과 노동의 문제의 이면을 역으로 보여주는 예라고 하겠다. 또한 이러한 가치관의 변화는 신자유주의 사회에서 자본 권력이 얼마나 공고한지를 보여주며, 그 체제 속에서 사람들은 이미 각자도생各自圖生의 길로 들어섰다는 사실을 의미한다.

이처럼 유연한 노동을 원하는 각자도생의 시대에서 텔레비전에서 방영된 드라마 〈송곳〉은 중요한 의미를 가진다. 다양한 향유층이 쉽게 접근할 수 있는 텔레비전드라마는 그만큼 소재나 주제 선택에 있어서 보수적이기 쉽다. 이러한 점에서 노동운동과 같은 사회적으로 민감한 소재를 선택한 결정은 파격적이라고 할 수 있다. 다음으로 노동운동을 단순히 소재적 차원에서 다루는 것이 아니라, 자본과 노동의 문제를 하나의 관

---

5 레제미 리프킨, 이영호 역, 『노동의 종말』, 민음사, 2005; 31쪽.

6 이러한 움직임으로는 2011년 월가에서 좀비 복장을 하고 나타난 청년세대의 시위를 대표적으로 꼽을 수 있다.

7 김수행, 『자본론 공부』, 돌베개, 2014, 136쪽 참조.

점을 가지고 살피고 있다는 점을 들 수 있다. 이는 앞서 설명한 노동 유연화라는 변화를 현재적으로 진단하는 과정이 되기 때문이다. 종합해보면, 드라마 〈송곳〉은 한국의 자본 권력과 노동의 문제를 실화를 바탕으로 한 노동운동의 관점에서 재현하고 있는 것이다.

드라마 〈송곳〉에 대한 기존 연구로는 배상미와 태보라·최민음의 연구를 꼽을 수 있다. 우선 태보라·최민음의 연구는 〈송곳〉을 기호학적인 방식으로 분석하여 이데올로기적인 의미를 도출하고 있다.[8] 이 연구에 따르면 지배 권력에 대한 저항의 이데올로기가 나타나고, 남성 중심적인 영웅 이데올로기 및 가족 이데올로기를 강화하고 있으며, 노조 활동이 미화되는 양상도 보인다고 분석한다. 배상미의 연구는 드라마 〈송곳〉이 전략적으로 군사주의를 통해 노동운동을 재현하고 있으며, 이로 인해 대형마트에서 중요한 여성 노동자의 투쟁이 제대로 드러나지 않고 있다고 평가한다.[9] 이 연구에서는 군사주의 및 남성 관리자 중심의 재현이 텔레비전이라는 매체를 통해 대중성을 확보하기 위한 시도라고 평가하면서도, 드라마 〈송곳〉이 군대문화의 형상화와 남성 관리자 중심의 서사 전개를 통해 남성중심주의를 드러내며 군사주의를 승인하고 있다고 해석한다.

기존의 두 연구를 함께 살펴보면 드라마 〈송곳〉은 노동문제를 다룬다는 점에서 우리 사회의 문제를 겨누고 있지만, 여전히 남성 중심적으로 오늘날과는 어울리지 않는 노동운동의 현실을 보여준다고 할 수 있다.

---

8 태보라·최민음, 「드라마 〈송곳〉의 기호학적 분석」, 『한국콘텐츠학회논문집』 16권 6호, 한국콘텐츠학회, 2016.

9 배상미, 「대형마트 여성 노동자 투쟁의 재현과 군사주의 – 드라마 〈송곳〉을 중심으로」, 『한국극예술연구』 60집, 한국극예술연구, 2018.

이러한 기존 논의에 대체로 동의하면서도 두 연구가 여전히 드라마 〈송곳〉이 가지는 의미와 한계를 동시성의 관점에서 살피지 못하는 것은 아닌가 하는 의문이 든다. 다소 단순한 방식으로 이미지를 도출하거나 부차적일 수도 있는 드라마의 재현 양상을 분석함으로써, 현시점에서 자본 권력과 노동의 관계를 통해 드라마 〈송곳〉을 분석하는 데까지는 이르지 못했다고 판단되기 때문이다.

이에 이 글에서는 드라마 〈송곳〉에 나타나는 자본 권력의 속성과 그에 맞서는 노동자의 모습을 통해 자본 권력과 노동운동의 현재적 재현이 가지는 의미와 한계를 짚어보고자 한다. 앞서 언급한 바와 같이 드라마 〈송곳〉은 2003년에 있었던 한국까르푸 노동조합의 실화를 바탕으로 한다. 까르푸의 한국 진출은 자본 권력의 세계화를 가장 극명하게 보여주는 예시이며, 그 소속 노동자의 노동조합 결성은 자본 권력에 맞서는 노동자들의 투쟁 방식이라고 하겠다. 따라서 그 일련의 과정을 텔레비전드라마로 재현한 드라마 〈송곳〉은 오늘날 자본 권력에 맞서는 노동자와 노동운동의 현실을 가장 잘 보여줄 수 있는 예이다.

2. 마트라는 신자유주의적 공간과 분열하는 노동자(들)

드라마 〈송곳〉의 사건은 푸르미 마트 일동점에서 직원을 해고하려고 하면서 시작되는데, 문제는 이러한 해고가 정당한 절차를 거치지 않는다는 점에 있다. 마트에서 소위 '자르기' 위해 노동자들을 불법적으로 괴롭히는 상황이 발생하면서 여러 사건이 이어진다. 이러한 푸르미 마트의 불법적인 상황은 일동점 점장 갸스통의 지시로 이루어진다. 갸스통은 이수인을 포함한 과장들에게 직접 전달하지 않고 정민철 부장을 통해 일동점의 판매사원을 자르라고 지시한다. 정부장은 이수인 과장을 불러 "점장님 지시입니다"[1회]라고 말하며 정부장 자신도 상사로부터 지시를 받았다는 사실을 강조한다. 그런데 이러한 불법적인 업무를 지시한 점장이 프랑스인이라는 사실에 주목할 필요가 있다.

육군사관학교를 졸업한 이수인은 10년간 의무복무만을 하고 대위로 전역한 인물이다. 어릴 때부터 정의감에 불의를 참고 넘기지 못했던 그는, 군대에서 일어나는 각종 부정부패를 보고 IMF 외환위기가 있었던 1997년에 제대한다.[2회] 취업이 어려웠던 당시 상황에서 그는 외국계 유통회사에 취업하게 되는데, 그 이유는 이수인이 "나의 정의감이 나를 해치지 않는 곳, 말하자면 한국이 아닌 곳을 원했다"[2회]는 말에서 알 수 있다. 실제로 그는 대리로 일하던 시절 불량품을 납품하던 업체의 접대도 거부하고 그 문제를 밝혀 갸스통으로부터 신뢰를 얻기도 했다. 그러나 이수인이 직원들을 해고하라는 지시를 거부하자, 갸스통은 이수인을 이전과는 다른 태도로 대하기 시작한다.

과거 갸스통은 불량품 납품 및 접대에 관한 비리를 고발한 이수인에게 윙크를 보낼 만큼 이수인을 신뢰하며 그와 어울리기를 좋아했다. 영어로 대화가 가능한 이수인과 갸스통은 따로 만나 술을 마시며 시간을 보낼 정도로 가까운 사이였다. 이처럼 정직하고 영어로 직접 대화가 가능한 이수인은 갸스통이 가장 신뢰하는 매니저였다. 그러나 과거 친근하고 가까웠던 두 사람의 관계는 갸스통이 직원들을 불법적으로 해고하라는 명령을 내린 이후로 달라진다. 이수인이 자신의 명령을 듣지 않고 노조에 가입하자 갸스통은 그를 대하는 태도를 달리한다. 갸스통은 이수인의 목을 조르며 괴롭히는 동시에, 이수인이 담당하는 야채청과 파트 직원들을 모아놓고 그들이 처한 상황에 대해 이수인이 통역하도록 한다. 갸스통은 이수인 때문에 그들은 진급도 하지 못하고, 임금 인상도 없이 다른 점포에 옮길 수도 없으며, 일동점에서만 일해야 한다고 협박한다.2회

드라마의 전반부에서 갸스통은 판매직원을 불법적으로 해고하기 위해 이수인까지 괴롭히는 인물로 그려진다. 그리고 그의 이러한 부정적인 행동을 극중 사건의 출발점으로 볼 수도 있다. 그러나 이를 단순히 갸스통이라는 한 개인의 문제로 여길 수는 없다. 오히려 갸스통의 이러한 행위는 기업이 '노동 유연화'라는 명분으로 비정규직 비율을 높여 이익을 얻으려고 하는 현상과 연관된다. 이는 드라마에서 황준철이 접대를 이유로 해고될 위기에 처했을 때 잘 나타난다. 이 장면에서 구고신은 회사가 직원을 미워해서가 아니라, 정규직 대신 비정규직을 채용해서 돈을 아끼겠다는 의도라고 설명한다.4회

기실 노동 유연화는 신자유주의의 상징과도 같다. 신자유주의의 등장은 1970년대 중반 경제 침체, 인플레이션, 낮은 성장률 등을 겪은 미국과 영국의 상황과 연결되는데, 당시 프리드리히 하이에크를 중심으로 한 신자유주의 경제학자들은 외부에 의해 휘둘리지 않는 자본주의의 기본으로 돌아가야 한다고 주장하며, 부와 권력의 불평등을 시장 체계의 성공과 진보를 위해 필요한 요소로 보았다.[10] 한국의 경우 신자유주의로의 전

환이 경제안정화조치가 단행된 1979년부터 외환위기가 있었던 1997년까지 20년 동안 진행되었으며, 1997년 외환위기는 '신자유주의'라는 새로운 국면이 시작된 시기였다.[11] 당시 IMF 등 국제기구와 초국적 자본은 한국 정부에 강한 구조조정을 강제했는데, "시장근본주의와 경쟁력 담론에 치중한 영미형 신자유주의 프로그램에서 노동정책은 크게 보아 노동시장 유연화정책과 법치주의legalism 노동통제를 결합한 패키지였다."[12] 즉, 신자유주의로 전환된 이후 한국 사회에서는 비정규직으로 대표되는 노동 유연화가 일상화되었으며, 〈송곳〉의 배경이 되는 푸르미 마트는 이러한 신자유주의적 공간을 상징하고 있다고 할 수 있다.

특히 마트가 신자유주의적 공간으로 상징될 수 있는 이유는, 마트라는 공간에서 일하는 다양한 노동자들을 통해 노동 유연화의 특징을 명확하게 보여주기 때문이다. 구고신이 푸르미 노조원을 대상으로 교육하는 장면에서 한 노조원은 용돈을 벌기 위해 마트에서 일한다고 말한다.6회 '용돈을 번다'는 말의 진위나 의미를 차치하고 본다면, 구고신의 말처럼 마트는 용돈을 벌기 위해서든 생계가 급해서든 노동을 제공하기 위해 누구나 쉽게 접근할 수 있는 공간이다. 마트라는 공간에서 노동이 가지는 이러한 특징은 반대로 누구나 쉽게 그 일을 대신할 수 있다는 사실을 의미한다. 따라

10 쇼샤나 주보프, 김보영 역, 『감시자본주의 시대』, 문학사상, 2021, 70~71쪽 참조.

11 박찬종, 「한국 신자유주의의 사회적 기원」, 『경제와사회』 130호, 비판사회학회, 2021, 238쪽 참조.

12 노중기, 「한국 사회의 종속신자유주의 노동체제에 관한 연구」, 『경제와사회』 127호, 비판사회학회, 2020, 118쪽(노중기는 1997년 이후의 사회구성은 신자유주의 체제로 봐야 한다는 일반적인 인식에 동의하면서도 1997년 체제를 '종속신자유주의체제'라는 용어로 정의하고 있다. 이에 대해서는 98~99쪽 참조할 것).

서 이는 신자유주의의 노동 유연화를 가장 극명하게 보여주는 방식이다.

드라마 〈송곳〉에서는 노동 유연화뿐만 아니라 법치주의 노동통제도 두드러지게 나타난다. 노조가 생기고 퇴근 시 가방 검사가 사라지자 노조에 가입하는 사람이 많아진다. 이러한 상황에서 정부장은 지각이나 복장 위반 등 형식적이었던 규칙들을 내세워서 노조원들을 압박한다.[6회] 법치주의 노동통제는 임금을 삭감하는 방식으로 극에 달한다. 정부장은 '무노동 무임금'을 내세워 노조원들이 노조 활동 때문에 자리를 비웠다는 이유로 임금을 제대로 지급하지 않는다.[8회] 그런데 이러한 회사 측의 태도는 마트 노동자들의 분열과 대립을 여실히 보여주는 계기가 된다.

임금이 삭감되면서 오랫동안 함께 일했던 노동자들 사이에 사소한 문제로 갈등이 일어나기 시작한다. 노조를 탈퇴한 노동자와 계속 노조원으로 활동하는 노동자 사이의 싸움이 일어나는 것이다. 실내에서 옷을 말리는 와중에 물이 바닥에 떨어지면서 말다툼이 발생하는데, 이 상황에서 노조를 탈퇴한 노동자는 노조를 탈퇴했다는 이유로 엄한 사람을 잡는다며 가만히 있는 사람 바람 넣어 노조에 가입시킨 게 누구냐며 노조 활동을 하는 노동자에게 따진다.[9회] 임금 삭감으로 인해 노동자들은 서로 헐뜯는 존재로 갈라서며, 분열하는 양상은 다양하게 나타난다. 노조 활동에 적극적이었던 이들 중에도 노조에서 탈퇴하는 모습을 보이기도 하는데, 대표적인 이가 한영실과 김정미이다. 엄밀하게 따지면 둘의 경우는 다른데, 한영실이 노조에서 탈퇴하려고 시도를 했다면, 김정미는 파업 현장에 가지 않고 출근하는 모습을 보인다.

한영실은 일하지 않는 남편으로부터 카드가 정지되었다는 이야기를 듣고 임금 문제를 해결하기 위해서는 노조를 탈퇴할 수밖에 없다고 생각하여 이수인에게 탈퇴서를 제출하려고 한다.9회 이처럼 돈을 무기로 노동자들을 갈라놓는 회사의 노동통제는 드라마의 마지막까지 이어진다. 노조 활동을 하는 노조원들이 가압류 통지서를 받게 되는데, 회사가 노조원들에게 불법파업으로 인한 손해배상을 이유로 가압류를 진행한 것이다. 이러한 상황 속에서 김정미와 같이 노조 활동을 지속할 수 없는 이들이 등장한다. 김정미는 남편의 병원비를 내기 위해 통장에서 돈을 찾으려고 하지만, 푸르미로부터 가압류가 걸렸다는 사실을 알게 된다. 이에 그녀는 딸에게 전화해서 도움을 청하지만, 그동안 딸이 현금 서비스를 받았으며 신용불량자가 될지도 모를 상황에 처했다는 사실을 알게 된다.12회 이에 그녀는 "아무리 옳은 일이라도 내 자식 죄인 만들고 싶지 않"13회다는 말로 파업 현장에 가지 않고 돈을 벌기 위해 출근한다. 이처럼 회사는 돈이라는 현실적인 문제를 이용해 노동자들이 서로 단결할 수 없도록 만든다.

노동자의 분열이 단순히 회사의 법적 대응으로만 나타나는 것은 아니다. 노동자들은 정규직과 비정규직이라는 계약의 차이에 따라서도 서로 나뉘는 양상을 보인다. 푸르미 노동자를 교육한 후 구고신은 참가한 사람 중 비정규직이 있다는 사실을 알고 놀란다.

이수인 푸르미 노조 규약상 계약직도 조합 가입 범위에 들어갑니다.

구고신 가입하면 이수인 씨가 저 사람 지킬 수 있어요? 찍어놨다가 계약 기간 끝나면 바로 쳐낼 텐데.6회

위의 대화에서 보듯, 구고신은 노무사이면서도 비정규직 직원이 노조에 가입하는 것이 얼마나 위험하고 어려운 일인가를 잘 알고 있다. 이수인은 교육에 참여했던 비정규직 직원에게 노조 조끼를 전달하는데, 이때 비정규직 직원은 이수인에게 자신에 대한 부담을 갖지 말라고 이야기한다.7회 푸르미 노동조합 본조는 계약직의 노동조합 가입을 회사 측과의 교섭 사안으로 두고 있을 정도6회로 비정규직 노동자의 노조 활동은 보장되어 있지만, 상황은 단순하지 않다. 정규직과 비정규직으로 계층화된 노동자들의 입장이 동일하지 않기 때문이다. 이수인은 고객과 마찰이 있었던 또 다른 파견사원의 해고 문제를 풀기 위해 일동점 노조원들에게 힘을 보태달라고 요청하지만, 노조원들은 미지급된 임금 등의 이유를 들며 자신들의 문제부터 해결해줄 것을 요구한다.9회 지역의 일반노조원과 몇몇 일동점 노조원이 당장 쫓겨날지도 모를 파견사원을 돕지만,9회 이후 파견사원은 자신의 회사가 푸르미와 계약을 해지하면서 해고되고 만다.10회

기실 이러한 정규직과 비정규직의 분열은 금속연맹 삼진지회 소속으로 '비정규직 차별철폐'라는 문구가 쓰인 노조 조끼를 입고 다니는 문소진의 경험을 통해서 여실히 드러난다. 문소진은 남자친구로부터 "금속연맹은 원래 대기업 정규직 이익단체 같은 거"5회라는 말을 듣고 파업 현장으로 돌아온다. 파업 현장은 회사와 나눈 합의안으로 갈등이 격화된 상황이었다. '같이 밥먹고 살자'며 노동조합을 만들었지만, 회사와의 합의안대로면 비정규직을 제외한 일부 정규직만 복직할 수 있기 때문이다. 이에 문소진은 "같은 색인 줄 알았는데 아니었다"5회라는 말로, 정규직과 비정규직이 다른 존재라는 점을 상기시킨다.

3. 현실적인 노동자(들)과 노동운동의 변화

드라마 〈송곳〉이 신자유주의적인 공간으로 마트를 설정하고 노동자들이 분열하는 모습을 보이지만, 그러한 인물들을 어느 한쪽의 관점으로만 파악하기는 어렵다. 이는 드라마가 등장인물의 개인사를 적절하게 배치하고 있기 때문이다. 물론 예외적으로 이수인과 구고신의 경우는 이야기의 중심을 이루는 만큼 두 사람의 개인사는 극 전체에서 비중 있게 다루어진다. 이수인이라는 인물을 설명하기 위해 그의 어린 시절과 육군사관학교 재학 시절을 보여주는가 하면, 노조 활동의 상황을 비유적으로 제기하기 위해 그의 군 생활이 등장한다. 구고신 또한 극의 흥미를 유발하는 한편, 인물과 상황을 잘 파악할 수 있도록 과거 학생운동을 하다가 고문을 당한 사연이 극 중간에 적절히 배치되어 있다. 그러나 드라마에서 노동의 문제를 파악하기 위해서는 두 인물 이외에도 개인적인 사연을 가지고 있는 노동자 인물의 배치에 주목할 필요가 있다.

기실 앞서 설명했던 한영실이나 김정미도 가정사로 인해 노조 활동을 고민한다는 점에서 현실적으로 설정된 인물이라고 할 수 있다. 여기에 더해 푸르미 마트와는 관련이 없는 인물에게도 과거의 이야기가 설정되면서 보다 현실성을 부여하고 있다. 노동자의 관점에서 대표적인 인물이 차성학과 문소진이다. 버스 회사 정비사로 일했던 차성학은 이수인과의 대화를 통해 자신이 겪은 노동자로서의 삶을 들려준다.[7회] IMF 이후 아무런 설명 없이 노동자를 연봉제 계약직으로 전환하는 과정이나 회사에 협조 여부에 따라 노동자를 나누는 과정은 회사와 노동자의 관계를 잘 보여준다. 또한 노조 활동을 통해 복직했지만, 운동장에서 그저 땅을 팠다가 덮는 무의미한 일만 하는 상황은 노동운동을 하는 노동자의 현실을 적나라하게 제시한다.

차성학이 노동자의 권리를 위해 자발적으로 노동운동을 시작했다면, 문소진의 경우는 다르다. 그녀는 한국 사회에서 평범한 노동자가 자신의 상황을 어떻게 이해하고 받아들이는지를 대표적으로 보여준다. 그녀는 고등학교 졸업 후 자신이 하고 싶은 것을 찾기 전까지 돈을 벌기 위해 비정규직 노동자로 일하게 된다.[5회] 그녀는 자기 주위에 크게 관심을 가지지 않으면서 자신은 여기에 머무르지 않고 곧 떠날 것이라고 확신한다. 그런 와중에 문소진은 구고신의 노동 교육을 받게 되는데, 비정규직에 대한 설명에 대해 그녀는 "남들이 열심히 할 때 열심히 안 한 자기 탓이지"[5회]라거나 "꿈을 이루기 위해 잠시 머무는 것뿐인데 이렇게 안달복달할 필요 있나"[5회]와 같이 말하며 노동 문제의 원인을 노동자 스스로에게서 찾으려고 한다.

이렇게 볼 때, 문소진은 자기 계발과 경쟁 논리로 세상을 바라보고 있다고 할 수 있다. 그녀는 노력하면 누구나 안정적인 삶을 살 수 있으며, 성공하지 못한 사람은 노력하지 않았기 때문이라고 생각한다. 그녀가 노동운동을 하게 된 이유도 그저 좋은 사람이 좋은 일을 한다기에 도와주려 했기 때문이다. 따라서 문소진은 차성학과 비교할 때 노동자로서의 자기 인식이나 노동운동을 하게 되는 계기 등이 다르다. 특히 문소진은 일반적으로 사람들이 노동운동을 어떻게 이해하는지를 보여준다는 측면에서 의미가 있는데, 여기에서 중요한 지점은 많은 사람들이 신자유주의 체제에 동조하며 노동 문제를 바라본다는 사실이다.

신자유주의 체제는 자본과의 관계에서 성과를 내야 하는 주체의 문제와 연관된다.[13] "계급 관계가 내면화되어 자기 자신과 무한한 경쟁을 해야만 하는 '자유로운' 시대의 주체는 긍정성의 폭력에 노출"[14]될 수밖에 없다. 외적인 지배계급의 분화를 의식하지 못한 채 스스로 자유롭다고 생각하는 노동자는 성공을 위해서는 무한 경쟁 속에서 성과를 낼 수밖에 없다. 성과를 위해 그는 스스로 노력할 수밖에 없으며 만약 결과가 실패로 이어지더라도 자신의 탓으로 돌리게 된다. 한병철은 이를 "모두가 주인인 동시에 노예"[15]인 상태로 설명한다. 어쩌면 개인의 노력을 통해 성공할 수 있다고 믿으며 자신이 잠시 그 회사에서 머물 것이라고 믿는 문소진이야말로 신자유주의 체제를 내면화한 대표적인 인간이라고 할 수 있다.

드라마 〈송곳〉은 시청자의 입장에서 긍정적으로 보일 만한 인물, 즉 노동운동에 적극적으로 가담하는 인물만을 사실적으로 담아내지 않는다. 노동운동을 하는 사람들과 맞서는 이들도 현실적이며 변화하는 인물로 그린다. 대표적인 인물로는 허경식 과장과 정민철 부장을 꼽을 수 있다.

허경식 과장의 경우는 자신의 상황 변화에 따라 노조에 가입하는 인

---

13 이 지점에서 한병철은 '자본의 자유'가 '개인의 자유'를 통해 실현된다고 말한다. 즉, 개인의 자유가 자본에게 주체성을 부여하고 증식할 수 있도록 한다는 것이다. 이에 대해서는 한병철, 김태환 역, 『심리정치』, 문학과지성사, 2015, 13~14쪽을 참조할 것.

14 김진환, 「자유의 구속이라는 역설－한병철의 '심리정치'」, 『독일언어문화』 95집, 한국독일언어문학회, 2022, 119쪽.

15 한병철, 앞의 책, 15쪽.

물이다. 극 초반에 허과장은 황준철과의 친분을 이용해 자신에게 유리한 방식으로 황준철을 이용하는 인물로 그려진다. 갸스통의 해고 압박이 있던 시점에 그는 황준철이 납품업체로부터 접대를 받았다는 사실이 발각되었다는 핑계로 황준철에게 사직서를 쓰도록 강요한다.4회 그러나 이는 직원을 잘라야 하는 허과장이 황준철을 쉽게 내보내기 위한 계략이었다. 직원들이 노조에 가입하고 황준철이 허과장과 함께 접대를 받았다는 사실이 밝혀지면서 사건은 일단락된다.5회 그러나 허과장의 무리한 계략은 이후 자신의 전출로 이어진다.

성판석 상무가 정민철 부장을 믿지 못하게 되면서 정부장과 가깝던 허과장을 '과장급 순환 근무 차원'이라는 이유를 들어 영천점으로 전출시킨다.9회 허과장은 정부장에게 인정으로 호소하지만, 황준철 징계위원회 문제가 있었기에 그는 어쩔 수 없이 전출을 갈 수밖에 없다. 허과장은 이런 상황에 놓이자 이수인을 찾는다. 그는 이수인이 자신을 지켜줄 것이라고 믿고 개인적으로 만나 노동조합 가입신청서를 제출한다. 다른 노조원들의 반대도 있었지만, 황준철이 찬성하면서 허과장은 노조에 가입할 수 있게 된다.9회 이러한 허과장의 태도 변화는 노동조합의 필요성을 제시하는 동시에, 노조에 맞서는 인물들도 실상 노동자로서 다른 노조원들과 위치가 다르지 않다는 사실을 보여준다.

정민철 부장에 대한 묘사는 현실에서 노동자가 놓여있는 상황을 이수인과는 다른 방식으로 구체적으로 보여준다. 정민철 부장은 이수인에게 열등감을 가진 인물로 그려진다. 이수인이 육사를 나온 공채 출신에 실적이 좋다는 평가를 받는 인물이라면, 정민철은 고졸로 부장된 것만도

기적에 가깝다는 말을 듣는 인물이다. 이수인이 본사에서 주목받는 입장인 반면, 정민철은 이수인의 통역 없이는 점장인 갸스통과 회의도 할 수 없는 처지에 있다.[2회] 그는 신자유주의 체제를 내면화함으로써 부장까지 승진한 인물이다.

드라마에서는 정민철이 신자유주의 체제를 얼마나 잘 내면화했는지를 적나라하게 보여준다. 가장 대표적인 장면 중 하나가 과거 정민철이 마트의 정육 코너에서 일하던 모습이다. 그는 좋은 마음에 손님에게 고기를 덤으로 주지만, 덤을 주었다는 이유로 고용주는 정민철의 뺨을 때린다. 정민철은 고용 관계를 넘어 폭력을 당했지만 화를 내거나 고용주와 다투지 않는다. 오히려 상대에게 사과하며 더 열심히 일하겠다고 말한다. 정민철이 '따부장'이라는 별명을 얻게 된 사정에 관한 이야기도 마찬가지이다. 직원으로 일하던 시절 정민철은 고기를 썰다 엄지손가락을 크게 다치는 사고를 겪게 된다. 정민철의 사고를 목격한 주위 사람들이 그를 걱정하며 병원에 가보라고 말하지만, 그는 병원에 가지 않는다. 자신이 잘못해서 일어난 일이기에 회사에 폐를 끼칠 수는 없다는 것이다. 이처럼 그는 모든 결과를 자신이 책임지며 노력을 통해 승진하고 살아남으려는 인물로 그려진다.

문소진이나 정민철의 경우에서 보듯, 드라마 〈송곳〉은 노동운동을 중심에 두고 서로 다른 진영의 노동자들이 어떤 현실과 마주하고 있는지를 사실적으로 함께 보여주면서 노동자들의 상황을 입체적으로 보여준다. 이처럼 드라마는 노동자들의 현실을 입체적으로 그리는 동시에 과거 노동운동의 정형적인 모습에서 다소 변화를 보여준다.

푸르미 마트 일동점 노조원들이 파업을 원하는 상황에서 임금 인상까지 결렬되면서 푸르미 마트는 파업에 돌입하게 된다. 그런데 파업 찬반 투표 전 노조위원장은 푸르미 노조가 파업을 진행할 역량이 없다며, 이수인과 주강민에게 오랫동안 푸르미 노조를 지원한 노무사 주용태를 찾아가라고 권한다. 그리고 주용태를 만난 이수인과 주강민은 고문에 가까운 사상 검증을 받게 된다. 주용태는 이수인에게는 엘리트 출신이라는 점을, 주강민에게는 부잣집 아들이라는 점을 지적하며 그들이 왜 노조를 하는지 묻는다. 또한 구체적으로 파업의 요구 사항이 무엇인지, 파업을 통해 노조원들의 의식이 성장하고 노조가 선진 노동자들의 결집체가 되면 싸움은 언제나 다시 할 수 있다는 등의 말을 한다.[11회] 이를 통해 보면, 주용태는 구고신이나 이수인과 다르게 여전히 이념적인 차원에서 노동운동에 임한다고 볼 수 있다. 그런데 이러한 차이는 결과적으로 파업을 이끌어가는 방식에서 드러난다.

이수인과 주용태는 파업을 진행하는 방법과 노동자들을 대하는 태도에서 차이를 보인다. 푸르미 노조위원장의 권한을 이임 받은 주용태는 이념적인 차원에서의 파업 승리를 위해 마트를 운영하지 못하도록 파업을 진행하려고 한다. 주용태는 그가 말하는 '활동가들과 학생 조직'을 동원하여 마트의 출입문과 계산대를 봉쇄하고 마트를 운영할 수 없도록 만든다. 이를 발견한 이수인은 오히려 이런 파업 행위가 불법이 될 수 있다고 판단하고 노조원들을 지키고 평화로운 시위를 하기 위해 마트 운영이 가능하게 하는 한편 피켓 시위를 통해 자신들의 상황을 고객들에게 알리는 방식을 택한다.

파업을 대하는 두 사람의 태도의 차이는 직장 폐쇄 조치가 이루어진 후 비조합원의 출근을 막는 장면에서도 나타난다. 직장 폐쇄의 경우 사측은 노조에 그 사실을 사전에 알려야 한다. 그러나 사전에 이를 알았던 푸르미 노조위원장과 주용태는 조합원들에게 이 사실을 알리지 않는다. 이에 대해 묻는 이수인에게 주용태는 "사람들은 희망이 없어져야 악이 남"[12회]는다고 말하며 조합원의 어려움을 이용해 파업에서 승리하고자 하는 모습을 보인다. 그러나 이수인은 비조합원의 출근을 막는 조합원을 설득하며 파업이 불법적으로 진행되지 않도록 노력한다.

결국 두 사람은 장기적 파업 진행 방식을 두고 갈등한다. 주용태는 강경한 방식으로 파업을 이어나가자고 하지만, 이수인은 간부들만 파업을 하고 나머지 조합원은 복귀시키려 한다. 조합원의 생계가 어려워지고 비조합원의 불만이 높아지는 상황을 고려하여 가능한 마트 노동자들을 포용할 수 있는 방법을 찾고자 하는 것이다. 이수인의 이러한 노력으로 인해 드라마 〈송곳〉의 노동운동은 대립적이고 불법적인 이미지[16]에서는 다소 벗어나게 된다.

4. 전지구적 자본 권력과 노동운동의 재현

앞서 살펴본 바와 같이, 드라마 〈송곳〉은 노동조합과 노동운동의 현실을 보여주고 있다고 할 수 있다. 노동자와 연대할 수 있는 이수인이나 주강민과 같은 인물이 존재하고, 자신들의 이익에 따라 대립하는 다양한 인물들이 등장하며, 구고신과 주용태로 대비되는 노동운동의 이상과 현실이 드러나기도 한다. 그럼에도 무엇보다 주목할 지점은 드라마 〈송곳〉이 노동현장의 구조적인 문제를 쉽고 명확하게 제시하고 있다는 사실이다.

드라마에서는 구고신의 노동 교육을 만화나 그림을 통해 설명하는 데 이러한 장면들이 노동문제의 구조적인 성격, 특히 노동 유연화와 비정규직을 설명하는 방식으로 잘 활용된다. 대표적인 사례가 부채 공장과 우산 공장에 관한 이야기와 제한된 수의 화장실 사용에 대한 이야기이다. 부채 공장과 우산 공장에 관한 이야기는 필요에 따라 노동자가 일하게 되는 소위 노동 유연화에 대한 설명이다. 일의 효율성이나 공장 및 소비자의 이익 그리고 사회 생산성 향상이라는 관점에서는 노동 유연화가 장점을 가진다는 것이다. 공장을 옮겨다니는 이들이 비정규직이라면 구고신은 노동자들이 움직일 때 깃발을 드는 사람을 알선 업체, 과거의 마름에 비유한다. 즉 새로운 노동 환경에서 노동자를 착취하는 이들이 새롭게 생겨났다는 것이다. 제한된 화장실 사용에 대한 이야기는 화장실의 수와 화장실을 이용하려는 사람의 수를 통해 노동 현실의 구조적인 문제를 설명한다. 구고신은 사회가 화장실의 수가 적어 발생하는 구조적인

16 소위 MZ세대의 등장은 노조 및 노동운동에도 큰 영향을 주고 있는데, 최근 한 언론사가 진행한 노조에 대한 2030세대의 인식에 관한 설문 조사는 노조와 노동운동에 대한 젊은 세대의 생각을 짐작하게 한다. 이 설문에 따르면 75.2%가 노조의 투쟁 방식이 '대립적'이라고 답했으며, 64.5%는 노조의 파업이 법과 원칙을 지키지 않는다고 답했다(변종국, 「"노조, 타협 아닌 대립적 투쟁" 75% … "법안지키고 파업" 65%」, 『동아일보』, 2023.2.7). 최근 몇 년 사이에 한국노총과 민주노총이라는 양대 노조와 거리를 두는 사무직 노조가 설립되는 과정을 보아도, 젊은 세대가 기존 노조 및 노동운동에 대해 부정적이라는 사실은 인정할 수밖에 없다.

문제를 화장실을 이용하려는 개인의 문제로 치환한다고 말한다. 이러한 구고신의 설명은 드라마의 중요한 전제가 되는 노동자의 현실적 문제를 쉽게 전달한다.

구고신의 교육 내용처럼 드라마 〈송곳〉은 노동 유연화를 위해 불법적으로 노동자를 해고하려는 상황에서부터 출발한다. 노동 유연화와 같은 노동시장의 변화가 초국가적인 문제라고 할 때, 드라마 〈송곳〉은 이러한 국제적 문제가 한국이라는 환경에서 어떻게 뿌리내렸는지 보여준다. 이수인은 처음 푸르미에 취직했을 때 자신의 회사를 긍정적으로 생각한다. 이수인에 따르면 프랑스인들은 정의감이 넘치는 그의 유별난 성격을 불편해하지 않았으며, 고졸 판매사원도 매니저가 될 수 있기에 어떤 의미에서 푸르미 마트는 공정하고 직원을 존중하는 공간이었다.2회 그러나 외국계 유통회사인 푸르미와 한국에서 근무하는 프랑스인들이 소위 '현지화' 되면서 상황은 달라진다. 이수인이 경고장을 받기 위해 갸스통을 찾아가 논쟁하는 장면에서 갸스통은 현지화가 한국인들이 권위적인 리더를 신뢰하는 상황에서 다른 업체와 경쟁하기 위해 필요하다고 밝힌다.6회 갸스통의 이러한 말에 이수인은 그건 현지화가 아니라 '타락'이라고 답한다. 그러나 갸스통의 말처럼 노동운동에 관한 한국의 현실은 심각한 실정이다.

한국에서 노조 및 노동운동이 가지는 한계적인 상황은 드라마에서 구고신을 통해 잘 설명된다. 이수인은 구고신의 노동법에 대한 강의를 듣던 중 자신의 회사는 프랑스 회사고 지점장도 프랑스인인데 왜 노조를 거부하는지 궁금해한다. 이러한 물음에 구고신은 "여기서는 그래도 되니까"라고 답한다.3회 즉, 법을 지키지 않고 이익을 볼 수 있기 때문이라는 것이다. 어쩌면 이러한 사정은 전지구적 자본 권력이 한국 사회에서 어떻게 작동하고 있는지를 여실히 보여준다. 갸스통의 말처럼 한국에서는 노조 지도자를 해고하거나 창고에서 반성문을 쓰도록 한다.6회 또한 과거부터 경찰로 대표되는 공권력은 노동자가 아니라 회사 편에서 노동자를 가로막았다.[17] 즉, 초국적인 자본 권력은 세계적으로 영향을 미치고 있지만, 한국의 경우 자본 권력으로부터 노동자 스스로 자신을 지킬 여건이 마련되어 있지 않은 것이다.

한국 사회에서 노동자가 놓인 특수한 상황은, 앞서 설명했던 정민철과 문소진의 상황을 통해 구체적으로 알 수 있다. 정민철과 문소진은 노동자로서 자신을 인식하는 출발점이 같다는 점에서 흥미롭다. 두 사람의 상황은 서로 다르지만, 신자유주의 체제에서 자신이 노력하면 성공할 수 있다고 믿는다는 점에서 공통점을 가진다. 결과적으로 정민철은 자신의 노력으로 부장까지 승진했지만, 문소진의 경우는 계약직 직원으로 해고당하고 만다. 어쩌면 이 차이로 인해 노동운동을 대하는 두 사람의 태도가 나뉜다고도 할 수 있다. 그러나 노동자라는 두 사람의 신분은 바뀌지 않으며, 결과적으로 두 사람의 처지는 같아진다. 폭력을 이용해서 노조원들을 제압하려던 성상무는 정부장을 이용하게 되고, 정부장은 노조원에 대한 폭력을 주도한 책임자로 법적 책임과 함께 회사에서도 해고되기 때문이다.

정민철과 문소진은 노동자로서의 자기 인식이 부족하며 처음에는 노

---

17 이와 관련해서 이수인의 아버지 세대와 이수인의 세대가 마주하는 상황은 크게 다르지 않다. 이수인의 아버지가 체불된 임금을 받으러 가는 상황에서도 경찰이 이를 저지했다면(1회), 이수인이 목격하는 파업 현장에서도 경찰을 용역 깡패들을 도와 노동자를 막는다(3회).

동운동을 부정적으로 생각했다는 공통점을 가진다. 물론 이는 한국의 양대 노조가 보여준 한계와도 연결되는 인식[18]이다. 그러나 다른 나라와 비교한다면 한국 사회의 노동자 인식은 열악한 실정이다. 드라마에서 구고신은 다른 나라의 노동 교육에 대해 설명한다. 그에 따르면 독일은 초등학교에서 요구안 작성, 홍보물 제작, 서명 운동, 연설문 제작 등을 하며 모의 노사교섭을 1년에 6번이나 진행하고, 프랑스에서는 고등학교 사회과목의 1/3이 교섭 전략을 짜는 데 할애된다고 한다.[3회]

한국 노동 교육의 실상을 다른 나라의 사례와 비교하는 방식은, 한국 사회가 얼마나 '타락'했는지 즉, 노동자를 얼마나 효과적으로 착취하는지를 보여준다. 우선 한국에서의 노동 교육과 다른 나라에서의 노동 교육 간의 비교는, 한국에서 노동 교육이 얼마나 이루어지지 않는지를 증명한다. 이는 한국에서 노동은 교육의 대상이나 내용이 되지 않는다는 사실을 의미한다. 나아가 노동이 교육에서 중요하다는 혹은 중요하지 않다는 인식은, 근본적으로 노동자에 대한 사회적 인식과 연관된다는 사실을 인지할 필요가 있다. 노동 교육이 학교에서 필요하다는 인식은 사회 구성원으로서 노동에 대한 지식이 중요하다는 사실을 전제하기에 가능하며, 이는 대부분의 사회 구성원이 노동자가 될 수밖에 없다는 현실을 이해하고 수용해야만 가능하다고 할 수 있다. 그러나 한국 사회는 교육 현장에서부터 사회 구성원 대부분이 노동자가 된다는 사실을 수용하지 못하고 있다. 때

---

18 최근 젊은 세대가 조직하고 있는 사무직 노조원의 입장에서 기존의 노조는 정년연장만을 요구하기에 전반적인 처우개선을 원하는 젊은 세대와는 차이가 있다고 할 수 있다(선담은, 「MZ세대 사무직 노조 봄 … "생산직과는 딴살림"에 노동계 고심」, 『한겨레』, 2021.4.6).

문에 한국의 노동자는 다른 나라 노동자처럼 지구적 자본 권력 앞에 서 있지만, 현실에 대처하는 능력은 크게 떨어질 수밖에 없다.

이러한 상황을 고려할 때, 이수인에게 남긴 주용태의 노동운동에 대한 생각은 인상적이다. 그는 푸르미 일동점의 파업이 그들만의 싸움이 아니라고 정의하며, 신자유주의를 세계화하려는 초국적 자본 및 노동 유연화에 맞서는 투쟁이라고 설명한다.12회 자본 권력의 성격과 노동의 현실을 고려한다면 주용태의 설명이 틀린 것은 아니다. 그러나 그의 노동운동에 대한 이상적인 접근이 현재 한국의 노동 상황을 의미 있게 지적할 수 있는가 하는 물음이 필요한다. 즉, 전지구적인 자본 권력이 유독 한국에서 노동자를 쉽게 착취할 수 있는 이유를 그가 설명하고 있지는 않기 때문이다. 주용태는 파업이 푸르미 마트만의 문제가 아니라 전지구적인 시스템의 문제라고 말하지만, 그는 푸르미 조합원 앞에서는 그의 이상적인 발언을 하지는 못한다. 결국 이는 한국 사회에서 노동운동이 가지는 현실적 문제가 복잡다단하다는 사실을 의미하는 셈이다.

마찬가지로 드라마의 결말에 대해서도 생각해 볼 필요가 있다. 이수인은 간부들만 파업을 하고 조합원들은 현장으로 복귀시킨다. 그런데 이렇게 선택한 이수인의 방식이 푸르미 노조가 파업에서 승리할 수 있는 직접적인 원인이 되었는가 하는 점은 고민해 볼 필요가 있다. 드라마의 마지막에 이르면 프랑스 본사에서 한국지사 사장 선임을 위해 인사 담당자가 찾아오게 된다. 이에 성상무는 파업 문제를 조기에 해결하려고 하고, 동시에 조합원들이 마지막으로 함께 파업에 나서면서 협상이 가능해진다. 물론 조합원들이 마지막으로 단결할 수 있는 이유가 그들을 먼저 생각한 이수인의 태도에 있다고 할 수 있다. 그러나 프랑스 본사에서 인사 담당자가 한국에 오는, 우연히 찾아온 기회가 이 사건 해결의 실마리가 된다는 사실은 부인할 수 없다.

드라마 〈송곳〉은 이러한 지점에서 의미와 한계를 동시에 가진다. 앞서 설명한 바와 같이 노동 유연화와 비정규직과 같은 노동 현실의 구조적인 문제를 쉽게 설명하는 동시에 불법을 피하고 조합원을 먼저 생각하는 이수인을 통해 노동의 문제가 우리의 현실과 얼마나 밀접한 관계를 가지는지 보여준다. 그러나 한발 나아가 이러한 문제를 해결하기 위해 근원적인 원인을 살피지는 못하며, 마찬가지로 기존의 노동운동이 가지는 단점을 부각시켜 이수인으로 대표되는 극중 인물이 가지는 긍정적인 면을 극대화한다. 극의 마지막에 이수인은 일동점 노동자들의 메일을 확인한 후, 자신의 노동 여건을 개선하기 위해 본사에 메일을 보내며 새로운 투쟁에 나서는 듯한 모습을 보인다. 그러나 한편으로 푸르미가 마주했던 노동문제의 원인을 찾아 직접적으로 해결하지 못한 상황에서 이러한 결말도 낭만적이고 이상적인 것은 아닌가 하는 생각이 든다.

5. 드라마 〈송곳〉의 의의와 텔레비전드라마

이제까지 이 글은 2015년 JTBC에서 방영된 드라마 〈송곳〉에 나타난 자본 권력의 문제와 노동운동의 재현 양상을 살펴보았다. 노동운동이라는 다소 대중성과 먼 소재를 채택한 이 드라마는, 2003년 한국까르푸에서 있었던 노동조합 조직 과정과 이후 파업 상황을 텔레비전드라마로 만들었다는 사실만으로도 큰 의미를 부여할 수 있다.

드라마 〈송곳〉은 푸르미라는 프랑스에 본사를 둔 마트를 배경으로 이루어지는 노동운동의 과정을 보여준다. 푸르미는 해외에 본사를 두고 있지만, 회사의 이익을 위해 한국의 다른 기업처럼 노동자를 불법적으로 해고하려고 한다. 이러한 상황에서 마트는 세계적인 신자유주의 경제 논리에 따라 노동 유연화와 법치주의 노동통제가 작동하는 공간으로 형상화된다. 그러나 모든 노동자의 입장이 같은 것은 아니다. 법치주의 노동통제에 따라 노동조합에 대한 노동자들의 입장은 갈라지고, 정규직과 비정규직이라는 고용 상태에 따라서도 노동자들은 분열하고 대립한다.

나아가 이 드라마는 이수인이나 구고신 등 주인공을 제외한 다른 인물을 통해 노동자가 겪는 문제를 현실적으로 조망한다. 한국 사회의 노동자를 입체적으로 형상화한 대표적인 인물로는 문소진과 정민철을 꼽을 수 있다. 이들은 신자유주의 체제에서 자신의 노력으로 성공할 수 있다는 자기 계발과 경쟁 논리로 세상을 바라보는 인물이다. 문소진이 비정규직으로 꿈이 좌절되면서 노동운동에 참여한다면, 정민철은 자신의 희생으로 부장까지 승진한다. 그러나 정민철 또한 한 사람의 노동자로 회사에 이용된 후 해고된다. 또한, 드라마는 대립적이고 불법적인 이미지의 노동운동에도 다소 변화를 준다. 이는 인간적인 면모의 이수인이라는 인물의 결단을 통해 조합원과 비조합원을 모두 아우르는 노동운동을 진행하면서 가능해진다.

이처럼 드라마 〈송곳〉은 노동 유연화와 비정규직 문제 등 한국 사회에서 노동자들이 마주한 현실적이고 구조적인 문제를 쉽고 입체적으로 제시한다. 그러나 한국 사회에서 이러한 노동 문제가 근본적으로 왜 그리고 어떻게 발생하는지 밝히지는 못한다. 서사의 결말은 낭만적이고 이상적으로 마무리되지만, 이 또한 이수인이라는 개인의 노력으로 이루어진다는 점에서 의미와 함께 한계를 지닌다고 할 수 있다.

최규석의 웹툰 〈송곳〉을 원작으로 한 드라마 〈송곳〉은, 2000년대 이후 다양한 변화를 모색해온 텔레비전드라마의 한 예로 손색이 없다. 텔레비전드라마에서 노동운동이라는 소재를 채택했다는 사실 자체가 텔레비전드라마의 새로운 가능성과 방향성에 대한 탐색이라고 할 수 있기 때문이다. 그러나 텔레비전드라마가 그 어느 장르보다 대중적이기에 드러나는 한계점도 명확하다. 드라마가 새로운 소재를 선택하면서 던진 질문에 심층적으로 다가가지 못하고 다소 낭만적이고 이상적인 결말로 나아갔던 이유도, 텔레비전드라마의 장르적 성격과 무관하지 않다고 하겠다.

참고문헌

1. 기본 자료

이남규·김수진 극본, 김석윤 연출, 〈송곳〉, 총 12부작, JTBC, 2015.10.24~11.29.

최규석, 〈송곳〉, 네이버 웹툰, 2013.12.16~2017.8.27.

『동아일보』

『한겨레』

2. 논문 및 단행본

김수행, 『자본론 공부』, 돌베개, 2014.

레제미 리프킨, 이영호 역, 『노동의 종말』, 민음사, 2005.

쇼샤나 주보프, 김보영 역, 『감시자본주의 시대』, 문학사상, 2021.

한병철, 김태환 역, 『심리정치』, 문학과지성사, 2015.

김진환, 「자유의 구속이라는 역설 – 한병철의 '심리정치'」, 『독일언어문화』 95집, 한국독일언어문학회, 2022.

노중기, 「한국 사회의 종속신자유주의 노동체제에 관한 연구」, 『경제와사회』 127호, 비판사회학회, 2020.

박찬종, 「한국 신자유주의의 사회적 기원」, 『경제와사회』 130호, 비판사회학회, 2021.

배상미, 「대형마트 여성 노동자 투쟁의 재현과 군사주의 – 드라마 〈송곳〉을 중심으로」, 『한국극예술연구』 제60집, 한국극예술학회.

윤석진, 「디지털 시대, TV드라마 연구 방법 시론」, 『한국극예술연구』 37집, 한국극예술학회, 2012.

태보라·최민음, 「드라마 〈송곳〉의 기호학적 분석」, 『한국콘텐츠학회논문집』 16권 6호, 한국콘텐츠학회, 2016.

* 이 글은 "이승현, 「드라마 〈송곳〉에 나타난 자본 권력과 노동운동의 재현, 『인간연구』 제49호, 가톨릭대 인간학연구소, 2023"을 수정·보완하였음.

〈품위있는 그녀〉, 상류 사회의 상징자본과 상징 권력

윤석진

1. 한국 사회의 계층계급 문제와 드라마

텔레비전드라마는 유희적이면서도 교훈적인 속성을 담보한 영상예술이다. 인간과 세계에 관한 허구적 상상력으로 즐거움을 선사하면서 실제 현실을 성찰하는 계기를 제공하기 때문이다. 인간과 세계에 관한 성찰을 견인하면서 시청자와의 공감대 형성에 성공한 작품들은 사회문화적으로 사회적 의제를 설정하는 기능을 수행하기도 한다. 텔레비전드라마의 사회적 의제는 '기획 의도'에 적시되는데, 그것이 영상 미학적으로 제대로 구현한 경우는 그리 많지 않다. 또한, 작가와 연출자의 의도가 시청자에 의해 다르게 해석되거나, 작품의 완성도와 별개로 특정 소재나 에피소드의 사회적 의미가 과잉 평가되는 경우도 적지 않다. 영상예술로서 텔레비전드라마의 미학적 특성과 사회문화적 의미 사이에서 균형을 찾기 어려운 것도 그래서이다.

〈품위있는 그녀〉[1]는 '기획 의도'에 맞는 영상으로 미학적 완성도를 담보하면서 시청자와의 공감도를 형성[2]한 작품으로 주목받았다. "욕망의 군상들이 민낯을 드러내고 아우성치는 세상이 있다. 이것은 그 가운데 마주한 두 여인의 엇갈린 삶, 그리고 그녀들의 선택이 들려주는 이야기"로 "드라마에서 흔히 다루는 재벌들이 아닌 서민들과 접촉이 비교적 용이한 그런 준재벌 부유층들"의 "적나라한 싸움과 암투 그리고 상류층 부자들의 거만하고 가식적인 삶은 그 허상을 드러내며 균열하는 모습"[3]이라는 기획 의도를 성공적으로 연출한 결과라 할 수 있다. 하지만 작품의 완성도나 화제성에 반해 〈품위있는 그녀〉에 관한 연구는 아직 제대로 이루어지지 않고 있다. 〈SKY 캐슬〉·〈품위있는 그녀〉·〈풍문으로 들었소〉를 대상으로 '강남 특권층'을 묘사하는 텔레비전드라마의 장르적 도식성과 내러티브의 코드를 분석한 연구[4]에서 〈품위있는 그녀〉의 주요 여성 인물을 분석하였으나, 논리적 설득력을 담보하지 못한 문제가 있다.

상류층의 가식과 허위의식을 풍자한 〈품위있는 그녀〉는 실내디자인학과를 졸업하고 스튜어디스로 일하다가 준재벌가의 둘째 아들을 만나

---

1 백미경 극본, 김윤철 연출, 김희선(우아진 역)·김선아(박복자 역)·김용건(안태동 역)·서정연(박주미 역)·정상훈(안재석 역)·오나라(안재희 역)·한재영(안재구 역)·이태임(윤성희 역)·유서진(차기옥 역)·이희진(김효주 역)·정다혜(오경희 역)·오연아(백주경 역)·소희정(오풍숙 역) 등 출연, 총 20부작, JTBC, 2017.6.16~8.19 방영.

2 〈품위있는 그녀〉는 2% 초반에서 시작한 시청률이 12% 초반까지 상승하면서 유종의 미를 거두었는데, 2017년 하반기 드라마 부문 화제성 지수 조사에서 〈청춘시대〉, 〈왕은 사랑한다〉, 〈학교 2017〉에 이어 4위를 기록하였다.
https://v.daum.net/v/20171030101720624(2023.2.14 최종 검색)

3 〈품위있는 그녀〉의 기획 의도
http://tv.jtbc.joins.com/plan/pr10010473(2023.2.14 최종 검색)

4 정선희, 「'강남 특권층' TV드라마의 도식적인 내러티브-〈SKY 캐슬〉, 〈품위있는 그녀〉, 〈풍문으로 들었소〉의 사례연구」, 서강대 석사논문, 2020.2.

상류층에 진입한 여성과 파양의 아픔이 있는 고아원 출신으로 허드렛일을 하면서 생계를 유지하다가 상류로의 계층 상승을 욕망했으나 실패한 여성을 통해 인간의 탐욕과 자존감에 관한 성찰을 견인한다. '그녀들'의 욕망과 권력 관계를 통해 드러나는 '품위'의 실체는 단순히 '강남 상류층의 민낯' 풍자를 넘어 신자유주의 무한경쟁 구도에서 비롯한 한국 사회의 실상을 드러낸다. "가지지 못한 것을 욕망"[5]하면서 상류로의 계층 이동에 성공했음에도 행복할 수 없었던 박복자를 통해 상징자본으로 구획된 한국 사회의 계층계급 문제를 환유하기 때문이다.

"권력은 어떤 지배계급이 소유하고 맘대로 휘두르는 그런 폭력이 아니라, 늘 다양한 조건 속에서 행사되는 '기능'이자 '작동'이다. 권력은 사물과 같은 실체 혹은 명사名詞가 아니라 움직이고 행사되는 동적인 동사動詞"[6]이다. 우아진과 박복자는 이러한 권력 관계에 놓인 여성 인물들이다. 그녀들을 통해 타고난 재능과 원초적 욕망은 물론 권력 관계가 형성되는 요인과 작동 양상이 드러나기 때문이다. 이에 따라 본고에서는 권력은 '존재'하기보다 '작동'하는 것이고, 권력 관계가 주체를 형성한다는 관점[7]에서 부르디외의 문화이론을 원용하여 〈품위있는 그녀〉의 상징자본과 상징 권력을 분석하고자 한다.

---

5 우아진은 박복자의 유골을 수습하면서 "누구나 행복을 꿈꾼다. 가지지 못한 것을 욕망한다. 그래야 행복해질 거라는 강렬한 압박에서 우리 인생은 출발한다. 하지만 인생은 출발점도 종착점도 우리 뜻대로 되는 건 하나도 없다. 이것은 나와 나를 꿈꾸던 그녀의 이야기다"(1회, 04:10)라고 말한다.

6 이수영, 『권력이란 무엇인가』, 그린비, 2009, 48쪽.

7 위의 책, 38~44쪽 참조.

부르디외에 따르면, 장場, Field으로서의 사회 세계는 '권력·돈·명예'와 같은 희소성 있는 재화를 전유하기 위한 경쟁과 투쟁이 벌어지는 공간이다. 이러한 공간에서는 행위자들이 보유하고 있는 여러 형태의 자본에 의해 위계가 결정되기 때문에 계층 상승 욕망이 강한 행위자들은 실제 이용할 수 있는 자원과 권력의 총체로서의 자본을 축적하기 위해 수단과 방법을 가리지 않는다. 사회 세계의 위계를 결정짓는 자본의 세 가지 유형은 '경제자본·문화자본·사회관계자본'이다. 첫째 '경제자본'은 '토지·공장·노동력'과 같은 생산요소와 '자산·수입·소유물'의 재화로 구성되는데, 돈으로 전환할 수 있고 소유권의 형식으로 제도화되어 있다. 둘째, '문화자본'은 혈연관계에서 전수되거나 교육체계 속에서 생산되는데 '체화embodied·객관화objective·제도화institutional'된 형태로 나타난다. '품위·교양·취미·세련됨·재능' 등은 자연스럽게 '체화된 문화자본'이고, '미술품·디자인·책문학·음반' 등은 문화상품 형태로 존재하는 '객관화된 문화자본'이며, '학위·자격증·직함' 등은 공인을 통해 사회적 정당성을 인정받은 '제도화된 문화자본'에 해당한다. 셋째, '사회관계자본'은 개인이나 집단이 동원하고 활용할 수 있는 사회적인 연줄과 관계망으로 규정된다. 사람들의 인식 속에서 상징적으로 표상되고 이해된 상징자본은 사람들이 자본의 진실을 제대로 보지 못하고 받아들이는 '오인-인정'의 과정에서 이루어지는 상징폭력의 결과로 어떤 대상에 깃드는 사람들의 인정으로 상징 권력을 작동하는 원동력이다.[8]

8 이상길, 『아틀라스의 발』, 문학과지성사, 2018, 198~199쪽 참조.

이 글에서는 〈품위있는 그녀〉의 여성 인물들을 대상으로 상징자본을 정리한 뒤, 전체 서사의 중심에 자리한 우아진과 박복자 그리고 이들의 권력 관계를 비교할 수 있는 오풍숙의 계층 상승 욕망과 상징자본의 축적, 존재 인정 욕망과 상징 권력의 작동 양상을 분석하고자 한다. 계층 상승 욕망을 위한 상징자본 축적과 존재 인정 욕망에서 행사하는 상징 권력의 작동 양상 분석을 통해 〈품위있는 그녀〉가 환유하는 신자유주의시대의 자본과 권력의 상관성을 구명할 수 있을 것이다.

2. 계층 상승 욕망과 상징자본의 축적

〈품위있는 그녀〉에는 '강남'이라는 사회 세계를 배경으로 상징자본을 축적하여 계층 상승 욕망을 충족하려는 여성 인물들이 다수 등장한다. 그녀들은 상징자본의 소유 여부로 결정된 위계에 따라 대립하고 갈등하면서 전체 서사에 관여한다. 전체 서사에서 일정 정도의 극적 역할을 수행하는 여성 인물은 10명 정도이다. 그 가운데 중심인물은 스튜어디스 출신으로 대성펄프 차남과 결혼하여 계층 상승에 성공한 우아진과 대성펄프 회장의 간병인으로 고용된 고아원 출신의 박복자이다. 상류층을 상징하는 우아진과 하류층의 박복자는 극적 사건의 관찰자이자 해설자 역할을 수행하기도 한다. 우아진이 상징하는 상류층에는 자녀들의 영재중학교 대비용 스터디를 위한 브런치 모임이라는 사회관계자본[9]을 공유하는 '차기옥·김효주·오경희', 대성펄프 회장 안태동의 고명딸 안재희와 만며느리 박주미가 포함된다. 예술적 감각이 남다른 우아진이 발굴한 신인 화가 윤성희와 강남 청담동의 유레카 수학학원 원장 백주경은 자신의 재능으로 재화를 창출하지만, 상류층으로 분류할 만한 정도의 상징자본을 소유하고 있지 않은 인물들이다. 강남 재벌가의 입맛을 사로잡은 반찬가게 풍숙정의 주인 오풍숙은 자신의 재능으로 돈을 벌면서 영업 신고를 하지 않고 탈세하는 방식으로 재화를 축적하면서 상류층으로의 진입을 욕망하는 인물이다. 이상의 10명 가운데 하류층으로 분류할 수 있는 여성 인물은 우아진이 시아버지이자 대성펄프 회장 안태동의 간병인으로 고용한 박복자뿐이다. 〈품위있는 그녀〉의 주요 여성 인물들이 '오인-인정'의 과정을 거쳐 축적한 상징자본을 항목별로 정리하면 〈표 1〉과 같다.

세 가지 유형의 상징자본 가운데 경제자본과 사회관계자본의 경우 기본 항목에 해당하기 때문에 작품에 따라 특별히 달라질 것이 없다. 하지만 문화자본 항목은 등장인물의 성격이나 전체 서사와 관련되어 있으므로 얼마든지 달라질 수 있다. "인간에게 생명보다 중요한"[10] 자존감에 영향을 미치는 '품위'는 〈품위있는 그녀〉의 변별성을 담보하는 문화자본 항목이다. 〈품위있는 그녀〉의 서사에 따라 상징자본 항목으로 체화된 문화자본에 '품위'와 '재능'을, 객관화된 문화자본에 '디자인'을, 제도화된 문화자본에 '직함'을 추가하였다. 등장인물의 성격과 극적 상황을 고려하여 여성 인물들의 상징자본 소유 여부를 모두 19개의 항목으로 분류한 도표

9 '영재중학교 대비용 스터디를 위한 브런치 모임'은 상류층이 상징자본을 자녀들에게 세습하기 위해 운용하는 사회관계자본의 일종이다(장상수, 「가족배경, 문화자본, 성적」, 『한국사회학』 42(3), 한국사회학회, 2008, 68쪽 참조).

10 김찬호, 『모멸감 – 굴욕과 존엄의 감정사회학』, 문학과지성사, 2014, 210쪽.

〈표 1〉〈품위있는 그녀〉 여성인물 축적자본

여성 인물	상징자본																		
	경제자본						문화자본											사회관계자본	
	생산요소			재화			체화된 문화자본					객관화된 문화자본			제도화된 문화자본			연줄	관계망
	토지	공장	노동력	자산	수입	소유물	품위	교양	취미	세련됨	재능	미술품	디자인	문학	학위	자격증	직함		
우아진	−	−	+	+	+	+	+	+	+	+	+	−	+	−	+	−	+	+	+
박복자	−	−	+	−	−	−	−	−	−	−	−	−	−	−	−	−	−	−	−
(박지영)	−	−	+	+	+	+	−	−	+	−	−	−	−	+	−	−	+	−	+
오풍숙	−	−	−	+	+	+	−	−	−	−	+	−	−	−	−	+	+	+	−
차기옥	−	−	−	+	−	+	+	+	+	+	−	−	−	−	+	−	−	+	+
김효주	−	−	−	+	+	+	+	+	+	+	+	−	−	−	+	−	−	+	+
오경희	−	−	−	+	−	+	+	+	+	+	−	−	−	−	−	−	−	+	+
백주경	−	−	+	−	+	−	+	+	−	+	+	−	−	−	+	−	+	−	−
박주미	−	−	+	−	+	−	+	+	−	+	−	−	−	−	+	−	+	−	−
안재희	−	−	−	−	−	−	−	−	−	−	−	−	−	−	−	−	−	−	−
윤성희	−	−	+	−	+	−	−	−	−	−	+	+	−	−	+	−	+	−	−

를 통해 우아진과 박복자가 대비되는 인물임을 확인할 수 있다. '토지·공장·미술품·문학·자격증'을 제외한 14개 항목을 소유한 우아진과 비교하여 항목 대부분이 결핍되어 있던 박복자가 극적 사건 전개에 따라 상징자본을 소유하는 것으로 변화하는 점도 알 수 있다. 다른 인물들의 상징자본 소유 여부에 별다른 변화가 나타나지 않는 것과 비교하면 특기할 만한 사항이다. 간병인 박복자가 안태동의 대성펄프 지분을 양도받고 박지영으로 개명한 이후의 상징자본 소유 여부를 구분한 것도 그래서이다.

또한, '지식·교양·취미·세련됨·재능'과 같은 체화된 문화자본을 기준으로 상류층 여성들의 변별성이 두드러진다는 점도 흥미롭다. 사회관계자본을 공유하는 강남 브런치 모임 구성원들이 체화된 문화자본을 소유한 것과 달리, 우아진을 제외한 대성펄프 회장 일가의 여성들은 체화된 문화자본 요소를 결핍하고 있기 때문이다. 특히 맏며느리 박주미는 심리학을 전공한 대학교수임에도 불구하고, 남편의 결함[11] 때문에 맏며느리로서의 상징 권력을 인정받지 못한 채 계층 상승 욕망을 구체화하는 박복자의 먹잇감으로 기능한다. 객관화된 문화자본으로서의 미술품을 생산하는 재능을 가진 윤성희도 우아진의 남편 안재석과 불륜에 빠지는 상간녀라는 도덕적 비난 때문에 체화된 문화요소를 담보하지 못한다. 그렇다고 해서 강남 브런치 모임 구성원들이 상대적으로 우월한 것은 아니다. 그녀들의 체화된 문화자본은 객관화된 문화자본으로 뒷받침

11 박주미가 우아진에게 "동서는 내 마음 몰라. 동서가 가진 여유, 동서가 보이는 그 배려, 그 모든 게 남편의 그늘이고, 남편 덕이야. 내가 왜 이러고 사는데"(7회, 52:02)라고 토로하는 대화에서 아버지와 척을 지고 장남의 역할을 하지 못하는 남편 때문에 맏며느리로서의 상징 권력을 박탈당한 그녀의 처지를 파악할 수 있다.

되지 않고, 허위와 가식으로 꾸며진 것에 불과하기 때문이다.[12] 하류층은 아니지만, 상류층을 욕망하는 여성 오풍숙은 불법과 탈법으로 상류층 진입에 필요한 재화를 축적하면서 박복자의 계층 상승 욕망의 허상을 폭로하는 인물이라는 점에서 각별하게 주목할 필요가 있다. 그녀는 우아진과 박복자의 비교 지표로 기능하는 인물이기 때문이다. 이에 따라 우아진과 박복자 그리고 오풍숙의 계층 상승 욕망과 상징자본의 축적 양상 분석에 집중하고자 한다.

우아진은 8살 때 돌아가신 아버지와의 행복했던 기억으로 자신을 아끼는 인물이다. 19개의 상징자본 항목 가운데 그녀는 생산요소토지·공장, 객관화된 문화자본미술품·문학, 제도화된 문화자본자격증을 제외한 14개의 상징자본을 가지고 있다. 하지만 대학에서 '의상디자인'을 전공하면서 획득한 객관화된 문화자본디자인과 제도화된 문화자본학위 외에 다른 항목들은 스튜어디스로 일하면서 만난 대성펄프 차남 안재석과의 결혼을 계기로 축적되었다는 점에서 그녀가 처음부터 상류층이 아니었음을 유추할 수 있다. 우아진의 계층 상승 욕망은 남편 안재석이 그녀가 발굴한 신인 작가 윤성희와 불륜을 저지르면서 소송하게 된 이혼 법정에서의 진술로 드러난다.

> 남편은 결혼의 무게가 저보다 훨씬 더 가벼웠다고요. 남편한테 미안한 고백을 이 자리를 빌어서 하겠습니다. 저 역시 결혼의 무게가 남편이 가지고 있는 무게

---

12 차기옥과 오경희는 브런치 모임에서 대립각을 세우다 난투극을 벌이며 서로의 치부를 폭로한다. 차기옥은 오경희가 경마장 안내방송 이력을 지방 방송 아나운서로 포장했다고 공격하고, 오경희는 차기옥이 약대 출신이 아니라 필리핀에서 돈만 주면 들어가는 2년제 대학을 나온 것으로 맞받아친다(10회, 25:00~29:17).

감만큼이나 가벼웠다고요. 결혼 전에 남편이 최고급 외제차에 저를 태워줬어요. 추운 겨울이었는데, 히터를 틀어줬어요. 틀자마자 뜨거운 열기가 제 몸을 감싸더군요. 그 순간 남편이 차 안의 선루프를 열어줬습니다. 히터와 선루프, 너무나 쾌적했습니다. 그때 전 결혼을 결심했습니다. 이 남자가 나에게 최고의 안락함을 제공할 사람이다. 결혼은 저에게 그런 것이었습니다. 14회, 53:52~55:00[13]

우아진은 강남 상류층의 삶에 대한 자신의 욕망을 "히터와 선루프, 너무나 쾌적했습니다"라는 말로 표현한다. "최고의 안락함"을 위해 안재석과의 결혼을 선택했다는 것이다. 하지만 그녀는 자신의 문화자본과 사회관계자본을 활용하여 대성펄프의 매출을 신장시킴으로써 시아버지이자 창업주인 안태동의 신임을 얻고, 이를 바탕으로 경제자본을 획득한 인물이기에 통상적 의미의 신데렐라로 볼 수 없다. 우아진의 상징자본 축적은 아버지가 돌아가시기 전까지 아낌없이 베풀어주신 사랑에서 비롯한 자존감과 타고난 재능으로 체화된 문화자본을 대성펄프 화장지 디자인과 마케팅이라는 객관화된 문화자본으로 전유할 수 있었기에 가능했다. 또한, 대성펄프 둘째 며느리이기에 가능한 사회적 관계망으로 알게 된 미술관 관장의 환심을 사고 현대미술 분야 신인 작가 발굴 안목을 인정받으면서 사회관계자본을 축적하고, 이를 바탕으로 대성펄프 화장지 매출 신장을 도모하는 수완을 발휘하여 시아버지의 인정을 받음으로써 상징자본 축적에 성공하였다. 대성펄프가 형광증백제 논란으로 위기에 처

13 이 글에서 인용하는 〈품위있는 그녀〉의 대사는 OTT 플랫폼 넷플릭스에서 제공하는 자막으로 본문에 회차와 시간을 표기하였음을 밝혀둔다.

했을 때 손해를 보더라도 정면 승부로 소비자들의 마음부터 달래야 한다고 주장11회, 19:50~22:48하는 동시에, 직접 담근 김치 같은 선물로 언론사 기자들의 마음을 움직여 호의적인 기사로 여론을 움직여야 한다는 조언을 할 정도11회, 25:45~27:02로 경영 능력 또한 뛰어나다.

우아진이 타고난 재능과 감각으로 축적한 문화자본과 경제자본을 상징자본으로 인정받을 수 있었던 것은 대성펄프 맏며느리 박주미에게 모멸당하고 집을 나간 박복자를 존중하고 배려하는 마음2회, 45:18~43:23과 자기 것이 아니라면 욕심내지 않는 절제심16회, 33:28~36:24[14] 덕분이다. 하지만 타자를 존중하고 배려하는 마음과 탐욕을 부리지 않는 우아진의 성품[15]은 그녀가 욕망했던 상류층의 삶에 대한 회의를 가져온다. "상류 사회, 자기들만의 리그, 자기들만의 세상, 들어오고 싶어 하는 자, 지키려고 하는 자, 상생을 용납 못 하는 자, 전쟁터 같아"5회, 32:40~32:58라는 우아진의 인식 변화는 안재석과의 결혼을 통해 축적한 상징자본 포기로 이어진다. 안재석과 윤성희의 불륜을 인지하고도 어린 딸을 위해 가정을 지키고자 노력했던 우아진은 마침내 이혼을 결심한 뒤, 대성펄프 며느리라는 사회관계자본으로 축적한 상징자본을 모두 버리고 홀로서기를 선택하였다.

---

14 안태동의 자산을 모두 가로채 잠적한 박복자를 찾아낸 우아진이 "난 내가 정당하게 가져야 할 것만 욕심내. 난 그 집을 가질 자격이 있어. 내가 대성펄프를 마트에 입점시키고, 아버님, 아니, 회장님께 선물로 받은 인센티브로 내가 산 집이야. 난 딱 거기까지 내가 가져야 할 것만 욕망해. 그게 당신과 나 차이야. 가지면 안 되는 걸 욕망하면 결국 그 끝은 파멸이야"(16회, 33:28~36:24)라고 경고하는 극적 상황에서 박복자와 다른 우아진의 욕망을 확인할 수 있다.

15 박복자가 우아진을 좋아하는 이유도 "그녀에겐 내가 본 부자들에게서 보이는 간악함이 없어서였"고, "처절한 왕따로 전락한 사람에게 손을 내미는 품위"(1회, 52:45~53:24)가 있어서였다.

우아진은 미술관을 방문한 일본 재벌가 여성의 구두 액세서리를 직접 디자인하면서 실력을 발휘한다. 일본 재벌가 여성이 그랬던 것처럼, 그녀가 디자인한 패션 소품들은 명품이 아니어도 돈으로 살 수 없는, 세상에 하나밖에 없다는 희소성으로 상류층 여성들의 이목을 집중시킨다. 그리고 우아진의 체화된 문화자본예술적 재능과 제도화된 문화자본디자인전공 학위은 상류층 여성들의 인정을 통해 자산 가치를 담보하면서 경제자본으로 전이된다. 하지만 우아진이 상징자본을 축적할 수 있었던 근원에는 그 무엇으로도 환산할 수 없는 자기 존재감이 깔려 있다. 일찍 돌아가신 아버지가 그녀에게 베풀어준 애정에서 비롯한 자기 존재감이 있었기에 상류층에서 내려와도 당당하게 홀로서기에 도전하여 능력을 발휘할 수 있었던 것이다. 이처럼 남편의 불륜과 박복자의 탐욕을 계기로 결혼을 통해 부여받은 경제자본의 허상을 깨닫고 이혼을 선택한 우아진은 자신의 체화된 문화자본을 활용하여 경제자본을 획득함으로써 그녀만의 상징자본 축적에 성공한다.

박복자는 파양의 트라우마가 있는 고아원 출신의 하류층 여성이다. 우아진이 결혼 첫날밤을 보낸 호텔에서 메이드로 일했던 박복자는 "세탁 잘 해주셔서 너무나 감사합니다. 언제 어디서든 행복하세요"라는 메모19회, 54:09에 감명받고 우아진의 품위있는 삶을 동경했다. 그녀는 "타인의 부정적 태도를 경험할 때 심리적 상처는 물론 자신의 정체성과 삶에 대한 긍정적 관계가 훼손될 위험성"[16]에 빠져 하류 인생을 살다가 대성펄프

16 문성훈, 『인정의 시대』, 사월의책, 2014, 89쪽.

회장 안태동의 간병인이 되어 계층 상승 욕망을 구체화하는 인물이다. 19개의 상징자본 항목에서 알 수 있듯이, 그녀는 노동력경제자본을 제외하고 모든 것이 결핍되어 있다. 이런 환경에서 같은 고아원 출신의 헬스트레이너 구봉철을 통해 대성펄프 회장 일가에 관한 정보를 입수한 뒤, 치밀한 준비 끝에 안태동의 간병인이 되었다. 시아버지의 신뢰를 상실한 남편 때문에 권위를 인정받지 못한 맏며느리 박주미 대신 집안의 대소사를 도맡아 처리하는 둘째 며느리 우아진의 취향에 맞게 준비한 면접 끝에 간병인이 되어 계층 상승 욕망의 기회를 잡은 것이다.

노동력 외에 그 어떤 것도 소유하지 못한 박복자는 계층 상승에 필요한 상징자본을 축적하기 위해 자신의 몸을 이용한다. 마티스와 마네 그림을 좋아하는 우아진의 취향에 맞는 이야기로 그녀의 환심을 얻어 안태동의 간병인이 된 첫날부터 박복자는 안태동에게 육체적인 접근을 시도한다. 휠체어에 몸을 맡길 정도로 거동이 불편한 안태동 회장을 부축하면서 노골적으로 자신의 가슴을 밀착시키고1회, 28:06, 마카롱을 먹이고 입맞춤하는 방식1회, 56:10으로 그의 억눌린 성적 욕망을 자극한다.

육체적인 접촉으로 안태동의 환심을 얻은 박복자는 우아진과 달리 자신을 차별하는 박주미가 안태동에게 신뢰를 받지 못하고 있는 상황을 이용하여 간병인으로서의 위세를 부린다. 안태동의 방에 딸린 화장실 대신 2층 화장실을 사용하라는 박주미에게 "저기, 사모님, 지는유, 회장님 잘 모시고 싶어유. 지를 너무 아랫사람 대하는 맴으로다가 대하시면, 지가 진심을 다해 회장님을 보필할 수 있겄어유? 사람은 다 상대적이잖아유?"1회, 28:38~29:52로 대꾸하고 2층 화장실에서 내려오다가 일부러 넘어지면서 박주미를 곤란하게 만든다. 더 나아가 잠자리에서 보들레르의 시 「악의 꽃-파리의 우울」 가운데 "그녀의 팔과 다리, 그리고 허벅지와 허리는 기름처럼 매끄럽고 백조처럼 물결쳐 그 배와 젖가슴, 나의 이 포도송이는 휴식을 방해하고, 그녀 몸통은 골반을 두드러지게 했다. 그 황갈색 피부에 어울리는 화장이 기가 막혔다"라는 대목을 교태 섞인 목소리로 읽어주면서 안태동의 성적 욕망을 자극한다5회, 24:19~25:09. 마침내 안태동은 박복자의 간병 덕분에 육체적 건강뿐만 아니라, 정신적 건강까지 회복되었다고 고마워하면서 같이 살자고 제안한다. 하지만 박복자는 "아이고, 회장님. 회장님, 지는유, 회장님 건강 회복하는 거 말고는 아무 욕심 없어유. 지같이 형편없는 게 어디 감히 회장님하고 살을 맞대고 살아유, 쯧"5회, 49:06~49:45이라고 말하며 애를 태우다가 안태동이 화려한 진주목걸이를 건네며 정식으로 청혼하자 감격하면서 받아들인다. 이처럼 박복자는 자신의 육체를 이용하여 안태동의 마음을 사로잡으면서 경제자본을 축적할 수 있는 계기를 마련한다.

그러나 박복자의 경제자본 축적은 우아진이 법률 자문을 거쳐 작성한 혼전계약서 때문에 난관에 봉착한다. "부인 박복자는 배우자 안태동이 직접 증여하는 물적 재산을 제외하고, 혼인 후 그 외 재산에 대해서는 일절 어떤 권리도 주장하지 않으며, 유사시 법적 배우자로서의 모든 상속 권리도 포기한다"7회, 38:10는 내용의 혼전계약서에 서명한 박복자는 태세를 전환하기 위해 임신을 계획한다. 그리고 집안 살림에 관한 우아진의 권한을 빼앗기 위해 술수를 부리지만, "개가 아주 꼼꼼하고 검소하게 잘해. 사적으로 쓴 거랑 법인으로 지출한 거랑 딱딱 분리하고, 똑똑해"8회, 43:26~44:24라며 우아진을 절대적으로 신뢰하는 안태동의 태도 때문에 번번이 실패한다.

박복자는 안재석과의 이혼을 결심한 우아진이 공장 임대료 관리 통장과 함께 집안일을 넘기는 것을 계기로 안태동의 경제자본을 본격적으로 탈취하기 시작한다. 나아가 안태동에게 '한국대학 글로벌 최고경영자 과정' 등록에 필요하다면서 대성펄프의 비등기 이사 직함을 요구하고, 상징자본을 축적하기 위해 본격적으로 움직인다. 직함이나 학위는 정당할 뿐만 아니라 제도화된, 법적 상징자본이다. 학력 시스템이 갈수록 모든 직함의 궁극적이고 유일한 보증이 되고 있기 때문에 학위와 점점 더 분리 불가능해지는 이 상징자본은 그 자체가 하나의 가치이며, 보통명사인데도 고유명사처럼 기능하면서 온갖 종류의 상징이윤과 돈으로 직접 살 수 없는 좋은 것들을 창출한다.[17] 박지영으로 개명한 박복자가 대성펄프 비등기 이사라는 제도화된 문화자본을 이용하여 사회관계자본을 구축할 수 있었던 것이 대표적이다. 그녀는 비등기 이사 직함으로 형광증백제 논란에서 비롯한 대성펄프의 위기를 수습하고, 부회장 직함을 확보하여 경영에 나선다.

'한국대학 글로벌 최고경영자 과정'에서 만난 사모펀드 브로커 한민구와의 사회적 관계망사회관계자본과 대성펄프 부회장이라는 제도화된 문화자본을 소유하게 된 박복자는 임신이 아닌 다른 방식으로 경제자본을 축적하기 위한 계략을 획책한다. "용인에 있는 유능한 한의사가 지은 한약을 먹으면 바로 애가 들어선"13회, 11:15다는 임신 관련 정보를 배제하고,

---

17 피에르 부르디외, 김현경 역, 『언어와 상징 권력』(번역 개정판), 나남, 2020, 307쪽.

안태동을 회유하여 넘겨받은 경영권 지분을 사모펀드에 매각하여 거액을 챙긴다. 육체를 이용한 단순한 방법에서 경영권을 이용한 고도화된 방법으로 진화한 것이다. 이처럼 박복자는 자신의 몸을 이용하여 대성펄프 안태동 회장과 결혼하여 상류 사회에 진입한 뒤, 제도화된 문화자본과 사회관계자본을 순차적으로 획득함으로써 마침내 경제자본 축적에 성공한다. 하지만 그녀의 경제자본은 사기에 가까운 협잡으로 축적했기 때문에 간절히 바랐던 문화자본 획득으로 이어지지 못한 채 결국 비극적 죽음을 맞는다. 폭력을 동반한 불법과 탈법으로 계층 상승 욕망 충족에 필요한 상징자본을 탈취한 것에 대한 처벌이다.

'총각김치' 하나로 강남 재벌가의 입맛을 사로잡은 반찬가게 '풍숙정' 주인 오풍숙은 상류층의 허위와 가식을 간접적으로 풍자하는 동시에 박복자의 계층 상승 욕망과 상징자본 축적 과정을 노골적으로 부정하는 인물이다. 그녀는 19개의 상징자본 가운데 상류층의 전유물과 같은 문화자본 대부분을 결핍하고 있지만, 요리 재능을 이용하여 재화경제자본를 축적한다. 재벌가 가사도우미들이 떠드는 재벌가 소문을 도청하여 정보로 가공한 뒤 브로커에게 팔아넘기는 것도 그녀가 재화경제자본를 축적하는 방식이다. 오풍숙이 박복자에게 "당신은 절대 상류로 올 수가 없어. 당신은 아무리 돈이 많아도 그냥 간병인 출신일 뿐"16회, 55:49이라는 점을 일깨워 줄 수 있는 것도 도청으로 획득한 정보력에서 비롯한다.

> 이곳은 유기농 재료만을 써 반찬을 만드는 회원제 반찬집 풍숙정이다. S그룹 회장 전용 키친 메이드로 출발한 그녀는 회장 사후 퇴직금으로 받은 돈으로

재개발이 코앞인 이 아파트를 샀다. 그리고 그 유명한 마력의 총각김치, 일명 풍숙김치로 강남 여자들의 까다로운 입맛을 사로잡았다. 100% 현금 거래에 완벽한 탈세를 하는 그녀는 부자들의 탐미적 식욕을 만족시켜주며 세력가들의 비호를 받고 있었다. 부자들과 더불어 사는 중간 계급의 머리 좋은 사람들은 그들의 허세와 특권 의식을 이용해 돈을 번다. 풍숙정은 음식이 맛있기로 소문난 곳이기도 하지만, 정말 맛있는 건 음식이 아니었다. 3회, 13:11~17:50

오풍숙의 경제자본 축적 방식 관련 정보를 제공하는 풍숙정에 관한 박복자의 내레이션에서 알 수 있듯이, 오풍숙은 "부자들의 탐미적 식욕을 만족시켜주"는 재능체화된 문화자본으로 "그들의 허세와 특권 의식을 이용해 돈을" 벌어 경제자본을 획득하고, "세력가들의 비호"라는 연줄과 관계망사회관계자본으로 획득한 개발 정보를 이용하여 경제자본을 증식한다. 보자기로 정성껏 포장한 총각김치가 고급 세단 뒷자리에 실린 장면에서 총각김치를 게걸스럽게 먹던 재벌가 회장이 윤성희의 팝아트로 디자인한 대성펄프 곽 티슈로 입을 닦는 장면을 '노래를 찾는 사람들'의 노래 〈사계〉로 교차 편집한 연출8회, 33:16~34:17을 통해 오풍숙이 상류층의 탐미적 식욕을 이용하여 상징자본을 축적하는 방식을 확인할 수 있다.

하지만 오풍숙의 요리 재능이 '조미료'의 힘을 빌린 것이라는 사실이 박복자의 내레이션을 통해 풍자[18]되면서 그녀의 상징자본 축적 역시 사

---

18 하류 인생을 살아가는 탈북자 출신의 청부폭력배들은 재벌가 회장의 입맛을 돋우는 오풍숙의 총각김치가 조미료로 범벅된 것임을 즉자적으로 알아챈다. 비극적인 죽음으로 세상을 떠난 박복자는 "유리천장도 깨질 수 있다는 걸 누군가는 보여준다. 그녀도 그렇게 유리천장을 깨고 상류로 역류 중이다. 유리천장을 깨고 올라가게 만들

기에 가까운 농간이었음이 드러난다. 다만, "편법, 반칙, 그런 거 없이 여기서 살아날 수가 없어요. 대한민국에서 상류가 되려면 그게 기본"16회, 49:50~51:41이라는 점을 누구보다 잘 알고 있기에 그녀에게는 꺼릴 것 없는 비법일 뿐이다. "인간의 욕망은 끝이 없지만, 가장 원초적이고 무서운 욕망은 뭐니 뭐니 해도 식욕이었다. 그녀는 그 식욕을 볼모 삼아 하류에서 상류로 이동 중이었다"12회, 28:54~29:57라는 박복자의 내레이션처럼, 오풍숙은 '조미료'를 이용해서 '오인-인정'받은 상징자본으로 축적한 자산을 활용하여 마침내 60억 원짜리 건물주가 되어 계층 상승 욕망을 실현한다.

우아진과 박복자 그리고 이들의 비교 지표로 기능하는 오풍숙의 계층 상승 욕망과 상징자본 축적 양상을 분석한 결과, 미묘한 차이를 확인할 수 있다. 우아진은 결혼을 통해 진입한 상류층의 허위와 가식 그리고 속물근성에 환멸을 느껴 이혼을 선택하는 방식으로 계층 상승 욕망을 버린 뒤에야 비로소 진정한 의미의 상징자본을 축적하였다. 박복자 역시 결혼을 통해 하류에서 상류로의 진입에 성공하였으나, 경제자본으로 체화할 수 없는 문화자본의 결핍을 충족하지 못해 상류층으로서의 품위 유지에 실패한 채 자기 부정의 좌절감에 시달리다 비극적 죽음으로 삶을 마감한다. 이와 달리 오풍숙은 우아진의 자리를 욕망하거나 박복자처럼 탐욕을 부리지 않고, 자신의 처지에서 할 수 있는 최선의 방식으로 상징자본을 축적하여 상류로의 계층 상승에 성공한다. 총각김치 등의 반찬을 팔아 벌어들인 돈을 재벌가에서 유출된 각종 개발 정보로 불리면서 축적한 경

어 준 마법의 요술 철퇴, 그녀의 요술 철퇴는 놀랍게도 그 흔한 조미료였다"(20회, 30:34~22:30)는 내레이션으로 총각김치의 비법이 조미료였음을 밝힌다.

제자본으로 강남의 빌딩을 매수한 덕분에 가능한 계층 상승이었다. 하지만 불법과 탈법의 위험 요소가 잠재되어 있다는 점에서 박복자와 유사하고, 우아진과 다르다. 따라서 세 명 가운데 상징 권력을 제대로 작동하는 여성 인물은 문화자본에 대한 '오인-인정'을 통해 상징자본을 축적한 우아진이라 할 수 있다.

3. 존재 인정 욕망과 상징 권력의 작동

상징 권력은 사회 세계에 대해 특정 시각을 부여하는 힘이자 특정 대상을 자연스럽고 정당한 것으로 인정하게 만드는 힘이다.[19] 세계를 보게 하고 믿게 하며 공고히 하고 변형하는 힘으로서의 상징 권력은 임의성을 인식하지 못한 상태의 인정에 의해 효과가 발휘된다. 이는 곧 상징 권력이 수행적 힘의 형태로 상징체계에 내재하는 것이 아니라, 권력을 행사하는 사람과 이를 견디는 사람 간의 특정한 관계를 전제로 한다는 것을 의미한다.[20] 따라서 상징자본에 대한 인정이 전제되지 않으면 상징 권력은 작동하지 않는다. 결혼을 통해 '강남'의 상류층에 입성한 우아진이 체화된 문화자본예술적 재능과 제도화된 문화자본디자인전공 학위으로 형성한 사회관계자본을 인정받으면서 상징 권력을 행사할 수 있었던 것과 달리, 사기에 가까운 협잡으로 축적한 경제자본을 인정받지 못한 박복자의

19 이상길, 『상징 권력과 문화』, 컬처룩, 2020, 14~15쪽 참조.

20 피에르 부르디외, 앞의 책, 196~197쪽 참조.

상징 권력이 작동하지 않는 것도 그래서이다. 박복자와 안태동의 결혼을 계기로 '고용인-피고용인'에서 '며느리-시어머니' 관계가 되었다가 우아진과 안재석의 이혼으로 친족 관계에서 벗어난 뒤에도 박복자는 여전히 우아진의 삶을 동경하면서 인정한다. 우아진의 상징 권력이 그녀의 처지 변화에도 불구하고 여전히 박복자에게 행사될 수 있었던 까닭이다. 총각김치 하나로 강남 재벌가의 인정을 받은 오풍숙의 경우, 그녀가 인정하지 않는 박복자에게만 상징 권력을 행사한다는 점에서 변별성을 갖는다. 이처럼 '강남'이라는 사회 세계에서 그녀들은 자신이 지닌 상징자본에 따라, 즉 제도적이든 아니든, 그들이 집단으로부터 받은 인정에 따라 각기 다른 영향력을 행사한다.[21]

우아진과 박복자 그리고 오풍숙의 상징 권력은 존재 인정 욕망 속에서 작동한다. 상류층의 안락함을 욕망하면서 안재석과 결혼한 우아진은 자기 존재감이 강한 인물이다. 우아진은 아내이자 엄마로, 그리고 맏며느리를 대신하여 안살림을 책임지는 둘째 며느리로 인정받기 위해 최선의 노력을 기울인다. 또한, 자신의 문화자본을 활용하여 강남 재벌가와의 사회관계자본을 강화하면서 대성펄프의 경제자본 증식에 기여한다. 이처럼 다방면으로 존재를 인정받은 우아진은 주변 사람들을 포용하는 방식으로 상징 권력을 행사한다. 반면에 어린 시절 가난한 집으로 입양되었다가 파양된 이후 인격적 대우를 받지 못한 채 성장한 박복자는 호텔 메이드 시절 자신에게 호의를 베풀어준 우아진의 품위를 동경하면서

21 위의 책, 84쪽 참조.

존재를 인정받고 싶은 욕망에 휩싸인다. 자신을 업신여기고 깔보는 사람들에게 똑같은 태도로 모욕감을 안겨주지만, 박복자의 존재 인정 욕망은 충족되지 못하고, 상징 권력 역시 제대로 작동하지 않는다. 타자에 의해 존재 가치가 부정당하거나 격하되면서 갖게 된 모욕감[22]을 치유하지 못한 채, 공격적으로 받아치거나 같은 방식으로 돌려주기 때문이다. 이와 달리 오풍숙은 경제자본을 축적하여 상류층으로 진입하겠다는 것만큼 존재 인정 욕망이 강하지 않지만, 자신의 존재가 부정당하면 절대 용납하지 않고 공격적으로 대응한다. 자기 존재를 부정하는 박복자에게 '음식'으로 대변되는 상징자본을 이용하여 상징 권력을 행사하는 것이 대표적이다. 이처럼 우아진과 박복자 그리고 오풍숙의 상징 권력은 그녀들의 존재 인정 욕망과 연동되어 각기 다른 방식으로 작동한다.

우아진의 상징 권력은 배려와 포용의 환대를 통해 작동한다. 환대는 타자에게 자리를 주거나, 사회 안에 있는 그의 자리를 인정함으로써 권리를 보장하는 행위이다. 타자는 환대받음에 의해 사회 구성원이 되고, 권리들에 대한 권리를 갖게 된다.[23] 우아진은 시아버지의 인정을 받지 못하는 손윗동서 박주미 대신 아랫사람들을 부리면서 집안 살림을 책임진다. 안태동의 "신뢰를 유지하기 위해 회사와 집안의 온갖 대소사에 전력투구"[24]하는 것이 아니라, 안태동의 신뢰를 바탕으로 아랫사람들을 환대하면서 배려하고 존중하는 방식으로 상징 권력을 행사하는 것이다. 간병

22 김찬호, 앞의 책, 61쪽 참조.

23 김현경, 『사람, 장소, 환대』, 문학과지성사, 2015, 207쪽 참조.

24 정선희, 앞의 글, 33쪽.

인 박복자의 유혹에 넘어간 시아버지 안태동이 그녀를 백화점으로 데려가 명품 옷과 구두, 가방 등을 사준 것을 본 박주미가 "허, 너같이 천한 게 이런 게 가당키나 하니? 주제 파악해, 박복자! 넌 그냥 이 집 하녀야, 우리 시아버지 간병인, 알아?"2회, 38:30~39:11라고 소리치는 것과 달리, 우아진은 박주미에게 모욕감을 느낀 박복자가 집을 나가서 연락되지 않자 "어디 여행 가셨어요? 얘기나 좀 하고 가시지. 아버님이 찾으세요. 연락 안 되면 경찰에 실종 신고하실지도 몰라요"2회, 43:18~43:23라고 문자를 보내는가 하면, 자신이 직접 만든 액세서리를 선물로 주면서 다독인다2회, 45:43~47:48. 아랫사람이라고 무조건 하대하는 것이 아니라, 그 사람의 처지에 공감하면서 배려하는 환대의 방식으로 동의를 구하고 인정받음으로써 상징 권력을 행사하는 것이다.

그러나 우아진은 아랫사람이 자기 처지를 망각하고 선을 넘으면 환대하지 않고 단호하게 경고한다. 박복자가 안태동의 침대에서 같이 잠든 것을 목격한 상황에서 "회장님이 잠이 안 온다고 하셨어유. 옆에서 자기 잘 때까지만 좀 있어 달라고 하셔서 살짝 누웠슈. 그러다 그냥 잠들어 버렸어유. 참말이어유"라는 박복자의 해명에 우아진은 지켜야 할 선을 넘었다고 경고하면서 "간병인 업무에 최선을 다하기 위해서 어쩔 수 없었단 얘기로 절 설득하려고 하시면 안 돼요. 모든 최선은 이치와 상식하에서만 통하는 거니까요"라고 지적하면서 "아주머니 해고 유예하겠다고요. 지켜보겠습니다"3회, 10:10~12:02라고 경고할 때까지만 해도 상대방을 배려하면서 포용하려는 태도를 견지했다. 하지만 박주미가 알레르기 때문에 안태동이 박복자에게 선물로 사준 고양이를 비 내리는 밤에 내다 버리고, 박복자가 박주미의 아들을 맨몸으로 내쫓는 사태5회, 04:11~06:00가 발생하자 단호한 어조로 당장 나갈 것을 명령한다. 대성펄프 일가의 안살림을 책임지는 관점에서 자신에게 부여된 상징 권력을 작동하는 것이다.

시아버지 안태동과의 결혼으로 '시어머니'라는 제도화된 문화자본을 획득한 박복자가 "이제 이 집 일은 내가 알아서 할게요. 지후 엄마, 그동안 애썼어요"라면서 집안 살림을 장악하려 하자 우아진은 "돌아가신 저희 어머님 기일이 언제인지 아세요? 정원사 아저씨, 주 3회 파견 오는 도우미 아줌마, 전화번호는 아세요? 이 집안일은 알아서 하신다고요? 제 도움 없이 정말 하실 자신 있어요? 도와드릴게요. 천천히 하세요"7회, 58:20~59:36라면서 그동안 자신이 관리하던 살림 정보를 이용하여 박복자를 압박한다. 직접적인 실력 행사가 아니라 박복자가 수긍할 수밖에 없는 상징자본을 앞세워 상징 권력을 행사하는 것이다. 하지만 우아진은 박복자가 안재석의 불륜을 알고 자기 아들 일이기도 하니 새어머니 자격으로 간섭하겠다면서 상간녀 윤성희를 린치한 이후 이혼을 결심하고, 공장 임대료 관리 통장을 포함한 살림 정보를 모두 넘기고 물러선다. 그렇다고 해서 우아진의 상징 권력이 훼손된 것은 아니다. 우아진에게 박복자가 여전히 '간병인'인 것처럼, 박복자는 대성펄프의 부회장이 되어서도 우아진의 상징자본을 부정하지 못하고 그녀의 상징 권력에 순응한다.

박복자와의 관계에서 알 수 있듯이, 우아진의 상징 권력은 그녀가 대성펄프 안태동 회장의 신임으로 안살림을 책임지는 둘째 며느리라는 위상에서 비롯한다. 우아진은 안재석과 이혼한 뒤에도 박복자를 간병인으로 고용했던 자신의 결정에 대한 책임감에서 상징 권력을 행사한다. 그녀는 대성펄프 주식을 매각하고 잠적한 박복자를 찾아내 안태동의 치매 진단서를 보여주며 모든 것을 원점으로 돌려놓으라고 명령한다.

> 세상이 우스워? 우습게 얻은 건 우습게 뺏기게 돼 있어. 그게 세상 이치야. 당신이 차지한 돈과 그 진단서 이게 세상이야. 가짜는 가짜끼리 붙여야지. 기회를 줄게. 아버님 쓰러지셨어. 다시 아버님 일어나시게 해. 처음부터 다시 시작하는 거야. 페어플레이해. 가짜는 빼고. 아버님 살리고 딱 당신 몫만큼만 가져. 더 욕심내지 말고. 연락 기다리겠습니다. 박복자 씨!16회, 36:58~37:50

우아진은 대성펄프 회장 일가의 몰락에 책임감을 느끼고 사태를 수습하기 위해 하대와 존대를 섞어가며 박복자를 압박한다. 대성펄프 회장 일가의 둘째 며느리가 아님에도 불구하고 우아진이 여전히 박복자에게 상징 권력을 행사할 수 있는 것은 그녀들의 관계가 우월성 투쟁을 통해 형성되었기 때문이다. 우월성 투쟁은 타인에 대한 영향력 강화를 통해 타인의 인정을 강요한다.[25] 편법과 탈법으로 대성펄프의 경영권을 탈취하여 축적한 박복자의 상징자본은 정당하게 가져야 할 것만 욕심내서 축적한 우아진의 상징자본에 비해 열등할 수밖에 없다. 존재 인정 욕망을 충족하기 위해 인정 투쟁을 벌이던 박복자가 우아진과의 우월성 투쟁에서 패배함으로써 그녀의 상징 권력을 부정할 수 없는 처지에 놓인 것이다. 우아진이 물리적 폭력이나 실력 행사가 아니라, 자신의 상징자본으로

---

25 문성훈, 앞의 책, 109쪽 참조.

상징 권력을 행사하는 경우는 오풍숙과의 관계에서도 확인할 수 있다.

오풍숙 죄송합니다, 사모님. 제가 복 손질을 제대로 한다고 했는데…….

우아진 (어이없는 웃음) 제가 그 말을 믿으라고? 풍숙정이 어떤 곳인가요? 동태전 가시 한 점이 나와도 음식값을 안 받는 곳 아닌가요? 근데, 복의 독이 남아 있는 죽을 끓였다는 게 단순히 부주의였다?

오풍숙 사모님…….

우아진 정말 박복자 씨를 죽일 생각이었나요?

오풍숙 (말을 더듬으며) 무슨 말씀이세요, 사모님. 저, 으, 음식 가지고 그런 짓 안 합니다.

우아진 저희 아버님이 드실 줄 몰랐죠? 깨어나신지 몰랐잖아요. 우리가 지금 하고 있는 얘기도 도청이 되고 있나요? 경찰서 가서 다 제대로 진술하세요. 안 그러면 당신 강남 사람들의 모든 정보를 판다는 걸 제 입으로 만천하에 공개하겠습니다.

오풍숙 사모님, 그러지 마세요. 저 그럼 끝나요. 19회, 05:15~07:03

참복죽을 이용하여 박복자에게 위해를 가하려 한 오풍숙의 계략을 눈치챈 우아진은 풍숙정을 찾아와 대성펄프 둘째 며느리였을 때 수집했던 정보로 그녀를 겁박하면서 상징 권력을 작동한다. 오풍숙이 우아진의 상징자본을 인정하고 있기에 가능한 상황이다. 이처럼 우아진의 상징 권력은 '강남'이라는 사회 세계를 점유하고, 경계를 만들며, 배제하거나 포함하고, 자리를 주거나 뺏는 운동의 효과로 인정[26]받은 대성펄프 회장 일가의 둘째 며느리라는 신분을 이용한 배려와 포용의 환대로 작동한다. 우아진의 상징 권력이 타자들에게 "자아 연속체를 구성하는 권력 특유의 지향성을 내재하지 않은"[27] 영향력을 발휘하는 것도 그래서이다.

박복자의 상징 권력은 회유와 겁박으로 작동한다. 우아진의 배려와 포용의 환대에도 불구하고, 안태동의 경제자본을 편법으로 탈취했기 때문에 박복자의 상징자본은 인정받지 못하고, 상징 권력 역시 작동하지 않는다. 우아진처럼 품위 있는 존재로 인정받고 싶은 욕망이 강한 박복자는 그녀의 정체성을 모방하여 자신의 정체성을 형성할 수 있다고 생각하고 실행에 옮기지만, 그럴수록 존재를 부정당하는 모순이 발생한다.[28] 같은 고아원 출신의 헬스트레이너 구봉철이 건네준 대성펄프 회장 일가의 정보를 이용하여 간병인이 된 뒤, 안태동과의 결혼에 성공하여 안살림을 장악하고, 대성펄프의 경영권을 행사할 정도로 권력 획득에 성공하지만, 그녀가 간절히 바랐던 존재 인정 투쟁은 실패한 것이다. 그 결과 그녀의 인정 투쟁은 타인을 지배하고 자신의 생존 본능을 효과적으로 수행할 수 있는 권력의 획득을 목표로 하는 권력 투쟁으로 변질된다.[29] 우아진에게 맏며느리의 권한을 위임받은 박주미가 간병인을 집에 상주시킬 계획이 없었으니 짐 빼고 출퇴근하라고 지시하자 박복자는 "그러죠. 아버님이랑 같이 지내야 되니까, 집은 좀 평수가 있어야겠죠? 이렇게 넓은 데 사시던 분이 갑자기 좁은 데 사시겠어요?"라고 대꾸하면서 "아버님 뒤로 넘

26 김현경, 앞의 책, 142쪽 참조.

27 한병철, 김남시 역, 『권력이란 무엇인가』 제2판, 문학과지성사, 2017, 33쪽.

28 레나타 살레츨, 박광호 역, 『선택이라는 이데올로기』, 후마니타스, 2014, 78~80쪽 참조.

29 문성훈, 앞의 책, 109쪽 참조.

어가는 게 목적이세요? 그래서 아드님이 하루빨리 재산 상속받는 게 큰 사모님이 원하시는 겁니까? 저 건들지 마세요. 잘못하면 네가 쫓겨나"2회, 56:00~57:50라고 겁박하면서 권력 투쟁을 벌인다.

안태동과의 결혼으로 대성펄프 안주인 자리를 획득한 뒤에는 자신의 존재를 인정하지 않는 자식들을 대상으로 권력 투쟁에 나선다. 장남 안재구에게 "나, 이 집안 안주인이야. 지난번에도 얘기했지? 아버지 부인이라고. 말조심하라고. 왜 같은 말 두 번 하게 만들어? 한 번만 더 개소리하면 네 처자식도 쫓겨날 줄 알아. 마지막 경고야!"8회, 52:30~53:55라고 받아치고, 고명딸 안재희에게는 "안재희, 넌 위아래도 없고, 상식도, 예의도 없고, 뭘 보고 배운 거야, 대체? 법적으로 난 네 엄마야. 나도 너같이 몰상식한 애 딸로 삼고 싶지 않아. 하지만 내가 이 정도라도 널 대해주는 건, 네가 회장님 딸이기 때문이야. 나가, 당장!"9회, 07:08~10:42이라고 호통치면서 제압한다. 안태동과의 결혼으로 획득한 제도화된 문화자본으로서의 '새어머니' 지위에 맞는 권력을 이용하여 상대방을 겁박하는 방식으로 상징 권력을 작동하는 것이다.

상대방의 약점과 비밀을 건드려 회유하고 겁박하는 것도 박복자가 상징 권력을 행사하는 방식이다. 대성펄프 일가의 집사에게는 "참은 거, 마저 참아. 안 그러면 여기서 쫓겨나. 아들 하나 있는 거, 사고 쳐서 빚도 많고, 큰딸은 신장 안 좋아서 신장 투석하느라 돈 필요한 거 아니야? 내가 이 집 조사한 거 다 알고 있잖아. 나, 절대 이 집에서 안 나가. 그러니까 까불지 마"4회, 30:52~32:10라고 약점을 건드리고, 오풍숙에게는 "여기 불법으로 운영하죠? 세금은 한 푼도 안 낼 거고"6회, 20:30라고 비밀을 발설하면서 겁박한다. 그런가 하면, 안태동과 결혼하고자 하는 박복자의 계략에 협조했다가 궁지에 몰려 찾아온 구봉철에게는 "그럼 네가 내 꼭두각시지, 동업자라도 되는 줄 알았니? 내가 시키는 대로만 하라고 했잖아. 넌 내가 하라는 대로만 해. 안 그러면 다 끝이야. 아, 막말로 내가 너한테 그걸 사주했다는 증거가 어디 있어?"13회, 03:00~06:35라고 겁박하고 회유한다.

그러나 회유와 겁박에도 불구하고 박복자의 상징 권력은 비슷한 처지의 오풍숙에게는 제대로 작동하지 않는다. 독을 완전히 제거하지 않은 참복죽사건으로 궁지에 몰려 우아진에게 용서를 구하던 오풍숙은 완전히 다른 태도로 박복자를 대한다.

박복자 뭐 하는 짓이야?

오풍숙 뭐? 뭐?

박복자 너, 나 죽이려고 한 거야?

오풍숙 안 죽었잖아

박복자 회장님이 그 죽 먹고 쓰러지셨어.

오풍숙 회장님이 드셨어요?

박복자 네가 한 음식을 사람이 먹고 쓰러졌다는 걸 알리는 게 빠를까, 아니면 도청 장치를 달고 강남 모든 사람 얘기를 엿듣고 있다는 걸 알리는 게 빠를까, 아니면 일타쌍피로 둘 다 알리는 게 빠를까. 네 고객 중에 얼마나 대단한 양반이 있는지 모르겠는데, 그 백으로 요리조리 잘도 피해 다녔지. 탈세 신고를 해도 안 먹히는 대단한 백을 가졌나 본데, 이젠 끝났어. 경찰서 가서 자수해. 내가 신고하기 전에.

오풍숙 내 고객 중에 검찰총장님 있는 걸 모르나 보네.

박복자 내가 그것까지 이야기해서 검찰총장까지 곤란하게 해 볼게. 불법 탈세 음식 유통 판매 고객 중에 검찰총장도 있다고.19회, 08:48~10:15

박복자는 자신의 존재를 인정하지 않고, 별 볼 일 없는 존재로 취급하는 오풍숙을 겁박한다. 하지만 오풍숙은 탈세 신고 운운하는 박복자에게 검찰총장이 풍숙정 고객이라는 점을 내세워 반격에 나선다. 음식으로 상징 권력을 행사하려 했던 자신의 잘못을 인식하도록 유도했던 우아진과 달리 자신을 공격하는 박복자에게 순응하지 않는 것이다. 강제로서의 권력은 타자의 의지에 대항해 자신의 결정을 관철하는 데 있다.[30] 박복자의 상징 권력이 오풍숙에게 작동하지 않는 것은 권력 투쟁으로 변질된 그녀의 인정 투쟁이 도덕적 보호 장치를 갖추지 못한 채 상대방의 복종을 전제로 했기 때문이다. 이처럼 안태동과의 결혼을 통해 획득한 박복자의 상징자본은 오풍숙의 가치 질서에서 인정받지 못한다.[31]

박복자는 상징 권력을 작동하는 과정에서 우아진의 방식을 모방하기도 한다. 안태동 회장 일가에 관한 내용이 적힌 종이를 발견한 집사 미세스 조를 "세상에서 제일 불행한 물건이 뭔 줄 알아? 안 봐야 할 뭔가를 봐버린 눈과 그걸 발설하는 세 치 혀. 다시는 이런 실수하지마"라고 겁박하고 우아진이 자신에게 해고를 유예하겠다고 말한 것을 흉내 내어 "유예해 줄게요. 지켜볼 테니까"3회, 27:26~30:33라고 말한다. 하지만 말의 상징적

---

30 한병철, 앞의 책, 18쪽 참조.

31 문성훈, 앞의 책, 97쪽 참조.

효력은 거기에 종속되는 사람이 그 말을 하는 사람에게 권한을 인정하는 경우에만, 그리고 바로 그러한 인정에 따라 자신이 그 효력의 발생에 기여하고 있다는 사실을 깨닫지 못하는 경우에만 작용[32]하기 때문에 우아진의 말과 달리 박복자의 말은 상징적 효력을 발휘하지 못하고, 상징 권력 역시 작동하지 않는다.[33]

박복자는 대성펄프 지분을 매각하고 챙긴 돈으로 호텔 스위트룸에 투숙하여 우아진을 흉내 낸다. 동일시는 다른 누군가와 비슷하게 보이는 것만을 의미하는 것이 아니라 이상적인 자아를 형성하는 것과도 관련된다. 따라서 자신이 집착하는 이상형에 미치지 못할 때 정신적 외상으로 고통을 겪게 된다.[34] 동경의 대상이었던 우아진이 가졌던 모든 것을 획득했다고 생각한 박복자가 "왜 저 여자는 다 잃었는데도 하나도 꿀리지가 않냐? 왜 난 다 가졌는데도 하나도 당당하지 않아, 왜? 저 여자처럼 되려면 내가 뭘 해야 돼? 난 왜 저 여자처럼 웃을 수가 없는 거야? 왜?"17회, 38:30라고 울부짖으며 고통스러워하는 것도 그녀의 상징 권력이 제대로 작동하지 않아서이다.

오풍숙은 도청을 통해 가공한 정보를 이용[35]한 청탁과 공격의 방식으

32 피에르 부르디외, 앞의 책, 147쪽.

33 박복자의 말을 인정하는 안태동 회장을 제외한 그 누구에게도 상징적 효력을 발휘하지 못하는 것도 그녀의 말을 인정하는 사람들이 없기 때문으로 해석할 수 있다.

34 레나타 살레츨, 앞의 책, 86쪽.

35 "모든 것을 알기 위해서라도 끊임없이 엿보고 엿듣고 기록해야 한다. 이것이 바로 권력이 작동하는 방식"(박승일, 『기계, 권력, 사회』, 사월의책, 2021, 74쪽)인데, 오풍숙은 도청 장치를 이용하여 풍숙정 거실에서 이루어지는 재벌가 메이드들의 수다를 녹음하여 가공한 정보를 경제자본으로 전유한다.

로 상징 권력을 작동한다. 강남 재벌가의 입맛을 사로잡은 총각김치를 매개로 형성한 사회관계자본을 통해 청탁을 넣고, 음식을 이용하여 상대방을 공격한다. 하지만 '강남'이라는 사회 세계에 형성된 위계질서를 내면화하고 자신보다 상위에 있는 사람을 따르는 경향[36]이 강한 오풍숙이 상징 권력을 행사하는 대상은 박복자에 한정된다. 상류로 가기 위해 안 해 본 것 없이 모든 노력을 기울였다고 자부하는 오풍숙은 박복자가 편법과 탈법으로 경제자본을 축적하여 상류 사회로 무혈입성한 것을 인정하지 못하기 때문이다. 오풍숙은 안태동의 환심으로 상징자본을 축적하기 시작한 박복자에게 자신의 존재를 부정당하고, 그로 인해 자존감이 훼손되어 모욕감을 느끼면서[37] 그녀를 대상으로 자신의 상징 권력을 행사한다. 박복자에게 매수된 기자가 풍숙정에서 반찬을 불법 제조하고 유통 판매하면서 탈세가 심하다는 기사를 내보내고, 그로 인해 국세청 세무조사를 받게 되자, 오풍숙은 우선 강남 재벌가에 청탁을 넣어 세무조사를 무마한다. 그리고 "오늘 갈치 젓갈 작업했는데, 쓰고남은 갈치 대가리 보내요. 어두일미라잖아요"라는 메모와 함께 갈치 대가리 상자를 박복자에게 보내 모욕감을 준다.17회, 31:15

오풍숙의 도발적인 공격에 분노한 박복자가 풍숙정을 찾아와 총각김치에 화장품을 뿌리면서 횡포를 부리자 오풍숙은 배앓이로 끝날 정도의 독성분이 포함된 참복죽을 박복자에게 보내 공격한다. 하지만 참복죽에 독성분이 남아 있는 것을 모르는 박복자가 의식불명 상태에서 깨어난

---

36 브라이언 클라스, 서종민 역, 『권력의 심리학』, 웅진지식하우스, 2021, 261쪽 참조.
37 김찬호, 앞의 책, 62쪽 참조.

안태동 회장에게 먹였다가 탈이 나는 사태가 발생한다. 풍숙정을 찾아와 왜 그런 짓을 했느냐는 우아진의 질문에 오풍숙은 "그냥, 그 여자 골탕 먹이고 싶었어요. 난 알아요. 어느 정도의 독이 들어가야 배앓이를 하는지, 그 치사량을 알아요. 그냥 그렇게 날 건드리면 너도 잘못될 수 있다, 경고만 하고 싶었어요. 내가 휘두를 수 있는 권력이 그것뿐이잖아요."19회, 05:15~07:03라고 항변한다. 오풍숙은 우아진처럼 자신이 인정하는 상징 권력에 순응하지만, 자신보다 못한 처지에서 상류층으로의 무혈입성을 노리는 박복자의 상징 권력은 인정하지 않고 오히려 자신의 상징 권력을 작동한다. 이처럼 오풍숙은 박복자와 달리 자신이 처한 상황을 벗어나지 않고, 음식이라는 상징자본을 이용한 청탁과 공격의 방식으로 상징 권력을 행사한다.

우아진과 박복자 그리고 오풍숙의 존재 인정 욕망과 상징 권력의 작동 방식을 분석한 결과, '강남'이라는 사회에서 그녀들 각자가 축적한 상징자본을 매개로 위계화된 세력 관계를 형성하고, 그것이 사회적으로 인정되거나 법적으로 보증된, 영속적인 사회적 지위들 속에 제도화[38]되어 각기 다른 방식으로 상징 권력을 작동하고 있음을 확인할 수 있었다. 우아진은 안재석과 이혼한 뒤에도 대성펄프 안태동 회장의 신임이 두터운 둘째 며느리라는 상징자본을 매개로 타자에 대한 배려와 포용의 환대로 상징 권력을 작동하면서 존재를 인정받는다. 박복자는 안태동과 결혼하여 대성펄프 지분이라는 경제자본을 획득하지만, 편법으로 탈취한 상징

38 피에르 부르디외, 앞의 책, 292쪽 참조.

자본이기 때문에 인정받지 못해 회유와 겁박의 방식으로 상징 권력을 작동한다. 우아진과 달리 타자의 복종을 전제로 하는 강압적 방식이라는 한계 때문에 박복자의 인정 투쟁은 실패로 끝난다. '강남'이라는 사회 세계의 위계질서를 내면화한 오풍숙은 음식으로 대변되는 상징자본을 이용한 청탁과 공격의 방식으로 상징 권력을 작동하여 경제자본을 축적함으로써 상류로의 계층 상승에 성공한다.

"상징 권력이 자의적이며 불평등한 관계를 자연적이며 필연적인 외양으로 포장한다면, 그 속에는 이 관계를 구성하는 지배자와 피지배자가 존재"[39]하는 것처럼 우아진과 박복자 그리고 오풍숙은 상징 권력이 작동하는 지배와 피지배의 관계를 맺고 있다고 할 수 있다. 권력은 폭력과 달리 자유의 감정을 배제하지 않는다. 오히려 권력은 자신의 안정화를 위해 의식적으로 자유의 감정을 산출해낸다. 소통의 통로를 통해 비대칭적 관계를 정당화하려는 이데올로기나 내러티브는 이미 권력의 차원에 자리 잡고 있다. 폭력은 절대 내러티브적이지 않기 때문이다. 아주 사소한 것이라도 서사의 시도가 있다면 그것은 매개의 시도이며 그로부터 권력이 시작된다.[40] 자유의 감정을 배제한 폭력으로 상징자본을 축적한 박복자와 오풍숙의 상징 권력이 제대로 작동하지 않는 것에 비해, 공감과 배려 그리고 포용의 환대로 타자와 소통하는 우아진의 상징 권력이 영향력을 발휘하면서 작동하는 것도 그래서이다.

---

39 채오병, 「부르디외의 국가－상징 권력과 주체」, 『문화와 사회』 26(2), 한국문화사회학회, 2018, 240쪽.

40 한병철, 앞의 책, 149~159쪽 참조.

4. 상류를 향한 계층 상승 욕망의 양가성

하류 인생 박복자는 자신이 욕망했던 상류 사회가 "자신들의 포지션 유지를 위해 최선의 노력을 했으며, 그 노력은 생존을 위한 하류층의 노력과는 또 다른 차원이었다. 그들은 믿었다. 그들의 노력은 그들의 삶에 균열이 일어나도 생존할 수 있는 원동력"10회, 30:14~30:54으로 움직인다고 생각했다. 하지만 '강남'이라는 사회 세계에서 상류층으로 행세하는 사람들의 실상은 박복자의 생각과는 달랐다. 브런치 모임이라는 사회관계 자본을 공유하던 그녀들은 서로의 실체를 폭로하며 난장판을 벌인다. 고급스러운 분위기의 카페에서 식탁 위에 정성껏 차려진 음식들을 집어 던지며 싸우는 장면10회, 28:10~29:17에서 배경음악으로 깔리는 루 리드Lou Reed의 노래 〈Perfect day〉는 상류층의 상징자본이 허위와 위선으로 포장된 것임을 풍자한다. "돼지 등에 찍힌 파란 등급 낙인이 싫은 하류 계층이 상류로 올라가려는 것은 마치 연어가 알을 낳기 위해 역류 이동을 하는 것만큼 고통스럽다. 그 고통 후 연어는 자신이 죽게 될 것을 알까? 알았다면, 아마 역류를 하지 않았을 것"11회, 02:33~02:57이라는 박복자의 뒤늦은 깨달음은 상징자본의 유무에 따라 철저하게 위계화된, 계층 이동의 사다리가 끊어진 한국 사회의 실상[41]을 환유한다.

주지하다시피, 한국은 짧은 기간에 근대화·산업화·민주화를 동시에 이룩하고 유엔무역개발회의 57년 역사상 최초로 개발도상국에서 선진

---

41 「"노력해도"… 계층 이동 사다리 믿음 사라졌다"」, 『YTN』, 2023.2.1. https://v.daum.net/v/20230201092836995(2023.2.14 최종 검색).

국으로 지위가 변경된 국가이다.[42] 근대화와 산업화 과정의 억압적이고 배제적인 개발독재의 폐해를 민주화로 해결하면서 격차와 빈곤의 문제도 상당 부분 개선되었다. 하지만 1997년 12월 IMF 외환위기를 계기로 불평등의 심각성에 대한 인식과 정치적 책임을 따지는 여론이 확산하였으나, 2000년대 이후 몇 차례의 정권교체에도 불구하고 '소득·고용·자산' 등 모든 차원에서 불평등이 심화하였다.[43] 2000년대 이후 치러진 대통령 선거의 핵심 의제가 '정치 → 경제 → 복지'로 변하다가 2007년 제17대 대통령 선거 이후 '복지' 의제가 실종되는 현상이 나타났다. 1997년 IMF 외환위기 이후 '소득·일자리·자산' 등 모든 면에서 격차가 점점 더 심각해지고 있음에도 불구하고, '불평등'의 사회문제를 정치 의제로 진지하게 수용하지 못했기 때문이다.[44] 특히 2008년 세계 금융위기 이후 무한생존경쟁의 신자유주의가 고착되고 경제적 양극화가 심화하면서 '불평등'의 사회문제를 해결하기는커녕, '생존'을 중시하는 분위기가 조성되었다. '각자도생各自圖生'의 환경에서 '경제적 안락함'이 인간으로서의 품위와 자존감을 지켜준다는 그릇된 인식이 확산하면서 상류로의 계층 상승 욕망이 극대화되었다. 〈품위있는 그녀〉에는 이러한 문제적 현실이 고스란히 투영되어 있다.

권력은 '존재'하기보다 '작동'하는 것이고, 권력 관계가 주체를 형성한

---

42 「해방둥이와 MZ세대 모두 "우리가 선진국이다"」, 『정책브리핑』, 2022.2.14. https://v.daum.net/v/20220214130510594(2023.2.14 최종 검색).

43 신진욱, 「불평등과 한국 민주주의의 질—2000년대 여론의 추이와 선거정치」, 『한국사회정책』 22(3), 한국사회정책학회, 2015.9, 21~22쪽 참조.

44 위의 글, 25~29쪽 참조.

다는 관점에서 부르디외의 문화이론을 원용하여 〈품위있는 그녀〉의 여성 인물들을 대상으로 상징자본을 정리한 뒤, 전체 서사의 중심에 자리한 우아진과 박복자 그리고 이들의 권력 관계를 비교할 수 있는 오풍숙의 계층 상승 욕망과 상징자본의 축적, 존재 인정 욕망과 상징 권력의 작동 양상을 분석한 결과는 다음과 같다. 우아진은 결혼을 통해 진입한 상류층의 허위와 가식 그리고 속물근성에 환멸을 느껴 이혼을 선택하는 방식으로 계층 상승 욕망을 버린 뒤에야 비로소 자신만의 상징자본을 축적하였다. 또한, 안재석과 이혼한 뒤에도 대성펄프 안태동 회장의 신임이 두터운 둘째 며느리라는 상징자본을 매개로 타자에 대한 배려와 포용의 환대로 상징 권력을 작동하면서 존재를 인정받았다. 경제자본은 물론 문화자본과 사회관계자본 모두 갖고 있지 못한 박복자 역시 결혼을 통해 하류에서 상류로의 진입에는 성공하였으나, 편법으로 상징자본을 탈취하였기 때문에 타자의 인정을 받지 못한 채 회유와 겁박의 방식으로 상징 권력을 작동한다. 우아진과 달리 타자의 복종을 전제로 하는 강압적 방식이라는 한계 때문에 박복자의 인정 투쟁은 실패로 끝나고, 그녀는 결국 비극적으로 삶을 마감하였다. 오풍숙은 우아진의 자리를 욕망하거나 박복자처럼 탐욕을 부리지 않고, 자신의 처지에서 할 수 있는 최선의 방식으로 상징자본을 축적한다. 박복자와 달리 '강남'이라는 사회 세계의 위계질서를 내면화한 오풍숙은 음식으로 대변되는 상징자본을 이용한 청탁과 공격의 방식으로 상징 권력을 작동하여 경제자본을 축적함으로써 상류로의 계층 상승에 성공하였다.

세 명 가운데 상징 권력을 제대로 작동하는 여성 인물은 문화자본에 대한 '오인-인정'을 통해 상징자본을 축적한 우아진이다. 자유의 감정을 배제한 폭력으로 상징자본을 축적한 박복자와 오풍숙의 상징 권력이 제대로 작동하지 않는 것에 비해, 공감과 배려 그리고 포용의 환대로 타자와 소통하는 우아진의 상징 권력만 영향력을 발휘하면서 작동하는 것이다. 이를 통해 상징 권력이 제대로 작동하기 위해서는 물질적 자본만이 아니라, 상징자본이 필수임을 확인하였다. 결론적으로 〈품위있는 그녀〉는 한국 상류층의 가식과 허위의식 풍자라는 주제의식이 명확하지만, 상징자본과 상징 권력에 대한 욕망을 추동하는 위험성을 내포한 문제적 텍스트라 할 수 있다.

참고문헌

1. 기본 자료

백미경 극본, 김윤철 연출, 〈품위있는 그녀〉, 총 20부작, JTBC, 2017.6.16~8.19.

2. 논문 및 단행본

김수행, 『자본론 공부』, 돌베개, 2014.

김찬호, 『모멸감-굴욕과 존엄의 감정사회학』, 문학과지성사, 2014.

김현경, 『사람, 장소, 환대』, 문학과지성사, 2015.

레나타 살레츨, 박광호 역, 『선택이라는 이데올로기』, 후마니타스, 2014.

문성훈, 『인정의 시대』, 사월의책, 2014.

박승일, 『기계, 권력, 사회』, 사월의책, 2021.

브라이언 클라스, 서종민 역, 『권력의 심리학』, 웅진지식하우스, 2021.

신진욱, 「불평등과 한국 민주주의의 질-2000년대 여론의 추이와 선거정치」, 『한국사회정책』 22(3), 한국사회정책학회, 2015.9.

이상길, 『아틀라스의 발』, 문학과지성사, 2018.

______, 『상징 권력과 문화』, 컬처룩, 2020.

이수영, 『권력이란 무엇인가』, 그린비, 2009.

장상수, 「가족배경, 문화자본, 성적」, 『한국사회학』 42(3), 한국사회학회, 2008.6.

정선희, 「'강남 특권층' TV드라마의 도식적인 내러티브-〈SKY 캐슬〉, 〈품위있는 그녀〉, 〈풍문으로 들었소〉의 사례연구」, 서강대 석사논문, 2020.2.

채오병, 「부르디외의 국가-상징 권력과 주체」, 『문화와 사회』 26(2), 한국문화사회학회, 2018.

피에르 부르디외, 김현경 역,『언어와 상징 권력』(번역 개정판), 나남, 2020.

한병철, 김남시 역, 『권력이란 무엇인가』 제2판, 문학과지성사, 2017.

3. 기타 자료

「"노력해도" … 계층 이동 사다리 믿음 사라졌다"」, 『YTN』, 2023.2.1.
https://v.daum.net/v/20230201092836995(2023.2.14 최종 검색)

「해방둥이와 MZ세대 모두 "우리가 선진국이다"」, 『정책브리핑』, 2022.2.14.
https://v.daum.net/v/20220214130510594(2023.2.14 최종 검색)

* 이 글은 "윤석진, 「텔레비전드라마 〈품위있는 그녀〉의 상징자본과 상징 권력」, 『인문학연구』 130호, 충남대 인문과학연구소, 2023"을 수정·보완하였음.

<SKY캐슬>, 능력주의 사회와 불안한 계급

정명문

1. 학원물의 변화와 〈SKY캐슬〉의 입지

텔레비전드라마는 반복 혹은 순환적 흐름으로 수용자를 끌어들이는 특성을 가지고 있다. 그중에서도 차이, 변이, 우연을 갖춘 텍스트는 수용자에게 미처 경험하지 못한 다양성, 성찰성, 즐거움을 제공할 수 있다.[1] 한국 사회에서 입시는 성년으로 가는 통과 의례처럼 여겨지는데, 이는 텔레비전드라마에서 다루는 방식으로도 확인된다. 드라마 제작 초기인 1960년대부터 학생과 선생님을 소재로 한 작품들은 학원을 배경으로 학생, 교육자가 함께 성장하는 방식으로 생산되었고,[2] 공영방송에서는 2000년대에도 공교육의 순기능을 보여주는 방식으로 제작되었다.[3] 즉 학생과 교

1 원용진, 「문화연구의 텔레비전 담론」, 『문화과학』 45, 문화과학사, 2006, 208쪽.

2 1960년대 청소년 프로그램과 소설을 각색한 방송물의 정착과 학원물 드라마에 관련한 전개는 문선영, 「1960년대 청소년 드라마의 출현과 경향」, 『*Journal of Korean Culture*』 55, 한국어문학국제학술포럼, 2021 참조.

3 1999년 이후 2021년까지 KBS에서 제작된 총 8개의 학교 시리즈가 대표적이다.

육자, 입시를 다루는 작품들은 등장인물들의 긍정적인 성장을 보여주는 방식이었다. 하지만 입시가 정권, 교육부 수장, 경제 법칙 등 교육 외적 이유로 변화되면서 드라마 서사도 바뀌기 시작했다. 2010년대 중반 이후 제작된 작품들의 경우 갈등의 중심이 강남 / 비강남과 같은 부동산,[4] 재단 비리, 비정규직[5] 등으로 당대 사회 변화를 적극 반영하고 있다.

최근 입시 소재의 경우, 초반에 입시 관련자의 죽음을 그린 후 이유를 추적하는 서사에 가족, 성장, 멜로 등이 혼합된 방식으로 유형화되고 있다. 실례로 〈펜트하우스〉는 초호화 거주지에 거주한 예술고 관계자들이 부동산과 입시라는 이득을 위해 극단적으로 이합 집산하는 면모를 담았으며, 〈하이클래스〉는 제주도 국제학교란 공간 속에서 겉과 속이 다른 인물들의 행태를 보였다. 〈그린마더스클럽〉은 영재중에 보내기 위한 그룹과 사교육을 반대하는 그룹 간의 신경전 등 양극화된 모습이 드러났다.[6] 각 작품의 주요 배경은 예술고, 국제학교, 영재학교 등 특목학교와 최고 과정에 진입하려는 부유한 가정이다. 중심인물은 자식을 위해 움직이는 어머니이며, 이들 주변에서 시체가 발견되면서 미스터리와 연결되는 구

---

4 김현희 극본, 홍창욱 연출, 〈강남엄마 따라잡기〉, 총 18부작, SBS, 2007.6.25~8.21 방영; 정성주 극본, 안판석 연출, 〈아내의 자격〉, 총 16부작, JTBC, 2012.2.29~4.19 방영.

5 윤경아 극본, 유현기 연출, 〈공부의 신〉, 총 16부작, KBS, 2010.1.4~2.23 방영; 김반디 극본, 최병길 연출, 〈앵그리 맘〉, 총 16부작, MBC, 2015.3.18~5.17 방영; 장홍철 극본, 성용일·박지현 연출, 〈미스터 기간제〉, 총 16부작, OCN, 2019.7.17~9.5 방영; 박주연 극본, 황준혁 연출, 〈블랙독〉, 총 16부작, tvN, 2019.12.16~2020.2.4 방영.

6 김순옥 극본, 주동민 연출, 〈펜트하우스〉 시즌1, 총 21부작, SBS, 2020.10.26~2021.1.5 방영; 시즌2 총 13부, 2021.2.19~4.2 방영; 시즌3, 총 14부작, 2021.6.4~9.10 방영; 스토리홀릭 극본, 최병길 연출, 〈하이클래스〉, 총 16부작, tvN, 2021.9.6~11.1 방영; 신이원 극본, 라하나 연출, 〈그린마더스클럽〉, 총 16부작, JTBC, 2022.4.6~5.26 방영.

조를 취하고 있다. 이런 배경, 인물, 장르 설정을 '교육'과 연결시킨 유형의 선두에는 〈SKY캐슬〉[7]이 있다.

〈SKY캐슬〉은 기획 의도로 "부, 명예, 권력을 가진 대한민국 상위 0.1% 남편과 함께 자식은 천하제일 왕자와 공주로 키우고 싶은 사모님들의 자녀 입시 준비를 통해 성공한 인생에 대한 욕망을 들여다보는 리얼 코믹 풍자극"[8]을 내세웠다. 이 작품에는 비싼 부동산에 거주한 이들 즉 부유한 전문가들이 현재 입지를 유지하기 위한 면모가 드러난다. 특히 사교육의 집결지인 대치동에서 진행되는 입시 컨설팅과 학생부종합전형, 자동봉진, 포트폴리오 등 수시 전형 관련 정보와 함께 빠른 전개와 구성을 보여주면서 화제성이 높았고 작품적인 부분도 주목받았다.[9] 〈SKY캐슬〉은 '상위 0.1%, 입시, 성공' 키워드가 담긴 텔레비전드라마의 유형을 만드는 데 기여했고 상류층과 교육이란 소재에서 다루는 지점의 변화를 통해 사회의 한 면모를 읽어낼 수 있기에 주의 깊게 살펴볼 필요가 있다.

〈SKY캐슬〉은 그 화제성으로 인해 빠르게 연구가 진척된 편이다. 대다수의 연구는 입시와 가족이란 키워드를 중심으로 위기 가족, 드라마 수용자 분석 등 교육 사회, 교육 철학 차원으로 접근한다. 또한 인간의 욕망 또는 카프카 작품과 비교 논의된 바도 있다. 작품에서 교육이 자극적으로 다뤄지기에 연구 방향도 교육 회복에 치우쳐 있음을 확인할 수 있다.

---

7 유현미 극본, 조현탁 연출, 〈SKY캐슬〉, 총 20부작, JTBC, 2018.11.23~2019.2.1 방영.

8 기획 의도, 〈SKY캐슬〉 공식 홈페이지.

9 55회 백상예술대상 연출상·연기상, 2019 방송통신위원회 방송 대상, 12회 코리아 드라마 어워즈 작품상, 24회 아시안 텔레비전 어워즈 드라마 작품상, 2019 대한민국 콘텐츠 대상 방송영상산업발전 유공 부문.

하지만 선행연구로는 당대의 문제와 대중의 접점, 드라마 사에서 의미하는 바 등을 확인하기 부족하다. 즉 드라마의 주제 및 갈등 차원에서 드러난 교육과 사회관계에 대한 섬세한 논의가 필요하다.

〈SKY캐슬〉에는 의사, 변호사 등 전문가 집안 내의 인물들이 특정 공간에서 기득권을 유지하려는 목적 위주의 행동과 권력의 상관관계들을 담고 있다. 이 글은 기득권자가 자신의 이득을 세습하기 위한 선택 논리와 그 과정에서 활용한 교육의 도구화된 면모를 분석하고자 한다. 이를 통하여 신자유주의가 표방한 능력주의가 지향하고 있는 면모와 한국 사회와 대중에게 남긴 의미를 해석해보고자 한다.

2. 결과 우선주의의 이중적 인식

작품 제목이기도 한 'SKY캐슬'은 주거 공간의 이름이다. 이곳은 넓은 부지에 조성된 고급형 빌라로 산, 연못 등 자연환경과 연계되어 경제적 가치가 높다. 각각의 가족들은 지하를 포함한 복층구조의 단독 건물에서 산다. 또한 골프장, 도서관, 피트니스 센터, 모임 홀 등 호화로운 커뮤니티 시설을 공동으로 사용하며 입주자들과 유대 관계를 도모한다. SKY캐슬은 주남 재단 소유로 정교수가 정년까지 거주하며, 거주 기간 동안 비용을 내지 않는다. 이때 정교수란 직업은 위 고급 거주지 무상사용 혜택과 동시에 커뮤니티라는 무형 자산까지 확보하게 되는 조건이다.

한서진 이래서 가정교육이 중요하다고 하잖아요! 전 우리 스카이캐슬이 아이들 교육하기에 정말 좋은 환경이라 그게 제일 마음에 들어요.

진진희 내 말이! 내 말이요! 게다가 돈 있다고 아무나 들어오는 곳도 아니잖아요?

이명주 그러엄! 주남대에서도 best of best 정교수들만 누릴 수 있는 특혜잖아.

박수창 재단 소유이긴 하지만 수십억짜리 대저택을 정년까지 공짜로 살 수 있는 건 아마, 대한민국에서 우리뿐일걸?

진진희 전 진짜 우리 수한이도 아니 손자, 증손자까지 대대로 이 스카이캐슬에 살았음 좋겠어요 증말!1회[10]

부르디외는 계층과 계급이 세대 간에 재생산될 때 경제적 자본 외에 문화자본학력 자본, 사회자본인맥, 상징자본이 영향을 미친다고 보았다. 자본은 행위자가 지배의 정당성을 획득하고 유지하기 위해 동원하는 모든 수단이다. 경제적 자본은 지배계층이 소유한 권력의 구성요소이지만, 이것이 피 지배계층에게 영향력을 발휘하기 위해서는 정당화시킬 다른 유형의 자본이 필요하다.[11] SKY캐슬과 같은 거주 구역은 계급적 정체성을 표현하고 강화하는 사회자본 및 상징자본이라 할 수 있다. 입주민들은 같은 공간 속에서 사회적 정체성, 동질감, 타인과 차이점을 배우기 때문이다.[12] SKY캐슬 입주민들은 이 공간에서 누리는 이득과 무형적 자산에 만

---

10 이하 대사 인용은 유현미, 『SKY캐슬』 1·2, 위즈덤하우스, 2019 대본 참조.

11 부르디외, 최종철 역, 『구별짓기』 上, 새물결, 2005, 13~14쪽.

12 미셸 팽송·모니크 팽송, 이상해 역, 『부자들의 폭력』, 미메시스, 2015, 219쪽.

족도가 높은데, 이는 상징적 부와 결합되어 있기 때문이기도 하다. 단 이 자본은 한정적이기에 다음 세대에도 물려주어 부의 규모와 상징성을 정착하고자 한다.

1회에는 서울 의대 합격 축하 파티가 나온다. SKY캐슬 내에서 의대 합격은 가족 단위의 목표이자 바람이다. 영재가 합격했지만 파티 주인공은 영재 엄마이명주이고, 합격 선물크루즈 여행권, VIP카드도 엄마가 받는다. 이명주는 세습 성공을 이끌었기에 예비 입시생 부모들의 롤 모델이 된다. 실제 의사가 되기까지 여러 절차가 있음에도 불구하고 작품 내에서 이를 거론하는 인물은 없다. 이들이 합격과 성공을 동일하게 여기는 이유는 학교 제도에 의해 공식적으로 인정받은 학력자본 혹은 제도화된 문화자본학벌[13]을 경험했기 때문이다. 한국 사회에서 학벌은 정치, 사회, 문화적 위계상의 위치를 가르친다. 그러므로 자녀 교육 투자는 사회 계급적 위치 확보와 상승을 위한 사회적 투쟁이라 볼 수 있다.[14] 그 결과 입주민들은 본인이 사회-경제적 지위를 얻었던 성공 도식인 학벌을 우선으로 여긴다.

한서진 딸딸 암기만 하면 대학 갔던 학력고사시대하곤 달라요! 지금은 학종시대라고요, 학종시대! 부모의 경제력과 정보력에 따라 당락이 결정된다고요!

강준상 애가 똑똑한데 무슨 걱정이야? 학교 수업 잘 듣고 주요 과목 학원 보내고 그럼 되지 무슨 코디씩이나.

---

13 부르디외, 앞의 책, 13쪽.

14 장경섭, 『가족·생애·정치경제』, 창비, 2009, 242~243쪽.

한서진 당신은 신문도 안 봐요? 성적을 조작해서라도 명문대 보내려고 다들 미쳐 날뛰는 판에, 없는 사람들도 빚까지 내서 첨삭, 대필, 컨설팅까지 다 받는 세상에, 가질 거 다 가진 우리가 왜 안 해야 돼요? 왜??8회

강준상이 경험한 학력고사는 단일한 시험 결과로 학교에 들어간 입시 제도였지만, 딸 예서가 준비하는 학생부 종합전형은 내신, 비교과 활동, 봉사 활동, 자기소개서 등 다양한 서류 제출로 평가되는 입시 제도이다. 시간이 흐르면서 대학에 들어가기 위한 능력 입증 방법들이 다양해진 것이다. 푸코에 따르면 개개인의 능력 자본은 유전적 요소와 획득적 요소로 구성되어 있는데, 이 중 교육투자는 상당한 영향력을 차지한다.[15] 성취를 높은 가치로 보는 현대 사회에서 지위 상승은 무엇보다 중요하고, 이를 위한 교육은 보편적이고 공식적인 통로이다.[16] 이는 강준상 일가에서도 확인된다. 1세대강준상 아버지는 개인의 학습력으로 학력 자본을 성취했고, 2세대강준상는 부모의 학력 자본에 교육 투자를 더해 학력 재생산에 성공한다. 2세대를 거치면서 학력 자본과 교육 투자는 계급 상승의 보편적인 방식이 되었다. 그러므로 3세대강예서에서 계급을 유지하려면 경쟁자들을 압도할 수 있는 확실한 방안이 필요하다. 즉 한서진의 말에서 확인되는 바는 '가질 거 다 가진' 기득권이 입시 경쟁에서 우위를 차지하기 위해서 차별화된 전략이 필요하다는 점이다.

SKY캐슬 내에서 입시는 학생 혼자만의 것이 아니다. 부모는 좋은 학

---

15 사토 요시유키, 김상운 역, 『신자유주의와 권력』, 후마니타스, 2014, 49~51쪽.

16 김문조, 『한국사회의 양극화』, 집문당, 2008, 95쪽.

습 분위기가 조성된 사립고 합격을 위해 유명 강사가 포진된 전문 학원 등으로 교육 환경을 조성하고, 효율적인 시간분배를 위해 등·하원을 차량으로 이동시키며 돕는다. 또한 커뮤니티 내에서 전문가를 대동한 독서 모임을 조직하고 참여하며, 대학 입시에 필요한 봉사 활동도 기획한다. 이를 주도하는 것은 엄마들이다. 이들은 전문 교육을 받아 사회적 활동선생, 배우, 박사수료이 가능했었지만 결혼 후 자신의 능력을 아이와 남편을 내조하는 데 활용한다. 한서진은 그 이유를 '워킹 맘 아이들은 극상위권 유지가 힘들고, 한국 교육 과정에는 학습을 도와주는 엄마가 붙어 있어야 한다'[1회]고 설명한다. 즉 부모는 공부 이외의 모든 것을 보조할 수 있어야 한다. 입시생이 효율적으로 공부만 할 수 있는 환경을 조성해야 입시 성공률이 높아진다는 논리이다.

이명주 학종도 뭐니 뭐니 내신이 좋아야 하잖아? 일단 코디를 맡으면 그 아이가 다니는 학교 선생들의 시험 출제 방식을 연구해 온 내신 전문 강사들로 팀을 짜. (…중략…) 중간, 기말 전에 내주는 시험 문제 적중률 백 프로! 우리 애들이 솔직히 몰라서 틀려? 실수를 잡아주는 거지. 의대 진학에 맞는 자율 동아리도 기획해주고 봉사 활동도 설계해줘. 물론 각종 교내 대회에 수상할 수 있도록 판도 짜주지. 학생회장 선거는 말할 것도 없고. 게다가 삼 년 내내 아이 학업 스트레스까지 관리해줘. 파트너 중에 청소년 심리상담가가 있거든.[1회]

이명주는 SKY캐슬 엄마들에게 영재 합격 정보 문의를 받는다. 합격

노하우는 다음 입시 준비자에게 좋은 지침이 될 수 있기 때문이다. 그녀는 서울대 입시 사정관 출신에 담당 학생 전원 서울 의대를 보낸 코디네이터 김주영을 합격 비결로 꼽는다. 이명주의 설명에 따르면, 코디는 내신등급부터 자율학습, 동아리, 봉사 활동, 진로활동 전 분야에 대해 전문적으로 관리하는 입시 전문가이다. 심지어 이 코디는 아무 때나 만날 수 없다. 일정 자산을 보유한 은행의 VVIP 모임에서만 극비리에 연결된다. 즉 1회에서 묘사된 코디는 한정된 이들만을 위한 특화된 관리이다. 그러기에 이명주가 공개한 서울 의대 합격비법은 학력 자본과 교육투자에 전문가를 동원해야하고, 확실한 금융자본이 없으면 접근조차 불가능한 기득권 한정 전략이라 하겠다.

한국장학재단의 자료에 따르면 상위권 대학일수록 고소득층 자녀의 비율이 높았으며, 서울대의 경우 고소득층62.6%이 저소득층18.5%보다 약 3.4배 많았다. 이러한 결과는 부모의 경제적 배경이 교육을 통해 자녀에게 대물림되는 구조 때문으로 해석된다.[17] 환경과 교육에 동원되는 물질적 자원이 다르기 때문이다. 즉 학생이 자라는 집안 환경과 그가 받는 사교육의 양·질은 시험 성적을 조정할 수 있다. 드라마는 기득권 부모마저 입시 성공을 위해 돈, 권력, 정보력을 동원하여 뛰어드는 모습을 과장되게 표현했다. 하지만 부모 계층이 자녀의 학력과 계층을 결정하는 구

---

17 정책자료실, 「대학별 국가장학금 신청자 현황 분석 보도자료」, 사교육걱정없는세상, 2020.10.13.
https://noworry.kr/policyarchive/?q=YToyOntzOjEyOiJrZXl3b3JkX3R5cGUiO3M6MzoiYWxsIjtzOjQ6InBhZ2UiO2k6Mjt9&bmode=view&idx=5081327&t=board (2022.1.10 최종 검색).

조에서 교육 외에 다른 것들이 필요하다는 논리에 대해 부인하기 어려운 것도 사실이다. 그로인해 대중들은 돈과 정보로 합격률을 끌어올린 입시 코디에 과열된 관심을 가지게 된 아이러니 한 결과를 낳게 되었다.

코디네이터 김주영의 권위는 합격률 100%란 수치와 교육 전문가라는 지점에서 형성된다. 김주영은 수차례 자신을 전적으로 믿고 따르라며, 부모들에게 학생 통제 권리를 강력히 요청한다. 결국 부모들은 김주영을 고용했지만 성공적인 입시 결과를 위해 역전된 관계를 받아들인다. 그 결과 드라마에서 입시 주체는 학생에서 부모로 그리고 사 교육자로 넘어가 버린다. 영재 가족의 비극은 여기서부터 출발한다. 영재는 의사라는 직업에 목표의식이 없었고, 부모의 강요로 입시에 매진했다. 영재는 부모의 폭언과 폭력에 반발심을 가졌고, 김주영은 그 감정을 추진력으로 삼아 합격을 이끌었다. 과정보다 결과가 중요했던 이들은 가족 해체라는 파국을 맞게 된다. 이렇게 1회에서는 가족 해체의 원인이 변동된 학습 주체, 비정상적인 합격 동기였음을 명확하게 제시한다.

한서진 착각하지 마. 비극을 초래한 사람은 영재 부모야! 삼 대째 의사 가문 만들겠단 욕심 때문에 아들이 병들어가는 것도 몰랐던 영재 부모가 그 모든 비극의 중심이라고.[7회]

한서진은 이명주 죽음과 코디의 연관성을 초반에 감지했지만 문제의 초점을 영재와 그 가족으로 돌린다. 그녀가 문제점을 발견하고도 해석에 오류가 생긴 이유는 최적의 입시 결과라는 확률 때문이다. 아들러는 인간의 행동에는 목적 지향성과 투자 대비 최적의 결과물을 성취하고 싶은 효율성이 있다고 하였다.[18] 확률만 높다면 과거의 오류는 문제가 되지 않는다. 이렇게 성공률이란 수치로 검증된 결과만 중시하는 태도는 능력주의에 기댄 사고라 하겠다.

이 작품은 수행 당사자의 의지보다 목적성을 중시한 사고의 결과를 영재와 이명주를 통해 그린다. SKY캐슬 입주자로 대표되는 기득권은 자신들이 누리던 혜택을 지속하기 위해 자식의 의대 합격을 중요하게 여긴다. 한정된 입시에서 부모세대의 학력, 문화, 사회적 자산은 기본적인 자산이 되고, 추가적인 전략이 필요하다. 그 과정에서 입시를 치르는 주체는 학생-부모-입시전문가로 변동되었다. 즉 자식은 최적의 환경에서 공부하고 입시에 성공만 하면 된다. 이에 대한 문제 제기는 기존 학원물의 서사와 유사하다. 하지만 죽음에 이른 인물이 영재 엄마인 이명주라는 점에서 주목을 요한다. 즉 드라마는 아이와 동일시한 엄마, 반복 절차를 밟고 있는 한서진, 괴물 신과 같은 김서형을 통해 자기 동일적 집단 내에서 발생한 문제가 반복되고 있음을 보여준다. 이는 기득권자의 세습 집착과 역전된 주체는 과거에도 있었지만 신자유주의시대에 더 강화되어 결과 우선주의와 불균형한 관계가 지속될 것임을 드러낸 것이라 볼 수 있다.

---

18 알프레드 아들러, 홍혜경 역, 『아들러의 인간이해』, 을유문화사, 2016, 40~41쪽.

3. 집단 카르텔과 선택의 논리

〈SKY캐슬〉 속에서 그려진 의사들의 병원 생활은 샐러리맨의 직장 생활과 유사하다. 치열하게 모든 것을 동원하여 자식에게 세습시키려는 전문가의 모습은 인간적인 가치나 진지함보다는 우스꽝스러운 모습에 가깝다. 테리 이글턴은 웃음에 집단적인 성격이 있기에 웃음을 유발하는 상황 속에 내재된 사회적 성격에 주목해야 한다고 지적했다. 왜냐하면 웃음의 이면에는 사회적 특징과 문화 사이에 존재하는 하나의 코드가 드러나기 때문이다.[19] 작품 속 인물들은 극적 상황에서 소속 집단의 성향과 권력 구도를 반영한 선택을 하고 있다. 이 장에서는 등장인물들의 선택을 통해 집단의 논리가 어떻게 반영되는지 확인해보고자 한다.

주남 대학 병원 내 의사는 본교 출신과 타교 출신으로 나누어지며, 박수창과 강준상은 서울대 출신이란 점에서 유대감을 가지고 있다. 이 둘은 병원장과 기조실장이란 직장 내 권한에 대한 욕망을 가지고 있다. 극이 진행될수록 두 사람은 권력을 얻기 힘들어진다. 일단 박수창은 부인의 죽음 이후 사직하기에 병원장이 될 수 없다. 강준상은 박수창의 대타로 임용된 무남대 출신 황치영 때문에 직함을 얻기 어려워진다.

강준상의 경우 병원 내 자신의 입지를 확고하고 안전하게 만들기 위해 권한과 지위를 쫓는 선택을 주로 하였다. 강준상이 병원 내 권한에 관심 가지게 된 것은 의사로서 불안한 입지 때문이었다. 그는 척추 관련 수

19 테리 이글턴, 손성화 역, 『유머란 무엇인가－농담과 유머의 사회심리학』, 문학사상, 2019, 18쪽.

술을 많이 진행하면서 빈번한 의료 사고를 일으켰고 다수의 민원을 겪고 있었다. 병원장은 의사의 능력이 높은 수익이라고 발언한다. 강준상은 고가의 수술을 진행하기에 병원 수익을 올리는 데 기여하지만, 의료 사고는 평판과 연결되어 개인의 실력을 입증하는 데는 안전하지 못하다. 즉 실력 검증 차원에서 안전하지 못한 것이다. 강준상은 병원장이 보건복지부 장관을 노린다는 점을 파악한 후, 원장과 정치인을 연결하는 인맥을 입증해내며 기조실장에 오르게 된다.

강준상의 직속 부하인 우양우는 상사의 눈치를 살피고, 그의 심기를 거스르지 않으려고 노력한다. 부인인 진진희에게도 상사 부인인 한서진과 잘 지내야 한다고 신신당부한다. 우양우는 이렇게 상사에게 충성을 다하고 병원 내 인물들과 무리 없이 지낸다. 게다가 비서실장과 긴밀한 관계를 유지하여, 병원장의 관심사를 확인하고 강준상이 기조실장 권한을 얻는데 도움을 준다. 우양우는 직장 내 위계질서를 적극적으로 흡수하여 행동했고, 그 결과 강준상 다음으로 정형외과 과장이 될 수 있었다.

강준상 TA환자, 병원장님 손자야!!! 잘못되면 당신이 책임질 거야??? 둘 다 위급 상황이잖아!! 기조실장 전권으로 명령하는 거야!! 애부터 살려, 당장 애부터 수술하라고!!

(…중략…)

황우주 혜나보다 어린 아이니까, 아이부터 살려야 한다는 인도주의적 입장에서? 그래서 이쩔 수가 없었던 거예요?15회

강준상의 권력 지향적 면모는 김혜나와 병원장 손자가 동시에 응급실에 실려 왔을 때 확실하게 드러난다. 그는 예빈의 입주 과외 선생으로 함께 살던 혜나가 응급실에 먼저 도착했지만 병원장 손자 수술을 선택한다. 그 결과 혜나는 수술대에 오르지도 못한 채 죽는다. 강준상은 나이 어린 사람이 우선이란 논리를 내세웠지만 혜나가 강준상에게 도움을 줄 여지가 없음을 알고 있었다. 그에 반해 병원장 손자는 살리기만 한다면, 병원 내 입지를 탄탄하게 하는 데 도움이 된다. 결국 강준상은 두 환자를 두고 자신의 이득을 고려한 선택을 한다. 이처럼 강준상과 우양우의 모습에서 확인되는 바는 좋은 집안에서 공부를 잘해 의사가 되었어도 미성숙한 면모가 있고, 그럼에도 불구하고 자신이 속한 집단 논리는 파악하고 있다는 점이다. 즉 기득권도 지위 유지를 위해 집단 카르텔에 부합한 선택을 하고 있음이 확인된다.

한서진 니 남편 보육원 출신이랬지? 개천에서 용 된 남편을 만났으면 정신을 차려야지. 니 아들 그렇게 방치하다 명문대 못 가면, 이 빌어먹을 경쟁 사회에서 니 남편만큼이나 걔가 살 수 있을 것 같아?5회

황치영은 신분, 배경, 학벌 등에서 SKY캐슬 기존 입주민과 차이가 있다. 기존 입주민들은 부부 중 한 사람은 자산을 가지고 있었지만, 이 가족은 아버지의 직업만으로 입성한다. 그는 지방대 출신에 고아이며, 공공병원에서 근무하다 재혼하였기에 인맥, 자본 등 기댈 만한 것이 없었다. 병원장은 황치영을 자신의 정치적 입지를 세워줄 능력이 있다고 판단하

여 채용했다. 즉 병원장은 황치영을 권력 지향의 도구로 보았다. 하지만 황치영은 병원장을 정계 인사와 연결하지 않고, 돈이 안 되는 진료를 하며, 병원 비리를 인터넷 공간에 알린다. 황치영은 환자와 공적인 이익을 위해 움직이지만 본인을 방어할 권력과 연결하지 않고, 병원 이익에 반하며, 명예 실추에 앞장섰기에 병원 내 입지가 줄어들게 된다.

이렇게 〈SKY캐슬〉에서 그려진 의사 집단 내부의 모습은 일반 집단 내 권력 구도와 유사하다. 대학 정교수란 이유로 강준상, 우양우, 황치영은 거주 공간 특혜를 받고 있지만, 이들이 지속적으로 자리를 유지하려면 의술 실력 외의 것이 요구된다. 강준상은 공격적인 의료 사고 당사자만 나타나면 숨기 바쁘고, 우양우는 중간 관리자의 불편한 상황들을 노출하기에 웃음을 유발한다. 그러나 이들은 집단 내 권력자의 의중을 읽고 그에 맞춰 행동하기에 영역 유지에 성공한다. 그에 비해 황치영은 이상적인 의사의 면모를 보이지만 집단 내부 권력자의 의지를 거스르기에 영역 유지에 어려움을 겪게 된다. 즉 의사도 생존하려면, 집단 내에서 권력을 가지거나 집단이 요구하는 것을 맞추는 능력의 필요성이 각 인물의 선택적 행동을 통해 드러나는 것이다.

한편 김혜나는 등장인물들에게 선택적인 상황을 제시하는 인물이다. 신아고에서 혜나와 예서는 전교 1~2등을 다투는 경쟁자이다. 이 둘은 아빠가 같지만 환경이 다르다. 혜나는 요양원에 엄마가 입원해서 생활비를 벌어가며 공부를 한다. 즉 공부에만 집중할 수 있는 환경이 아니다. 그에 비해 예서는 코디, 공부 환경 등 모든 것에 도움을 받는다. 혜나는 친구들에게 인기가 많지만, 예서는 이기주의자라 아이들이 싫어한다. 환경만

빼면 인성, 근성, 학습력 모두 혜나가 높다. 하지만 혜나가 가진 능력만으로는 현실에서 버티기 어렵다.

혜나는 유력한 전교회장 후보였지만, 한서진에게 타인의 내신 조작에 관여했던 정황을 들켜 사퇴하게 된다. 이후 예빈의 과외선생으로 한서진 집으로 들어가되, 가족 공간에 들어가지 않겠다는 조건을 수용한다. 또한 예서의 부정 시험 증거를 잡아 김주영과 거래하지만 죽게 된다. 혜나는 예서에 비해 유리할 수도 있었지만 자식, 돈, 배경이 앞선 한서진, 김주영, 강준상에게 선택받지 못한다. 즉 혜나는 학습능력이 뛰어났지만, 그 외의 배경을 가진 경쟁자를 이기지 못했다. 이 작품은 이렇게 선택되지 못하는 혜나를 통해 공부 외에 부모 및 자본과 같은 배경이 필요한 현실을 노출시킨다.

진진희 (마주 앉으며) 흠은 아니지만 웃기잖아. 지속으로 낳은 새끼가 아니니까 애 성적에 애면글면하지 않은 걸, 교양 있는 척, 쿨한 척, 우리 우주는 지가 원해서 수학 과외 정도는 시켰어도 딴 건 전혀 안 시켰거든요! 웃겨 증말!

한서진 자식의 미래를 위해 사교육에 올인할 수밖에 없는 엄마들의 심정을 싸잡아 우습게 본 건, 좀 그렇긴 하지?

진진희 오지랖 넓게 애들 위하는 척, 독서 토론도 깨부숴버린 여자가, 애도 안 낳아본 계모였어? 진짜 웃기는 여잘세! 주제에 작가랍시고 영재 얘길 소설로 쓰네 어쩌네 깝죽대는데, 냅둘 거야?9회

이수임은 전업 맘들과 달리 우주에게 매달리지 않으면서 하고픈 일을 한다. 또한 독서토론에 문제를 제기하여 모임을 해체시키고, 영재네 상황을 소설로 쓰겠다고 한다. 입주민들은 SKY캐슬의 평판과 집값 폭락에 신경 쓰며 그녀의 소설 쓰기를 대대적으로 반대한다. 이수임은 심지어 예빈의 도둑질에 관여하는 등 타 가족의 사생활에 참견한다. 황치영-이수임은 인간성은 있지만, 신분, 자산 등에서 보았을 때 집단 내부에서 존중받을 만한 힘이 부재하다. 그럼에도 불구하고 이들은 이상적이고 독립적인 태도로 기존 질서를 흔들기에 입주민들에게 배척의 대상이 된다.

황우주 내가 범인이 아니라는데 아무도 내 말을 들어주지도, 믿어주지도 않았거든요. 그들 눈엔 제가 아무것도 아니란 걸요. 그래서 정말…… 제가 아무것도 아니면 안 되겠구나! 힘이 있어야겠구나 그런 생각을 절실하게 했어요.20회

SKY캐슬 공간 내에서 황치영-이수임 부부는 집단의 기준이 자신들과 맞지 않기에 독립적으로 지냈다. 황치영은 가출한 수한이가 다치지 않게 하고, 이수임은 예빈의 잘못된 행동을 바로잡고, 혜나를 초대하는 등 아이들을 정서적으로 지지하였다. 부부의 행동은 아이들을 인간답게 자라는데 필요한 태도이지만, 집단 카르텔을 유지하는 권력과 상관이 없다. 이 부부의 거주 공간 내 입지는 아들 우주의 결백을 밝히는 과정에서 적나라하게 드러난다.

우주는 조작된 증거들로 살해 누명을 쓰고 체포된다. 우주 부모는 즉

시 법학전문가 차민혁에게 도움을 요청하나 거절당한다. 우주가 석방되려면 혜나가 남긴 음성파일이 필요하다. 거기에는 김주영과 혜나의 거래 불발 내용이 담겨있다. 이 증거는 예서에게 시험 0점 처리와 자퇴, 학종 응시 불가라는 결과를 줄 것이라 예측된다. 부정행위에 대한 공정한 처리는 당연한 절차 임에도 불구하고 한서진은 증거 공개를 망설인다. 예서 입시가 한 학기만 남았기 때문이다. 한서진의 선택 기준은 철저히 예서에서 출발한다. 즉 우주의 억울함 보다는 예서의 대학 입시가 더 중요하다. 결국 우주네 가족은 소속 집단 기준에 협력하지 않았고, 집단의 이익에 도움이 되는 능력도 보여주지 않았기에 입지가 좁았다. 또한 다른 부모들은 자기 자식 혐의 벗기에 급급했다. 즉 우주가 억울하게 감옥에 간 원인은 집단 내의 질서를 따르지 않았던 가족 때문이었고, 오랜 기간 혐의를 풀 수 없었던 이유는 정당성 보다 집단 내 자기 가족 보호가 우선적이기 때문이었다. 결국 드라마는 권력을 가진 집단에 소속되어야 하며, 자기 방어적인 선택만 생존할 수 있음을 보여준다.

〈SKY캐슬〉 속 인물들은 도덕과 개인적 이익 중 후자를 선택해야 유리한 위치를 얻을 수 있었다. 의사도 생존하려면 집단 내에서 권력을 가지거나 집단이 요구하는 것에 맞출 수 있어야 했다. 또한 혜나와 우주의 사례에서 확인되듯 현 사회가 공부 실력 외에 부모와 자본과 같은 배경이 없으면 선택 우위에 설 수 없음을 고발한다. 즉 드라마 속 개인들은 자신의 능력을 증명해야 하며, 집단의 이익과 자신의 능력 사이에서 등가 교환을 이루어내지 못할 때 그 안위를 보장받을 수 없었다. 드라마는 집단 카르텔 안에 소속되기 위해 노력하는 기득권의 모습을 과장된 방식으로 희화화 시켰다. 하지만 시청자 입장에서는 능력 위주의 가치관이 팽배한 현 사회를 마주하게 된다. 즉 기득권도 방어막과 전략 활용을 할 수 밖에 없는 상황을 통해, 능력을 입증 못하면 언제든 도태될 것이란 비판과 불안이란 두 감각을 느낄 수밖에 없었다.

4. 능력 증명을 통한 계급 유지

SKY캐슬 입주민은 자본과 직업으로 결합된 면모를 보인다. 등장인물 중에는 자신의 능력만으로 사회적 지위를 획득한 인물황치혁도 있다. 하지만 등장인물 대부분의 경우강준상, 우양우, 박수창, 이명주, 진진희, 노승혜 부모세대로부터 학력 및 사회적 자산을 물려받은 태생적 기득권자라고 할 수 있다. 이들이 결혼 또는 교육을 통해서 자신들의 영역을 유지하는 모습은 전형적인 엘리트 세습이라 할 수 있다.[20] 이들은 의사, 법학 교수로 자신이 가진 기술로 기득권을 유지하였지만, 물질적인 자본을 다음 세대에게 확실하게 물려주는 것이 보장되지 않는다. 작품 내 인물들은 3세대까지 누적 세습되길 바라는데, 이는 가문의 능력이 증빙하는 것이라 여기기 때문이다.

진진희 차교수 와이프는 육군참모총장 딸이고, 언닌 은행장 딸이고, 난 강남 건물주 딸이라고 밝힘 저도 불겠지! 내놓으라 하는 집안 딸이면!!2회

---

20 대니얼 마코비츠, 서정아 역, 『엘리트 세습』, 세종, 2020, 213쪽.

한서진 삼대째 의사 가문 만드는 게 필생의 소원이신 당신 어머니!! 가뜩이 나 아들 못 낳았다고 대놓고 무시하는데, 예서, 의대까지 떨어져 봐요! 내가 숨이나 쉴 수 있을 것 같아요?1회

한서진의 경우 극 초반에는 부모세대의 자산을 물려받은 태생적 기득권자처럼 그려진다. 하지만 곧 이름, 부모, 가정환경 등이 거짓이었음이 밝혀진다. 한서진은 도움이 되지 않는 부모와 가난한 환경에서 스스로의 힘으로 대학을 나와 직업을 얻을 수 있었다. 그녀는 결혼으로 기득권 가문의 일원이 되었고 대외적으로 의사 집안의 위신도 잘 지켰지만, 집안 내에서 제대로 인정받지 못하는 것으로 그려진다. 과거 신분의 부적합성과 아들을 못 낳았다는 이유 때문이다. 그런 한서진에게 예서 합격은 곧 자신의 입지를 굳건히 하는 동시에 기득권 가문에 적합한 능력을 보여주는 증빙이 된다. 그러니 입시 전문가 선택은 예서 합격을 위한 것이기도 하지만 동시에 한서진 본인의 신분 유지에도 필요한 선택이라 하겠다.

능력주의는 계층 질서를 만들어내고, 지위와 세습을 조장하고, 경제 불평등을 심화시킨다. 엘리트 교육의 치열하고 경쟁적인 훈련 과정과 엘리트 직업의 과도한 보상이 당연하고 불가피한 일처럼 보일 정도로 우리 삶 속에 깊숙이 뿌리를 내리고 있는 것도 현실이다.[21] 승자들은 누리는 모든 부와 권력을 온전히 본인이 쟁취한 전리품이라고 여기고 능력주의, 혹은 공정이라고 한다. 드라마는 한서진이 결혼을 통해 신분을 상승시켰지만 자식까지 안정적인 직업 궤도에 올려놓아야 할 의무도 보여준다. 즉 한서진의 고군분투를 통해 지위 상승에는 이중조건이 따르며, 개인의

능력은 계속 증명해야만 하는 상황을 드러낸다.

윤 여사는 자신의 능력을 아들의 학력 계승으로 입증했다. 하지만 그녀는 아들에게 병원장과 같은 강력한 힘까지 가져야 한다고 압박한다. 또한 남편과 아들에 이어 손주도 의사가 되길 원한다. 드라마에서 윤 여사는 평창동 자택, 호텔, 식당, 병원 등 고급스러운 곳에서만 등장하는 태생적 기득권자로, 상대자보다 높은 위치에 서서 고집스럽게 같은 말만 반복적으로 한다. 작품 내에서 윤 여사의 취향과 개인적인 소망은 드러나지 않는다. 그녀는 자신의 가족이 공동체에서 명예로운 직위를 획득해야 하고, 그로 높아진 집안 위상이 곧 자신의 입지를 증명하고 권위를 높이는 것으로 여긴다. 이렇게 한서진과 윤 여사에게 교육은 인물들의 능력 인정 또는 계급 유지를 위한 욕망 실현의 도구였다.

차민혁은 부모 신분과 무관하게 자신의 실력을 입증한 자립적 기득권자이다. 그는 사법 시험 최연소 합격 이후, 검사, 차장검사까지 직위를 따냈고 퇴역 장군 집안과 결혼하여 신분을 보완할 배경도 마련하였다. 그는 로스쿨 교수라는 타이틀로 SKY캐슬에 입주했지만 부모세대가 의사였던 금수저 의사 사이에서 콤플렉스를 가진다. 즉 같은 기득권자라 해도 부모세대부터 대물림 받았는지 여부에 따라 태생적 기득권자와 자립적 기득권자의 신분 격차를 느낀다. 이렇게 드라마는 기울어진 신분은 학력과 결혼만으로 해결되지 못함을 강조한다. 그래서 차민혁은 태생적 기득권자와 격차를 해결하고 자신의 능력을 증빙하기 위해 교육을 활용

21 대니얼 마코비츠, 앞의 책, 357쪽.

할 수밖에 없다. 자신이 실천한 방법 중 가장 확실하기 때문이다. 그의 자식들이 입시에 성공하면 1대 장교, 2대 교수, 3대 의사 가문이 될 수 있다. 그 역시 3대까지의 성공이 가문의 능력이라 여긴다.

차민혁 일단 한 번 성적이 오르면 더 열심히 하게 되어 있어. 성공의 기억!! 그게 바로 동기 부여가 되니까. 그걸 만들어주는 게 부모의 롤이라고!!9회

차민혁 니들이 나이 들면 아빠 말이 옳다는 걸 뼈저리게 느낄 거야. 인생에서 중요한 건 우정, 의리 따위가 아냐. 니들 위치야, 위치! 피라미드 어디에 있느냐라고!!16회

성적은 계급을 가르고 경쟁 주의, 우열의식, 강자동일시, 약자 혐오, 폭력성, 공격성, 흑백논리 등 일상에서 파시즘을 불러일으킨다.[22] 차민혁에게 교육은 존재를 증명하는 도구인 동시에 권력을 쥐는 도구이다. 차민혁은 자식들에게 피라미드에서 높은 위치를 차지하려면 높은 성적 획득이 필수라고 압력을 가한다. 그러다보니 그는 자식을 소유물처럼 대하고, 친구를 경쟁자로만 바라보게 한다. 심지어 친구가 죽고 그로 인해 또 다른 친구가 감옥에 간 상황에서 등급을 올릴 기회라고 외친다. 차민혁은 학벌의 대물림과 부의 대물림에 몰두하였고, 그 결과 인간에 대한 기본적인 자세마저 무감각해진 현대판 신분 사회의 민낯을 드러낸다.

---

22 김누리, 『우리에겐 절망할 권리가 없다』, 해냄출판사, 2021, 116쪽.

바우만은 오늘날 사회적 불평등이 심화되어 영구기관이 되어가고 있다고 본다.[23] 자본주의 사회에서 힘의 차이는 부富와 관련되어있음을 부인하기 어렵다. 부모 찬스나 수저론과 같은 계급 간 격차를 담고 있는 신조어가 유행하고, 상위권 대학 입학생 분포도나 대치동, 목동, 중계동 소위 서울 3대 학군 지역의 상관성을 보여주는 결과들이 매해 보고된다. 대한민국에서 권력과 부, 인맥과 명예를 형성하려면 유명 대학 의대 입학이 필수라는 강박이 사교육 시장을 부채질하고 있기도 하다. 심지어 의대 합격을 할 때까지 입시를 반복하고, 28세까지만 의대에 합격하면 된다는 분위기도 팽배하다. 이렇게 의대 입시에 전력을 다하는 이유는 위계적 직업관 즉 안정적인 직업이 우선시 되는 사회구조 때문이다. 결국 직업은 삶을 살아가기 위한 방법 중 하나인데, 그 직업이 삶의 최종 목표가 되기에 문제가 발생할 수밖에 없다.

차민혁과 한서진은 결혼을 통해 자신의 부모가 주지 못한 신분 상승을 하였다. 이들은 분명 개인의 재능이나 노력으로 신분을 조정하였지만, 태생적 기득권 집단의 기준에 끊임없이 맞추려고 한다. 한서진은 시어머니에게 자신의 능력을 인정받기 위해, 차민혁은 자신이 갖지 못한 권력을 보완하기 위해 자식의 입시와 교육에 적극 개입한다. 차민혁과 한서진의 계급 극복 노력은 분명 과하다. 하지만 부모의 경제적, 사회적 지위라는 환경이 더해져야 한다는 신분 세습 유지 과정은 현실이기도 하다. 그래서 이들의 노력은 비판적인 시선보다는 암묵적 동의의 지점을

23 지그문트 바우만, 안규남 역, 『왜 우리는 불평등을 감수하는가?』, 동녘, 2013, 22쪽.

만드는데 일조하였다.

한서진, 윤 여사, 차민혁의 최종 목표는 자식을 의사로 만드는 것이다. 이들에게 교육은 기존에 구축된 기득권을 강화, 대물림하기 위해서도 활용되지만, 신분 상승과 인정을 위해서도 작동되고 있었다. 윤 여사, 한서진, 차민혁은 능력주의의 기준을 따르기에, 의사 신분 유지라는 결과에 집착한다. 이들은 자식의 개체적 독립성을 인정하지 않고, 다른 선택의 여지를 제거해버렸다. 그 결과 개인의 자질은 중요하지 않고 대의적인 명분만 중요해진다.

작품 내에는 아버지세대로부터 직업을 이어낸 의사, 3대째 계급을 유지하려는 자식, 자식의 성공적인 세습을 이끌고자 하는 부모들이 등장하지만, 이들 중 어느 누구도 본인의 삶에 만족하지 못한다. 이들은 능력주의의 함정에 빠져있다. 학벌, 의사, 병원장, 자식의 대물림 등 계속적으로 단계를 올라가야 한다. 신분 유지와 능력 입증에 대한 압박은 이들을 불안하게 하고, 계속해서 치열하게 살게 한다. 하지만 이들이 능력주의에 맞춰진 삶을 살고 있는 모습을 당연하게 여기는 무감각한 모습도 드라마에서 포착되는 지금의 현실이라고 할 수 있다.

5. 계급의 불안을 근간으로 한 교육

〈SKY캐슬〉은 변화된 교육환경과 스릴러와 같은 장르 문법을 연결하면서 이후 '상위 0.1%, 입시, 성공' 키워드가 담긴 텔레비전드라마의 한 유형을 만드는 데 기여했다. 이 작품은 대학 정교수의사라는 특정 직업군의 상징 자본거주 공간과 기득권자들의 입시를 다루었다. 작품 속에서 기득권자는 자식에게 교육자본, 문화자본, 사회 자본으로 환경을 마련해주는 동시에 확실한 성공을 보장할 전략을 찾는다. 즉 교육에서 '기회는 평등하고, 과정은 공정하고 결과는 정의로운'[24]이란 명제가 더 이상 통하지 않는 상황임을 적나라하게 드러낸다.

〈SKY캐슬〉에서는 특정 공간에 소속된 이들이 자신의 혜택을 유지하기 위해 결과 우선주의, 집단 카르텔과 선택, 계급 유지와 능력 증빙의 차원에서 교육을 도구적으로 활용하는 면모가 나타난다. 이 작품은 신자유주의시대에는 기득권자도 자신의 유용함을 증명해야 하며, 집단에 소속되지 않았을 때 위기 타파가 어려운 현실을 그려내고 있었다. 또한 입시의 주체가 역전되어 있고, 의사라는 직업이 최고로 인정받는 현실로 인해 사교육에 대한 당연한 강박도 공감대를 형성하였다.

〈SKY캐슬〉은 불법 유출한 시험지로 백 점을 맡거나, 전교 회장 당선을 위해 약자인 상대 후보를 사퇴하게 만드는 장면 등 실제 일어난 사건을 연상시켜 리얼리티를 획득하기도 하였다. 시청자들은 이전의 부정적 사례와 자신의 상황이 다르다고 믿고, 입시 성공이란 목적을 위해 움직이는 한서진의 행동과 선택에 공감하였다. 이는 결과와 효율 아래 놓인 능력주의의 이면을 보여준다는 점에서 문제적이다.

〈SKY캐슬〉의 문제는 입시 주체가 학생에서 부모로 그리고 절대 신처

24 제19대 대통령 취임사, 2017.5.10.

럼 군림하는 사교육자로 넘어가는 결과 우선주의의 사고에서 출발하였다. 목적성을 중시한 사고에 대한 문제의식은 기존 학원물의 성장 서사와 유사하지만 아이와 동일시한 엄마, 반복 절차를 밟고 있는 한서진, 괴물 신과 같은 김서형을 통해 자기 동일적 집단 내에서 발생한 문제가 반복되고 있었다. 또한 역전된 주체로 인해 힘의 균형이 깨지면서 가족 해체와 세습 실패를 통해 기득권자를 풍자한 부분도 확인하였다.

이 작품은 비판과 풍자라는 기획 의도와는 다른 방향으로 시청자들에게 영향을 끼쳤다. 입시 성공을 위해 매 학기 입시 상담을 진행하는 컨설팅 전문가 및 코디네이터를 만나는 것이 대중화되는 계기가 되기도 했다. 능력 위주의 가치관은 기득권도 입시라는 광풍에서 방어막과 전략 활용이 어쩔 수 없음을 보여주었기 때문이다. 작품의 결말은 기득권자의 세습 집착과 역전된 주체는 과거에도 있었지만 현재에도 결과 우선주의와 힘의 불균형이 지속될 것임을 예고한다. 의사 자격증을 가진 이들은 대학 병원이 아닌 곳에서 다시 의사직을 유지하고, '살인 교사'로 수감되었던 김주영도 출소 후 코디네이터로 복귀한다. 결국 주체적이지 못한 입시 당사자를 만들어내는 상황은 반복될 것이고, 권력 유지와 도구화된 교육의 문제는 해결될 수 없는 현실인 셈이다. 이는 개개인이 자신의 삶을 책임지지 않는 한 그 누구의 도움도 받을 수 없다는 극명한 신자유주의 질서를 그대로 노출한 것이라 하겠다. 즉 신자유주의시대에 교육의 입지는 계급 간의 불안을 근간으로 하고 있다.

참고문헌

1. 기본 자료

유현미 극본, 조현탁 연출, 〈SKY캐슬〉, 총 20부작, JTBC, 2018.11.23~2019.2.11.

__________, 『SKY캐슬』 1·2, 위즈덤하우스, 2019.

2. 논문 및 단행본

김누리, 『우리에겐 절망할 권리가 없다』, 해냄출판사, 2021.

김문조, 『한국사회의 양극화』, 집문당, 2008.

박재용, 『불평등한 선진국』, 북루덴스, 2022.

장경섭, 『가족·생애·정치경제』, 창비, 2009.

대니얼 마코비츠, 서정아 역, 『엘리트 세습』, 세종, 2020.

미셸 팽송, 모니크 팽송, 이상해 역, 『부자들의 폭력』, 미메시스, 2015.

부르디외, 최종철 역, 『구별짓기』 上, 새물결, 2005.

사토 요시유키, 김상운 역, 『신자유주의와 권력』, 후마니타스, 2014,

알프레드 아들러, 홍혜경 역, 『아들러의 인간이해』, 을유문화사, 2016.

지그문트 바우만, 안규남 역, 『왜 우리는 불평등을 감수하는가?』, 동녘, 2013.

테리 이글턴, 손성화 역, 『유머란 무엇인가−농담과 유머의 사회심리학』, 문학사상, 2019.

강내희, 「강남의 계급과 문화」, 『황해문화』 43, 새얼문화재단, 2004.

남미자·배정현·오수경, 「교육열, 능력주의 그리고 교육 공정성 담론의 재고−드라마 〈SKY 캐슬〉의 담론 분석을 중심으로」, 『교육사회학연구』 29-2, 교육사회학회, 2019.

문선영, 「웹으로의 이동과 확장, 최근 학원물 드라마의 경향」, 『한국극예술연구』 62, 한국극예술학회, 2018.

안명숙, 「가족 위기 드라마에 대한 수용자 반응연구−TV드라마 〈SKY 캐슬〉텍스트에 대한 소셜 빅데이터 분석을 중심으로」, 『문학치료연구』 56, 한국문학치료학회, 2020.

조아름, 「성과사회 계획가족의 감정 매커니즘」, 『어문논총』 37, 전남대 한국어문학연구소, 2020.

천정환, 「드라마 스카이캐슬과 신재민 사건에 나타난 학벌계급가족」, 『역사비평』, 역사비평사, 2019.

한귀은, 「TV드라마 〈SKY 캐슬〉에 나타난 욕망, 응시, 주체화」, 『국어교육』 165, 한국어교육학회, 2019.

3. 기타 자료

제 19대 대통령 취임사, 2017.5.10.

정책자료실, 「대학별 국가장학금 신청자 현황 분석 보도자료」, 사교육걱정없는세상, 2020. 10.13.
https://noworry.kr/policyarchive/?q=YToyOntzOjEyOiJrZXl3b3JkX3R5cGUiO3M6MzoiYWxsIjtzOjQ6InBhZ2UiO2k6Mjt9&bmode=view&idx=5081327&t=board(2022.1.10 최종 검색).
열정스토리, 「7수 해도 의대만 가면 된다? SKY 2,000명 자퇴」, 2023.1.26.
https://m.blog.naver.com/auraedu/222993331214(2023.1.26 최종 검색).

* 이 글은 "정명문, 「능력주의와 엘리트 세습의 극적 구현연구 – 텔레비전드라마 〈SKY캐슬〉을 중심으로」, 『공연문화연구』 제46집, 한국공연문화학회, 2023"을 수정 · 보완하였음.

대안과 가능성의 권력을 현상하다

〈괴물〉, 악한 권력에 대응하는 정의 실현의 연대
문선영

〈나빌레라〉와 〈눈이 부시게〉, 노년과 청년의 연대와 그 가능성
백경선

<괴물>, 악한 권력에 대응하는 정의 실현의 연대

문선영

1. 악한 사회와 '괴물'의 만남

텔레비전드라마에서 연쇄 살인이나 이유 없는 폭력, 살인 등 강력 범죄 사건이나 사이코패스 범죄 캐릭터의 출현이 증가하기 시작한 것은 2000년 이후라고 할 수 있다. 2000년대 추리드라마의 특징 중 한 가지는 범죄의 원인과 수사 과정에서의 심리전을 강조하는 요소로 사이코패스나 프로파일러 등의 활용에 적극적이라는 점이다.[1] 케이블 채널 및 OTT 플랫폼의 확장으로 인해 드라마를 소비하는 환경이 변화되면서, 범죄 수사 장르는 다양한 방식으로 실험되었다.[2] 해외 범죄드라마에 대한 용이한 접근

1 정영희, 「범죄수사드라마의 인물 재현에 대한 여성주의적 고찰」, 『한국방송학회 학술대회 논문집』, 2019, 162쪽.

2 수사물의 변형인 복수 시리즈 〈부활〉(2005), 〈마왕〉(2007), 〈상어〉(2013)에서부터 〈아이리스〉(2009)와 같은 첩보물의 형태로, 의학 미스터리 방식의 〈싸인〉(2011)에 이르기까지 그 외연이 넓어졌다. 〈별순검〉 1~3(2007~2010), 〈신의 퀴즈〉 1~4(2010~2014), 〈보이스〉 1~4(2017~2019·2021), 〈모범형사〉 1~2(2020·2022)등 케이블 방송 중심의 시리즈 제작은 추리물의 약진을 확인할 수 있다. 판타지적 성격의 〈시

이나 게임, 웹툰 등의 콘텐츠 개발이 활발해지고 있는 것도 추리드라마에서의 서사나 캐릭터가 변화되는 원인 중 하나일 것이다. 그 중에서 유독 눈에 띄는 캐릭터는 사이코패스 유형의 범죄자이다. 이들은 이유 없이 폭력이나 살인을 일삼는 범죄 유형부터 사회 주요 세력으로 자신의 권력을 이용하여 악랄한 범죄를 저지르는 유형까지 다양하다. 사이코패스적 면모를 지닌 인물형의 공통점은 우리 사회에서 완전히 제거할 수 없는 악인 캐릭터로 그려진다는 것이다.[3] 이처럼 대중문화 콘텐츠에서 대체적으로 악惡으로서 인식되는 범죄 유형들은 괴물의 이미지로 재현되는 경우가 많다. 특히 사이코패스는 괴물과 그 이미지에서 공통점을 갖는다. 괴물은 흉악하고 악마적이면서 특별한 파괴 능력을 갖고 있는 이질적 존재로 형상화되는 경우가 많았기 때문이다.[4] 사이코패스적 면모를 가진 범죄자는 평범한 외양을 하고 있지만 잠재되어있는 냉혹함과 인간 세계의 윤리적

그널〉(2016), 〈터널〉(2017), 〈라이프 온 마스〉(2018), 사회의 부정부패를 사실적으로 그려낸 〈비밀의 숲〉(2017), 〈라이프〉(2018), 〈왓쳐〉(2019), 코미디와 추리를 결합한 방식인 〈추리의 여왕〉(2017~2018), OTT플랫폼 자체 제작 미스터리 추리물 〈어느 날〉(2021) 등처럼 추리드라마는 대중적 호응을 얻으며, 한국드라마의 주요 장르로 자리매김하고 있다(문선영, 「1960년대 방송 추리물의 경향」, 『한국언어문화』 67, 2018, 118쪽).

3 권양현, 「텔레비전 수사드라마에 나타난 캐릭터 유형의 변화 양상 연구」, 『한국극예술연구』 42, 2013, 263~267쪽.

4 괴물은 고대 사회에서 초월적 신의 모습으로 나타나기도 하고 서양 문화에서는 추하거나 악마성을 지닌 존재로 등장하기도 했다. 한국 전통 사회에서 괴물은 이물 혹은 물괴라고 불렸는데, 이 용어는 인간과 사회를 위태롭게 만드는 사물, 안정된 질서를 어지럽히는 이질적이거나 혼종적인 사물로 비도덕적이기 쉬운 비정형적 사물을 지시했다(강상순, 「괴물은 무엇을 표상하는가」, 『우리어문연구』 55집, 우리어문학회, 2016, 46쪽).

질서를 파괴하는 존재로서 흉악한 범죄와 연결되어 있다는 편견으로 인해 일상 사회에서 괴물로 인식되었다. 괴물은 사회 안에서 구성원과 정서적으로 단절된 상태에서 홀로 드러나는 비정상성, 규정할 수 없는 대상으로 특정 사회의 문화적 맥락 속에서 만들어진 존재라고 할 수 있다.[5]

괴물이 특정 사회의 문화적 맥락 속에서 만들어진 존재라고 한다면, 자신의 욕망을 끔찍한 폭력성으로 드러내는 범죄자 캐릭터의 출현과 증가는 신자유주의시대가 낳은 어두운 이면에 대한 극단적 반영일 수 있다. 한국 사회는 IMF 이후, 경제위기를 극복하기 위한 신자유의적 개혁 조치를 감행하였다. 공공기관의 민영화, 대량해고, 비정규직 비율 확대 등의 노동 불안정이 대폭 양산되었고 개인은 무한 경쟁의 지대로 내몰리게 되었다. 구조 조정, 정리해고 등은 개인주의의 심화, 가족 균열, 실업 등의 문제를 공론화시켰고, 한국 사회는 경제적, 심리적 위기의식과 일상적 불안감에 시달리게 되었다.[6] 생존경쟁에서 살아남기 위해 자기 욕망에만 집착하는 자기중심적 주체는 신자유주의가 탄생시킨 인간형이라 할 수 있다. 현재 우리 사회는 자기 계발에 몰두할 것을 요구하며 경쟁에서 성공하기 위해서는 타인의 입장보다 자신의 욕망에 집중할 것을 강요한다. 이러한 사회적 분위기는 대중문화 콘텐츠에서 이기적이고 잔혹한 악인에 대한 상상으로 재현되고 있다. 최근 텔레비전 추리드라마에서는 사이코패스적 성향을 지닌 인물을 주로 범죄자로 설정하고 특정 사건

5 오현주, 「괴물의 사회문화적 의미작용—2000년 이후 한국 괴물 영화의 서사구조 분석을 중심으로」, 고려대 박사논문, 2020, 53쪽.

6 한동균, 「한국공포영화의 시대별 괴물 캐릭터의 특성 및 의미 분석, 『문화와 융합』 41권 3호, 2019, 235쪽.

을 통해 그의 악함을 주요 스토리로 다루는 경우가 증가하였다.[7] 인간 내면의 괴물성에 집중하는 드라마가 증가하면서, 인간의 악과 범죄를 다루는 방식도 점차 다양해지고 있다. 최근 드라마에서는 강력 범죄를 다룰 경우, 흉악하고 악마적인 특정 개인에 집중하기보다 사회 체제 내적인 시스템에 주목하는 경향이 강하다.[8] 누가 더 나쁘고 악한 지를 구별할 수 없을 정도로 촘촘히 짜여진 악한 사회의 구조를 전제하고 있는 드라마는 일상에서 마주할 수 있는 것과 그렇지 않는 것을 통해 긴장과 두려움을 준다. 최근 방영된 추리드라마 중 〈괴물〉JTBC은 변화된 사회에서 탄생한 범죄자의 관계망을 통해 악을 형성하는 사회 구조를 반영하고 있는 작품 중 하나이다.

드라마 〈괴물〉은 실체를 알 수 없는 미궁에 빠진 끔찍한 범죄사건을 둘러싼 악한 인물들이 맺고 있는 권력구조를 통해 진실이 은폐되고 유기되는 우리 사회의 폭력성을 다루고 있는 드라마이다. 이 드라마는 미제

---

7 〈너의 목소리가 들려〉(2013), 〈나쁜 형사〉(2018), 〈이리와 안아줘〉(2018), 〈마우스〉(2021), 〈악의 마음을 읽는 자들〉(2022) 등은 사이코패스 범죄자 캐릭터와 서사를 다루고 있다.

8 김민영은 2000년대 이후 한국 추리드라마의 수준을 진일보 시키며, 새로운 변화에 중요한 역할을 한 작가를 김은희로 꼽고 있다. 그는 2010년 이후 〈싸인〉, 〈유령〉, 〈시그널〉 등 김은희의 작품은 신자유주의 체제를 전면에 내세운 한국 사회가 은폐하려고 하는 기억을 소환하여 폭로하고 있다고 설명한다. 사회 구성원의 삶을 위협하는 은폐된 시스템과 시스템이 탄생시킨 범죄자 캐릭터는 그간 추리 서사에서 빈번히 다루어졌던 사적 복수 서사의 인물형과는 차이를 보인다고 분석한다. 김은희의 작품은 그동안 파편적으로 인식했던 신자유주의 사회 체제의 근본적인 모순을 직시하고 성찰하게끔 한다는 점에서 주목할 만하다(김민영, 「김은희 추리극에 나타난 기억과 폭력의 양상 연구－TV드라마 〈싸인〉, 〈유령〉, 〈시그널〉을 중심으로」, 중앙대 박사논문, 2019, 3~4쪽).

로 남은 실종사건을 해결하는 과정에서 범죄에 연루된 가해자 집단과 그들의 욕망이 만들어낸 악의 구조에 주목하고 있다. 〈괴물〉은 한명의 사이코패스적 인물이 만들어낸 범죄 서사가 아닌, 다수의 인물이 연계되어 있는 사회를 재현하고 있다. 〈괴물〉은 복잡한 권력 관계로 이루어진, 쉽게 풀리지 않은 범죄사건의 해결 과정을 흥미롭게 구성하여 최근 방영된 범죄 추리드라마 중에서 대중적으로 주목받았던 작품이다.[9] 〈괴물〉에서 사건의 진실을 밝히고, 범죄자 집단의 실체를 증명하는 과정은 소수 공동체가 거대 권력에 대응하는 방식과 그 의미를 구현하고 있기에 중요하다. 이는 불합리하고 공정하지 않는 우리 사회의 일면을 반영하고 성찰할 수 있는 기회를 제공해준다. 이 글은 드라마 〈괴물〉의 복잡하게 얽힌 사건과 악한 인물들을 분석하여 그 관계와 특징을 살펴보고, 드라마에서 실현한 정의를 위한 연대 방식에 주목하고자 한다.

9 〈괴물〉(김수진 극본, 심나연 연출, 총 16부작, JTBC, 2021.12.19~4.10)은 평균 4~5% 시청률을 유지했고 최종회는 6%까지 상승했다. 어둡고 무거운 범죄 장르물로 방영 당시 매니아층 중심으로 웰메이드 심리 추적극이라 불리며, 호평을 받았다. 종영 후 넷플릭스에 공개되고 관심 받은 콘텐츠 상위권을 유지하며 좋은 평을 이어갔다. 이는 2021년 백상예술대상 드라마 부문에서 작품상, 각본상, 남우주연상(신하균) 3개를 수상하며 작품성이 인정되었다.

2. 시체 없는 죽음과 실종된 진실 __ 은폐와 폭로

JTBC드라마 〈괴물〉은 여동생을 죽인 범인을 잡기 위한 이동식신하균 분과 이동식이 쫓는 사건을 수사하면서 끔찍한 사실을 마주한 한주원여진구 분이 진실을 추적하는 과정을 다루고 있다. 〈괴물〉은 살인사건에 연루된 범인들의 실체와 그들이 은폐한 사실을 밝히는 데 집중하는 추리드라마이다. 이 드라마는 사건을 추적하는 경찰 이동식이 피해자의 가족이며, 과거 용의자이기도 했다는 점, 살인사건에 다양한 방식으로 얽힌 범인들이 각각의 비밀을 숨기고 있다는 점 등 다소 복잡한 이야기로 되어 있다. 사건의 실체를 풀어가는 논리적 과정과 진짜 범인을 찾아내기까지, 예측과 빗나감의 반전 전략 등 몇 가지 추리 서사의 관습들을 활용한 촘촘한 구성은 마지막 회까지 긴장감을 놓지 않고 몰입할 수 있는 장점으로 작동된다.

드라마 〈괴물〉은 어느 날 갑자기 흔적 없이 사라진 실종자, 이와 관련된 실체 없는 증거들에 대한 사건을 다루고 있다. 20년 전 작은 소도시 만양에서 연쇄적으로 발생한 범죄는 마을 사람들을 불안과 긴장으로 위축시켰던 끔찍한 사건이다. 범인이 잡히지 않은 상태의 미해결사건은 20년 동안 묻혀 있었고, 만양 사람들은 그 사건을 조용히 잊었다. 드라마 〈괴물〉은 20년 전 사건으로 모든 것을 잃게 된 한 사람, 이동식이 만양에 다시 나타나 조용했던 마을이 복잡하고 시끄러워지고 20년 전, 미해결사건의 기억이 되살아나는 이야기이다. 또한 연쇄 살인사건의 범인으로 이동식을 의심하는 한주원이 만양에 등장하며 유사사건의 반복, 재수사 등의 추적 스토리가 펼쳐진다. 드라마는 만양에서 발생한 범죄사건을 풀어가야 할 주요 인물인 이동식, 한주원을 통해 과거와 현재의 연계 고리를 만들어 추리의 흥미를 높인다. 이후 분석의 이해를 위해 드라마에서 발생한 살인사건을 제시할 필요가 있다. 이 드라마에서 이야기를 풀어가는 데 중심이 되는 사건은 〈표 1〉과 같다.

드라마 〈괴물〉에는 20년 전이나 현재나 동일하게 사체를 발견하지 못한 사건이 존재한다. 2000년에 발생한 사건은 방주선을 제외하고는 피해자의 정확한 상태를 파악할 수 없는 미해결 상태이다. 한정임의 경우 생사를 알 수 없는 경우이며, 범죄사건에 연루되어 있는 것인지 단순 가출인지 정확한 파악이 불가능하다. 이유연 역시 신체의 일부만 돌아왔을 뿐, 사체를 발견하지 못했기 때문에 죽음에 대한 확언이 불가능하다. 이들 모두는 동일한 지역, 비슷한 시기에 변사체로 발견되거나 사라졌다. 그러나 20년이나 지나도록 흔적이 발견되지 않은 성인의 경우 규정상 실종자로 분류되지 않기 때문에 수사의 진행속도는 느릴 수밖에 없다.[10] 그들은 사회적으로 죽은 자와 마찬가지로 취급되지만, 실종자가 아니기 때문에 사회적 책임과 관심에서 제외되는 대상이다. 특히 열 손가락의 끝마디만 발견된, 이유연은 정황상 타살되었을 가능성이 크지만, 사체

10 "만 18세 미만의 아동이거나 지적장애인, 자폐성 장애인, 정신장애인, 그리고 치매 환자가 실종되었을 경우 실종 신고 접수하고 지체 없이 수색 또는 수사의 실시 여부를 결정하여야 한다. 이게 대한민국에 존재하는 유일한 실종법이라서요"(김수진, 「1회」, 『괴물 대본집』 1, 북로그컴퍼니, 2021, 53쪽). 파출소에 아들의 실종 신고를 접수하러 온 아버지에게 이동식이 언급한 실종법은 실종자에 대한 모호한 존재 규정과 법률적 책임의 문제가 드러나는 부분이라고 할 수 있다.

〈표 1〉 주요 사건

사건 연도	피해자 / 실종자	사건 특징	용의자	범인
과거 (2000)	방주선(22세)	다방 근무 - 만양읍 문주천 갈대밭 인근에서 변사체로 발견 - 열 손가락의 끝마디가 잘린 상태	이동식 - 현장에서 발견된 기타 피크로 인해 용의자가 됨 - 뒤늦게 밝혀진 알리바이로 무혐의 처리	강진묵
	이유연(20세)	이동식의 쌍둥이 여동생. - 10손가락의 한 마디씩만 집 현관문 앞에서 발견 - 시체는 발견하지 못한, 실종 상태		1차 : 강진묵 - 손가락 열 마디를 자름 2차 : 한기환 - 음주 운전 3차 : 박정제 - 음주 운전 * 범죄 은닉, 증거 조작 : 도해원, 이창진 * 증거인멸협조 : 조길구(파출소 경위), 정철문(만양경찰서장)
	한정임(42세)	정육점 주인 유재이의 모친 - 2010년 남편의 49재를 앞두고 심주산 심주사로 간 후 실종		강진묵
현재 (2020)	위금화(41세)	불법 체류 조선족 여성 - 만양읍 문주천 갈대밭에서 변사체로 발견	한주원 - 연쇄 살인사건을 쫓기 위해 위금화를 미끼로 함정 수사를 감행	
	강민정(21세)	만양 슈퍼 강진묵의 딸 - 열 손가락의 끝마디만 발견된 채 실종	이동식, 한주원 - 강민정의 잘린 손가락 발견, 증거 불법적 사용 - 불법 수사 공조	
	여춘옥, 진하림	불법 체류 중인 조선족 여성들		
	강진묵(45세)	만양슈퍼 운영, 연쇄 살인범		* 이창진 * 공범자 : 도해원, 한기환, 권혁(경기 서부지검 무주지청 형사3부 검사)
	남상배(59세)	만양 파출소 소장		
	정철문(54세)	만양 경찰서 서장		

확인이 되지 않았기에 불안정한 상태, 즉 시체 없는 죽음의 상태이다. 실체가 드러나지 않음은 불안과 두려움을 내재하고 있다. 실종, 시체 없는 피해자, 잡히지 않은 범인을 포함하고 있는 미해결사건이 존재하는 한, 사실이 확증되기 전까지 불안은 사라지지 않는다. 특히 진실을 은폐시켜야 할 이유가 있는 이익 관계의 사람들이 관련되어 있을 경우, 긴장감은 극도로 높아지며 폭력적 상황은 언제든 일어날 수 있다. 지배는 폭력에 제한을 가하는 동시에 폭력을 극한까지 증폭시킨다. 폭력이 지속적으로 발생한 지점은 불안으로부터 모든 인간을 해방시켜 준 질서의 프로젝트가 있다. 질서란 규범과 정상성에 관한 정의이며, 획일성의 생산이자 일체의 낯섦에 대한 배제와 억압이다. 지배 권력은 권유나 감시만으로는 획일성 확보에 어려움을 겪을 수밖에 없다. 이에 힘을 가진 집단은 사회적 죽음을 의미하는 감금과 추방을 시행한다.[11]

드라마 〈괴물〉은 문주시 만양읍이라는 소도시 작은 마을을 배경으로 한다. 이곳은 특별히 내세울 것 없는 곳이며, 점점 낙후되는 지역 활성화와 지역 발전을 도모하는 곳이기도 하다. 작은 마을 만양은 공동체의 질서 유지와 안정이 중요하며, 방해가 되는 대상이나 사건에 대해서 민감하다. 만양에서 일어난 미제사건이 되어 버린 연쇄 살인사건, 실종사건 등은 공동체를 무너뜨리는 위협적인 일이다. 실종이라는 것은 무엇도 확정지을 수 없기 때문에 모호한 상태로 남는 것을 말하며 관련된 사람들은 공포와 두려움에서 벗어나지 못한다. 그러므로 미해결사건에서 용의

---

11 볼프강 조프스키, 이한우 역, 『폭력사회 – 폭력은 인간과 사회를 어떻게 움직이는가?』, 푸른숲, 2010, 24~27쪽.

자는 공포와 두려움을 해소시킬 수 있는 희생양이 되기 쉽다. 드라마 〈괴물〉에서 용의자로 낙인찍힌 실종 피해자 이유연의 오빠 이동식이 공동체에서 배제되고 소외된 것은 이 때문이다. 20년 전, 이동식은 방주선 살인사건 현장에 그의 소지품 기타피크가 있었다는 이유만으로 용의자로 특정되었다. 그는 방주선의 죽음 뿐 아니라 절단된 손가락 열마디만을 남기고 사라진 동생 이유연사건의 용의자로 지목되었다. 20년 전 친구 박정제최대훈 분[12]가 뒤늦게 이동식의 알리바이를 입증하면서 무고함이 밝혀졌지만, 범인이 잡히지 않은 만양에서 이동식은 여전히 살인사건 용의자이다. 그는 공동체의 안정을 위해 사라져야 할 존재이다. 딸의 실종, 용의자가 되어 범인으로 의심을 받는 아들로 인해 이동식 아버지는 급사하고 어머니는 정신병을 앓게 된다. 공동체의 불안과 두려움을 주는 이동식 가정의 무너짐은 사회적 죽음과 같다. 한 가정은 처참히 무너지며 마을에서 사라졌고, 마을은 20년 동안 그들과 관련된 사건을 잊고 살았다.

사건 이후 외부인으로 살다가 경찰이 되어 마을에 다시 나타난 이동식은 만양이 20년 전 사건에서 자유로울 수 없음을 상기시키는 존재이다. 조용하고 평화로운 마을 이미지로 지역 개발에 성공하기를 바라는 공동체에서 이동식은 마을의 실체를 상기시키는 불안한 존재이다. 20년

12 박정제는 이유연사건에 대한 기억을 하지 못하는 상태이다. 당시에는 음주상태로 정신이 없었고, 이후 발생한 일들로 인해 사건 당시에 대한 기억을 무의식적으로 거부한 상태이다. 그는 엄마 도해원의 말을 믿고 자신이 사슴을 차로 쳤다고 생각하며, 20년 동안 사슴 소리를 듣거나 사슴이 나타나는 꿈을 꾸며 불안장애에 시달린다. 강진묵이 검거 된 이후, 이유연의 시체를 발견한 후 기억을 찾고 이동식에게 용서를 구한다.

전처럼 직접적인 것은 아니지만, 암암리에 만양 사람들은 이동식을 여전히 용의자로 기억하며 껄끄러워한다. 이는 만양에서 다시 과거와 유사한 살인사건이 발생하자 이동식의 과거를 들추어내는 마을의 몇몇 사람들을 통해 확인된다.[13] 만양에서 일어난 사건은 범죄에 연루된 사람들의 욕망과 희생양을 통해 공포와 두려움으로부터 벗어나려는 이기심으로 인해 오랜 시간 은폐되었다. 숨겨진 것은 사라진 것이 아니기에 어딘가 존재하기 마련이다. 동식은 20년 전 실종된 시체 없는 죽음 상태의 동생 이유연에 관련된 진실을 찾기 위해 만양의 묻어둔 사건을 들추기 시작한다. 그러므로 그는 은폐된 진실을 밝히기 위해 질서를 교란시키는 침입자이다.

3. 더 악하고 나쁜, 괴물성 드러내기 _ 잔혹과 위장

드라마 〈괴물〉은 제목이 밝히고 있듯이, 인간이 가진 '괴물성'에 대해 다룬다. 대중문화에서 괴물은 범주가 넓고 모호하다.[14] 살인마, 뱀파이

13 **할매** 너 왜 자꾸 우리 마을 사람들을 괴롭히는 거여! 20년 전에도 사람 죽여 갖고, 개발 들어올 걸 망쳐놓드니! 니 놈이 망가뜨려 놓은 마을에, 아파트 좀 짓겠다는데 또 사람을 해쳐? 대체 뭔 빽으로 유치장서 자꾸 기어나오는 겨? 너 땜에 땅값 떨어지면 책임질 겨?

주민들 (속삭) 맞어 / 염치도 없어 / 어이그

할매 (스텐 그릇에 담겨 있는 소금을 동식에게 뿌리며) 나가, 이놈아! 니놈한테 줄 밥 없으니께 나가!(김수진, 「4회」, 『괴물 대본집』 1, 211쪽)

14 괴물이 정의되지 않는, 원형범주로서의 은유로 활용되는 존재라고 할 때 괴물은 크리스테바가 말하는 비체와 닮아있다. 경계와 위치, 규칙을 존중하지 않으며 정상성과 체

어, 좀비, 마녀, 귀신 등 끊임없이 생산되는 괴물의 이미지는 '우리에게 익숙하지 않은 것'을 빗대는 은유로 사용된다. 괴물이 기이한 것은 익숙하지 않고 정상적이지 않으며 의심스럽게 여겨지기 때문이다. 괴물은 기이함과 비정상성, 의심스러움의 결집체라고 할 수 있다. 인간에서 시작해 시스템 전체까지 확장되는 괴물의 이미지는 대중문화에서 다양한 의미로 활용된다.[15] 드라마 〈괴물〉에서도 '괴물'은 "괴물은 누구인가, 너인가, 나인가, 우리인가", "괴물을 잡기 위해 스스로 괴물이 된 자"처럼 기획의도에서 밝히거나 주요 인물의 대사를 통해서도 반복적으로 등장하는 용어이다.[16] 하지만 '괴물'의 의미는 대중문화에서 광범위하고 다양하게 적용되는 것처럼 동일하지는 않다. 드라마 〈괴물〉에서 '괴물'은 사건과 관련된 인물이나 그들의 행위에 따라 차이가 있다. 우선 괴물은 인간과 사회를 위태롭게 만드는 비도덕적인 존재로 잔혹한 악마성을 띤 대상을 의

계, 그리고 질서를 교란하는 것이라는 비체(아브젝트, abject)는 우리가 혐오하고 거부하고 거의 폭력적으로 배제하는 것을 의미한다. 아브젝트가 되는 것은, 부적절하거나 건강하지 않은 것이라기보다 동일성이나 체계와 질서를 교란시키는 것에 더 가깝다. 그것 자체가 지정된 한계나 장소나 규칙들을 인정하지 않는데다가 어중간하고 모호한 혼합물인 까닭이다. 반역자, 거짓말쟁이, 양심을 속이는 일, 파렴치한 강간자, 구하는 척하면서 살해하는 자……. 이 모든 범죄는 법의 취약성을 드러내기 때문에 아브젝트일 수 있다. 게다가 사전에 계획한 범죄나 음흉한 살해, 선의를 가장한 복수는 그것이 취약한 법을 노리기 때문에 훨씬 더 아브젝트에 가깝다(줄리아 크리스테바, 서민원 역, 『공포의 권력』, 동문선, 2001, 21~25쪽).

15 문형준, 「괴물서사란 무엇인가－괴물서사에서 파국서사로 나아가기 위한 일곱 개의 단편」, 『비교문화연구』 50집, 2018, 34쪽.

16 이 드라마는 변두리에 떨어진 남자가, 변두리에 남겨진 사람들과 괴물을 잡기 위해 고군분투하는 이야기이고, 기다리는 사람들에게 가족을 찾아주기 위해 스스로 괴물이 되는 이야기이다(〈괴물〉 JTBC 공식홈페이지 https://tv.jtbc.co.kr/plan/pr10011282).

미한다. 이러한 괴물의 이미지는 폭력배, 유괴범, 연쇄 살인마와 같은 강력범죄자 또는 사이코패스나 도착증자 등으로 한편 군대, 법, 공권력 등의 국가 권력으로, 합법과 불법이라는 잣대만으로 구분되지 않는 다양한 형태로 나타나는 것과 같다. 여기서 괴물은 우리 사회의 잠재적 위협으로서 존재하며 '어디에나 있고, 아무데도 없는' 존재이다. 스스로를 괴물이라고 밝힐만한 뚜렷한 표식은 외관상으로는 드러나지 않는다. 오히려 그들은 안정적이고 편안한 모습으로 우리 일상에 존재할 수 있다. 우리는 잠재적으로 괴물에 의한 희생자가 될 수 있고 동시에 반대로 누군가의 괴물일 수도 있다.[17] 즉 타인에 대한 인정과 동정심을 찾을 수 없는, 잔혹함을 지닌 악한 대상을 지칭한다고 할 수 있다.

이동식이 쫓는 이유연사건은 각자의 이익을 위해 진실을 은폐하고자 하는 욕망이 강하게 작동하기 때문에, 문제를 해결하는 과정이 쉽지 않다. 사건에 연루된 사람들은 자신이 가진 힘을 이용하여 서로의 약점을 쥐고 있기 때문에 사건의 실체에 접근하는 것은 어렵다. 사회적 지위나 성공이 강력한 힘이 되는 사회에서 법과 질서는 해결책이 되지 않는다. 오히려 그들은 경찰, 시의원, 건설사 대표 등 자신이 가진 권력을 통해 법을 이용하거나 법망을 피하는 방법에 익숙하다. 그들은 자신의 욕망을 실현시키기 위해 타인의 고통에는 관심이 없으며, 오로지 살아남기 위한 강한 생존 욕구만을 추구한다. 드라마 〈괴물〉에서 악하고 추한 대상에 속하는 인물들은 이유연사건과 관련되어 있다.

---

17 강수환, 「'인간' 부조리와 '괴물'의 출현 장소－봉준호의 〈살인의 추억〉을 중심으로」, 『한국학연구』 39집, 2015, 488쪽.

연쇄 살인범 만양슈퍼 사장 강진묵이규회 분은 약한 여자들을 범죄 대상으로 삼고, 그녀들을 정죄한다는 명목하에 잔인하게 살인한다. 그의 괴물성은 어리숙하고 나약해 보이는 자신의 콤플렉스를 방어하기 위해 잔인한 폭력성으로 표출된다.[18] 강진묵은 자신을 직·간접적으로 무시하는 것처럼 보이는 여성을 살인하고, 죄책감을 전혀 느끼지 못하는 사이코패스형 인물이다. 그는 자신의 약함을 잔인성을 드러내는 원동력으로 삼기도 하고, 범죄자의 용의선상에서 벗어나기 위한 가면으로 위장하기도 한다. 어리숙한 말투와 행동은 사람들이 함부로 대하는 이유가 되기도 하지만, 때론 그에게서 범죄자의 이미지를 상상할 수 없게 만드는 가면이 되기도 한 것이다. 강진묵은 다른 사람을 배려하는 척하는 착한 이미지를 뒤집어쓴 채 잔인한 괴물의 모습을 감춘다. 사실 사이코패스 강진묵의 범죄는 계획적이고 치밀한 것은 아니다. 하지만 그는 영악하고, 잔혹하다. 그는 가출한 아내 미혜에게 복수하듯이 아내와 비슷한 직업에 종사하거나 유사한 행동 패턴을 보이는 여성에게 분노를 표출한다. 여성이 자신을 무시하고 있다는 느낌을 받으면, 손가락의 끝마디를 자른 후 살인하고 시체를 은닉한다. 그의 존재는 사람들의 관심에서 멀어져 있었고, 피해자 주변 인물, 또는 피해자 가족이라는 동정심에 묻혀 있었다. 그는 자신의 딸 강민정강민아 분을 죽인 범인이지만, 사람들 앞에서는 딸을 잃은 불쌍한 아버지인 척 한다. 강진묵은 최근 추리, 스릴러 장르에서 예상

---

18 가난한 집안 형편에 제대로 학업을 마치지 못한 강진묵은 중학교를 겨우 졸업하고 도매상에서 배달일을 하며 생계를 유지했다. 말을 더듬는 언어 장애와 사람들의 눈치를 지나치게 많이 보는 행동으로 만양에서는 안쓰러운 존재이다.

할 수 있는 사이코패스의 전형적인 캐릭터일 수 있다.[19] 이 드라마의 흥미로운 부분은 강진묵이라는 괴물이 그 실체를 드러내는 것을 시작으로 그보다 더 악한 인물들이 등장한다는 점이다.

이유연의 죽음은 첫 번째 범인으로 검거된 강진묵이 가장 단순한 범죄 행위로 보일 만큼 여러 사람들의 잔혹함이 얽혀 있어 복잡하다.[20] 이유연의 죽음에는 1차 가해자 사이코패스 강진묵, 강진묵에게 도망쳐 나와 달리던 그녀를 음주운전으로 직접적인 사망에 이르게 한 한기환최진호 분경찰청 차장, 차에 치여 쓰러진 이유연을 음주운전으로 발견하지 못하고 마지막 사고를 낸 박정제최대훈 분, 사고를 은폐한 엄마 도해원길해연 분의원, 이 모든 사건의 진실을 알고 있음에도 자신의 유리한 방향으로 사건에 연루된 사람들을 이용하는 이창진허성태 분 등 각자의 욕망에 충실한, 악한 인물들이 관계되어 있다. 이들은 서로가 서로를 속이고 쉽게 이용하는, 추악하고 무서운 인물들이다.[21] 강진묵에게 악함이 자신의 괴물성을

---

19 피해자를 고르고 범죄를 은폐하는 데 극도로 영리하고 기만한 연쇄 살인범은 비정상의 범주에 포함시킬 수 있다. 하지만 '정신 이상'은 많은 것을 의미할 수 있다. 첫째, 끔찍한 범죄를 저지른 사람들 중 다수가 사회 규칙을 이해하고 있다. 둘째, 옳고 그름을 아는 것은 다면적인 일이다(소시오패스는 옳고 그름에 대해 불충분한 감각을 갖지만 행동의 잘못된 점은 이해 가능). 셋째, 온전한 정신 상태도 다면적이다(무엇을 원하는가보다는 어떤 욕구에 따라 행동하는가에서 차이 발생). 대부분의 폭력적인 범죄자들은 비인간적 야수도 아니고 단순한 죄인도 아니며, 이 양극단 사이의 어디쯤 매우 혼란스러운 영역에 위치한다(애덤 모텀, 변진경 역, 『잔혹함에 대하여－악에 대한 성찰』, 돌베개, 2015, 127쪽).

20 범죄사건과 관련된 범인들의 구조는 주요 사건을 정리한 〈표 1〉에서 범인 항목을 참조.

21 악한 행동은 잔혹 행위를 막는 장벽을 피하는 체계적인 방법에서 기인한다. 그것은 또한 행동을 선택하는 방법이나 자신을 속이는 방법 같은 성격의 근본적 특질에서 나올 수 있다. 따라서 악한 사람이란 장벽과 협상하는 방법이 그 성격의 핵심 요소로 자리

감추는 무기였다면, 한기환, 도해원, 이창진은 경찰서장, 시의원, 건설사 대표 등 권력이라는 강함을 갖추고 있는 다른 종류의 괴물이라고 할 수 있다. 세 사람은 20년 전 각자의 이익을 위해 손을 잡았다가, 예상치 않게 발생한 이유연사건으로 상대의 약점을 무기처럼 사용하게 된 악의 연대 관계이다. 20년 전 문주시 개발로 큰 돈을 챙기려던 진리건업 대표 이창진, 문주시 개발이라는 캐치프레이즈로 시의원 출마를 준비하던 도해원, 장인의 회사 오일 건설의 부도 위기를 부정한 방법으로 해결하고 출세의 길을 걷고자 했던 한기환 등 세 사람은 각자의 이익을 위해 서로를 이용한다. 이유연사건은 자신의 생존과 욕망을 위해 관계를 맺은 그들의 괴물성이 드러나는 계기가 되는 것이다.

한기환은 이유연 죽음의 1차적 원인을 제공한 가해자이다. 그는 자신의 행동으로 발생한 피해자에 대한 죄책감보다 오로지 자신의 지위, 명예에 몰입되어 있는 인물이다. 음주운전으로 쓰러진 이유연을 발견하고도 어떤 망설임도 없이 그 자리를 떠나는 그의 행동은 윤리적 인식 자체가 결여된 괴물과 같다.[22] 아들을 보호해야 한다는 모성이라는 이름으로 자신을 합리화하는 도해원의 모습도 마찬가지이다. 그녀는 아들 박정제가 음주운전으로 이유연에게 2차 가해를 한, 사건 관련 증거물을 조작하

잡은 사람이라고 보는 것이 합당한 관점일 것이다(위의 책, 110쪽).

22 **창진** 사실 이 모든 게 당신 때문이잖아. 21년 전에 너님이 그 기집앨 죽이지만 않았어도 이렇게 더러운 상황은 안 됐잖아!
기환 죽이다니! 실수였어. 실수! 아주 작은 실수!
(…중략…)
기환 강한 자가 실수하지 않으면 약한 자는 절대 이길 수 없지.(김수진, 「15회」, 『괴물 대본집』 2, 318~319쪽)

고 아들의 친구 이동식에게 범죄를 뒤집어씌운다. 심지어 자신의 범죄 사실을 은폐하기 위해 오랜 시간 강진묵이 연쇄 살인한 사실을 묵인하는 끔찍한 행동을 일삼는다. 도해원은 문주시 시장에 대한 욕망, 재개발 추진 등 개인적 탐욕을 위해서는 인간의 생명을 경시하는 악한 인물이다. 그녀는 약하고 착하기만 한 아들을 보호하기 위한 모성으로 위장하고 있지만 결국 자신이 이루고자 하는 목표에 방해되는 요소를 제거하는 잔혹한 인물이다.[23]

자신의 위치를 알고, 불리한 입장의 상대를 이용하여 자신의 범죄를 숨기는 인물강진묵, 범죄자의 존재와 행동을 알면서도 자신의 이익이나 욕망을 위해 사실을 은폐하며 동조하는 인물도해원, 한기환, 사회적 힘을 가진 자들의 약점을 잡아 부를 축적하고자 하는 인물이창진 등은 모성이라는 이름으로, 음주운전 후 실수라는 이유로 자기를 정당화하는 방법으로, 또는 자신보다 더 나쁜 자들에게 책임을 물으며 누군가를 죽음에 이르게 만들었다. 또한 이들은 시체 없는 죽음으로 인해 겪는 가족들의 아픔에는 관심조차 없다. 그러므로 드라마 〈괴물〉에서 누가 더 진짜 괴물에 가까운지 구별하는 것은 의미가 없을 수 있다. 그들은 각각 다른 방식으로 악함을 표출하는 것뿐이다. 다만 강진묵이 착하고 순진한 이미지

---

23 **해원** 니가 사슴이 보인다고 사슴이 운다고 할 때마다…… 내가 널 미치게 만든 것 같아서 그때부터 마음 다잡고 네 엄마로 정말 열심히 살았어. 20년 넘게 정말 노력했어. 근데 박정제, 이제 그만할래.

정제 어머니

해원 어머니 그거 충분히 한 거 같어. 어울리지도 않은 모성애 뒤집어쓰고 오래도 살았지. 나도 내 이름 찾아야지. 내 자신으로, 도해원으로 살아봐야지 않겠니?(위의 책, 324쪽)

로 자신의 괴물성을 숨겼다 하더라도 사회적 위치에서 힘이 없는 그는, 결국 덫에 쉽게 걸리고 자멸에 이르게 되는 것에 비해 사회적 권력이라는 강함을 무장한 인물들은 실체를 밝히는 것이 쉽지 않다는 것에서 차이가 있다.

이들이 20년 동안 끔찍한 범죄를 저지르고도 죄책감 없이 사회적 성공을 거둘 수 있었던것은 법률과 제도라는 사회 시스템이 제대로 작동되고 있지 않기 때문이다. 가진 자에게 유리한 사회 체제는 경제 원칙에 의해 법률과 제도가 효과적인 경쟁을 생산하기 위해 작동되는, 신자유주의 사회상을 반영한다.[24] 드라마 〈괴물〉의 이유연사건의 범죄자들은 신자유주의 이후 치열한 생존경쟁, 극단적 이기주의, 윤리의식의 소멸로 인해 발생한 괴물이라고 할 수 있다. 이러한 사회에서 생존경쟁에서 밀려난 사람들에게 법률과 제도는 안전을 보장해 주지 않는다. 사회로부터 밀려난 인물은 이동식을 비롯해 의문으로 남은 사건에 무력할 수밖에 없었던 실종자 가족들이다.

이동식은 공권력이나 법의 원칙들이 문제를 해결할 힘이 되지 않는다는 사실을 깨달은 인물이다. 이동식에게 연쇄 살인사건은 잊힐 수 없는 기억이며, 포기할 수 없는 사건이다. 동생의 끔찍한 사건은 그에게 가족

---

24 신자유주의 권력이란 사회체의 모든 국면을 시장화하고 리스크를 관리하는 등의 방법을 통해 환경에 개입함으로써 통치를 행하는 권력이다. 신자유주의적 통치란 법률과 제도에 개입해 시장 안에 효과적인 경쟁을 생산하기 위한 통치 기법이다. 효과적인 경쟁이란 개개인의 활동을 조정하고, 그렇게 함으로써 사회를 조직화할 수 있다는 것을 의미한다. 신자유주의적 통치의 전면적인 도입에 의한 사회 양극화, 사회적 배제는 사회적 불안정성을 증대시킨다(사토 요시유키, 김상운 역, 『신자유주의와 권력』, 후마니타스, 2014, 12~42쪽).

의 실종 사실을 감당할 여유조차 주지 않았다. 그는 유력한 용의자로 수배되어 범인으로 낙인찍혀 마을 사람들의 차가운 시선을 견뎌야 했다. 그의 과거는 아버지의 죽음, 정신을 놓아버린 어머니를 받아들여야 하는 비극으로 이어졌다. 비극적인 가족사를 겪으며 이동식은 범인을 잡기 위한 무섭고도 외로운 싸움을 지속했다. 동식은 경찰이 되어, 또 다른 사건에서 동료 경찰을 허무하게 잃게 되면서 법이라는 정해진 틀 안에서 범인을 검거하는 일에 대해 회의감을 갖게 된다. 그는 더이상 주변 사람들의 죽음을 내버려 둘 수 없기에, 진짜 범인을 잡기 위해서 법적 경계를 오고 가는 괴물이 되기로 한 것이다.[25]

드라마 〈괴물〉은 이동식을 의심하여 연쇄 살인사건을 수사하던 한주원이 합세하면서 진실에 집착하는 또 다른 괴물로 불리는 인물들이 등장한다. 연쇄 살인사건에 관심을 가지고 서울본청에서 문주시 만양 파출소로 지원한 한주원은 차기 경찰청장이 될 든든한 배경인 아버지 한기환을 둔, 경찰대 수석 졸업이라는 타이틀을 가진 금수저이자 모범적인 인물이다. 그는 법의 테두리 안에서 사건을 바라보고, 수사는 법적 체제 안에서 벗어나지 않아야 한다고 믿는다. 그런 그에게 범인의 실체에 다가가기

---

25 법은 오직 그것이 법이기 때문에 준수되며 법의 정당성은 오직 법 스스로가 증명한다. '악법도 법이다'라는 부조리한 경구는 이러한 법의 특징을 정확히 표상한다. 마찬가지로 형사들의 정당성도 오직 그들이 형사이기 때문에 발생한다. 불법으로 지정된 인물을 통제하는 것이 그들의 일이다. 즉 형사란 법이 해야 할 일을 일부 위임받는 존재일 따름이며 결국 그들의 정당성은 법이 보증한다. 그러므로 그들의 정당성을 추적하는 물음 또한 법과 마찬가지로 도돌이표로 돌아오기 마련이다. 하지만 법률을 통한 정의가 늘 가능할 수는 없다. 예외상태가 상례가 되는 이유도 바로 '불가능성'이라는 공백 때문이다(조르조 아감벤, 김항 역, 『예외상태』, 새물결, 2009, 99~100쪽).

위해서 불법적인 행동도 감행하는 이동식은 이상하고 의심스러운 존재이다. 하지만 결벽적으로 법적 질서를 준수하고자 하는 한주원은 범인을 잡기 위해 법적 체제를 벗어난 이동식과 함께 동일한 목적을 향해 달려갈 수밖에 없다. 그 이유는 한주원이 자신의 아버지 한기환과 이유연사건이 연결되어 있다는 진실을 마주하기 때문이다. 거대 권력인 경찰청장인 아버지가 범인임을 밝히기 위해서는 법과 제도의 작동만 믿고 의지할 수 없다. 결국 한주원은 이동식과 마찬가지로 정상적 질서의 경계를 넘어야 하는 것이다.

여기서 이 드라마가 표명하고 있는 '괴물'의 두 번째 의미를 발견할 수 있다. 우리 사회가 탄생시킨 추하고 악한 괴물을 잡기 위해 괴물이 되기로 자처한 그들은, 진실을 밝히고 정의를 실현하기 위해 두려움이 없는 강한 집념의 대상이다.[26] 이들은 법과 제도의 틀에서 비낀 방법들을 통해 악의 권력에 맞서고자 한다. 법과 불법 사이에 경계를 넘나드는 두 사람의 범인에 대한 집착은 공고한 사회 체제를 흔든다. "괴물은 상징계적 질서와 그 질서의 안정성을 위협하는 것 사이에 충돌을 일으키는 것이다. 인간과 비인간, 정상과 비정상성, 선과 악, 용인되는 욕망과 금지된 욕망 등의 경계 속에 괴물성이 놓여 있고 괴물성은 기존의 경계, 옳은 것으로 받아들여지는 경계를 무너뜨리려고 한다."[27] 이동식, 한주원을 비롯한

---

26 **동식** 달라지긴 개뿔, 그때나 지금이나 증거 없는 사건, 범인 자백 못 받고 해결할 수 있어요? 어떻게든 받아내야지. 괴물 같은 새끼들 잡으려면 괴물이 되는 거 말곤 방법이 없어요(김수진, 「3회」, 『괴물 대본집』 1, 155쪽).

주원 덫을 놓을 겁니다. 내가 괴물이 될겁니다. 내가 미끼가 되어, 한기환을 끌어안고 가장 높은 곳에서 떨어지겠습니다(김수진, 「15회」, 『괴물 대본집』 2, 330쪽).

진실을 밝히기 위해 연대한 소수 공동체가 강력한 범죄 집단과 맞서는 방법은 부패한 사회에 대한 경고와도 같다. 그러므로 드라마 〈괴물〉에서 이동식, 한주원으로 지칭되는 괴물은 무너진 사회적 질서에 대한 반응이며 거대 권력에 대응하고자 하는 소위 힘없는 자들의 폭로이다.[28]

4. 악의 실체 증명과 거대 권력 맞서기 _ 위반과 교란

연쇄 살인범의 존재가 드러나는 것은 드라마의 중간 지점에 이르러서이다. 이동식은 만양슈퍼 강진묵이 자신의 딸 강민정을 죽인 범인이면서, 연쇄 살인범이라는 사실을 알게 된 순간, 신고하지 않는다. 그가 선택한 사건을 해결하는 방식은 "대한민국에서 사체 없는 살인 기소는 불가능"이라는 사실을 몸소 체험함에서 비롯된 것이다. 이동식은 "헌법 제13조 1항 이중처벌 금지 원칙, 무죄가 확정되면 확실한 근거가 나와도 다시 처벌하지 못하는"[29] 현실을 피할 수 없다는 사실에 대해 알고 있기 때문

27 문형준, 앞의 글, 36쪽.

28 괴물의 라틴어 monstare의 어원은 '보이다'와 '경고하다'의 이중적 의미를 담고 있다. 모든 괴물들은 '죽지 않는다' 또는 그들이 계속해서 되돌아오는 것은 그들이 여전히 "우리들 자신에 대해 말할 것이 있거나 보여줄 것"을 가지고 있기 때문이다. 기괴한 것들의 통제하기 힘든 귀환에는 때로 우리의 이성으로 이해할 수 없는 이유가 존재한다. 희생제의적 희생양으로서의 괴물들에 대한 의문은 괴물이 불순한 힘,'경고의 의미, 괴물의 어원'일 뿐만 아니라 완전히 다르고 신비스러운 것의 출현, 즉 '나타나다'라는 의미를 가진 어원이라는 역설을 드러낸다(리처드 커니, 이지영 역, 『이방인, 신, 괴물』, 개마고원, 2004, 17~64쪽).

29 김수진, 「7회」, 『괴물 대본집』 1, 325쪽.

이다. 이동식은 확실한 증거를 잡기 위해, 무리한 방법일지라도 범인이 빠져나오지 못하도록 그를 낚는 방법을 선택한다. 그는 법의 작동이나 공권력을 믿고 선불리 움직였다가, 법망을 피해 달아나는 범인을 잡기 쉽지 않다는 것을 체험했다. 연쇄 살인범 강진묵을 잡는 것은 이동식 혼자만의 문제가 아니라, 어머니한정임를 잃은 만양 정육점 유재이최성은 분, 죽은 딸방주선을 찾아 갈대밭을 헤매는 치매 노인 등 원인 없이 실종된 피해자 가족에게 중요한 문제이기 때문이다. 그는 순진하고 바보 같은 얼굴로 위장한 채, 수많은 여성을 잔인하게 살해하고 자신의 딸마저 같은 수법으로 암매장한 범인 강진묵을 잡기 위해, 법의 경계를 넘는다. 강진묵의 만양 슈퍼에 들렀다가 강민정의 열 손가락의 끝마디만을 발견한 이동식은, 범죄 상황을 신고하는 절차를 밟지 않는다. 그는 강민정의 잘린 손가락 마디와 그녀의 핸드폰을 챙겨서 연쇄 살인범 강진묵을 속이고 압박한다. 실종된 피해자의 신체 일부, 즉 사건의 증거를 훼손 및 은닉하여 자체적으로 수사하는 것은 불법임에 분명하다.[30] 그가 선택한 방법은 현재 작동되는 법적 체제에 대한 신뢰성이 무너진 현실을 반영한다.

한주원은 미친 듯이 범인만을 쫓으며 나쁜 선택의 책임을 자신의 몫으로 여기는 이동식의 행동을 쉽게 이해하지 못한다. 그는 드라마 초기에는 이동식을 범인으로 특정하고 그의 행동에 대해 수사 혼동을 위한

---

30 연쇄 살인범이자 동생 이유연사건의 범인인 강진묵을 잡기 위해 강민정의 생사여부를 파악하는 것을 포기하는 이동식의 모습은 진실을 밝히려는 강한 집착을 보인다. 그는 김진묵을 낚기 위해 강민정의 손가락을 가져와 새벽에 몰래 만양슈퍼 앞에 갖다 놓는다. 검정 옷에 모자를 뒤집어 쓴 채, 잘린 손가락 마디를 가지런히 놓는 이동식의 모습은 사회적 체제를 흔드는 괴물과 같다.

수법이라거나, 범인을 숨겨주기 위한 트릭이라고 오인한다. 하지만 결국 한주원은 범인을 잡고 사건의 진실에 접근하기 위해서는 "확실한 증거, 빠져나갈 수 없는 증거"를 만들어야 함을 수용하게 된다. 그는 이동식과 연결된 사건을 마주하게 되면서 불법 체류 조선족 위금화를 미끼로 희생시켜 사건을 해결하려 했던 자신의 행동을 반성 한다. 한주원은 법적 체제를 신뢰하고 지켜야 한다는 자신의 결벽증적 신념이 가진 자로써 법과 권력을 보장받았기 때문에 가능했다는 점을 인정한다. 그는 법을 준수하고 정의로운 것 같았지만 자신이 누려온 환경적 조건에 기대어 있었다. 한주원의 무리한 수사방식에 비해, 이동식이 선택한 불법적 방법은 다른 사람을 이용하는 것이 아닌, 스스로 미끼가 된다는 점에서 차이가 있다.

사회적 힘을 가진 자에게 생존경쟁에서 살아남는 것이 더 유리한 사회 구조에서 이동식은 법적 질서에서 벗어난 선택을 할 수밖에 없었던 것이다. 드라마 〈괴물〉에서 이동식은 경찰과 범인, 공적 질서와 사적 복수 등의 경계 넘나들기를 통해 공고한 사회 체제를 교란시키는 인물이다. 하지만 이 드라마는 한주원을 통해, 이동식이 위반이라는 경계 너머로 가지 않고, 다시 사회적 정의라는 의미를 찾아갈 수 있도록 제한을 두고 있다. 한주원은 이동식이 진짜 범인을 잡고, 숨겨진 악의 실체를 밝히기 위해 감행하는 불법 수사에 대한 처벌을 보류하지만, 이동식이 선택한 불법적 행동까지 인정하지는 않기 때문이다.

드라마 〈괴물〉은 연쇄 살인사건의 범인 강진묵의 이야기에서 한발 더 나아간다. 〈괴물〉은 연쇄 살인범 강진묵이 검거된 뒤 유치장에서 자살교사로 죽은 이후 끔찍한 사실들이 드러나고 진짜 범인을 추적하는 서사가 본격화된다. 강진묵의 죽음은 그가 알고 있는 비밀로 인해, 자신들의 범행이 들통날 것을 두려워한 인물들의 계략에 의한 것이다. 이동식이 마주해야 하는 진실은 강진묵 이외에 동생 이유연의 죽음과 관련된 또 다른 범인들이 존재하며, 그들의 실체는 강진묵보다 더 괴물 같은 존재라는 사실이다. 사건의 실체에 가깝게 다가가기 시작하면서 이동식과 한주원 사이에는 같은 목적을 향해 달려가는 연대의 힘이 흐르게 된다. 드라마는 강진묵 자살 이후 3개월이 지난 후, 위금화 함정수사에 대해 자백을 하고 문책을 자처한 한주원이 다시 만양에 복귀하면서 전환점을 맞이한다. 자백 이후 만양에 다시 돌아온 한주원은 3개월 전과 달라져 있다. 아무거나 먹지 않고, 결벽증이 심했던 그는 이전에 먹지 않던 날것육회을 먹기도 하고, 새롭고 낯선 것에 대한 경계심이 낮아진 상태이다. 그의 변화는 기존에 고집하던 체제나 법칙의 예외상태에 대한 수용으로 주목할 만하다. 한주원의 변화는 그가 부패한 사회 시스템에서 자신의 권력을 무기로, 생존하는 자에 대한 새로운 대응 방식을 내장하고 돌아왔음을 의미한다.

드라마 〈괴물〉의 사건 해결과 관련된 마지막 과정은 범죄를 추적하는 자가 놓고 잡아야 하는 것에 대한 것이다. 그러므로 이 드라마의 마지막으로 향해 가는 15회의 부제는 '놓다'이다.[31] 자신의 아버지가 이유연 죽

---

31 드라마 〈괴물〉에는 매회 부제를 제시하고 있는데, 드라마의 내용을 요약하면서, 범죄 사건과 추적 서사 과정을 전달하고자 하는 핵심적인 메시지를 압축적으로 전달하고 있다. 〈괴물〉의 부제는 다음과 같다. 나타나다(1회), 사라지다(2회), 웃다(3회), 울다(4회), 속다(5회), 속이다(6회), 낚다(7회), 낚이다(8회), 떠오르다(9회), 가라앉다(10회), 조이다(11회), 풀다(12회), 묻다(13회), 답하다(14회), 놓다(15회), 잡다(16회).

음과 연결되어 있고, 과거 사건을 은폐하기 위해 온갖 불법적 수단을 동원해왔다는 사실을 알게 된 한주원이 진실을 밝히기 위해서는 자신이 쥐고 있던 것들을 놓아야 한다. 그는 법의 정의를 제대로 실현시켜 사건을 해결하기 위해 냉정하고 이성적인 결정을 내려야 하는 것이다. 그가 생각하는 법은 세상에 진실을 밝히고, 죄를 저지른 범인이 합당한 처벌을 받도록 작동되는 것이다.[32] 이를 위해 한주원은 아버지를 향한 실망과 분노를, 피해자 가족 이동식을 향한 죄책감에서 혼란스러운 감정과 거리를 두어야 한다. 동생 이유연 죽음과 관련된 사건을 해결하기 위해서는 이동식도 마찬가지 놓아야 할 것들이 있다. 그는 자신만이 떠안으려 했던 고통을, 자신만 희생하면 사건이 해결될 것이라고 믿었던 오만함을 내려놓아야 한다. 두 인물은 권력을 쥔 악한 범죄자들과 맞서기 위해서 누군가와 함께 해야 한다는 사실을 수용해야 한다.

드라마 〈괴물〉에는 이동식, 한주원 이외의 권력 뒤에 숨은 범인들을 추적하는 인물들이 있다. 이들은 20년 전, 이동식이 마을의 희생양이 되어 손가락질을 받을 때도, 다시 돌아와서 이유연사건에 집착할 때도 묵묵히 곁을 지키며 그의 편이 되었던 정육점 주인 유재이최성은 분, 파출소 순경 오지훈남윤수 분, 파출소 소장 남상배천호진 분 등이다.[33] 끝까지 살아남

32 **주원** 이동식 씨, 법이란 한자가 중국의 해치에서 나온 건 알아요? 머리에 뿔 달린 소 같이 생긴 놈이에요. 해치가, 그놈 성품이 워낙 충직했다나? 바르지 못한 사람을 들이받고 옳지 못한 사람은 물어뜯어버렸대요. 법이란 건, 원래 그런 거였던 거지, 들이받고, 물어뜯어버리고.(김수진, 「9회」, 『괴물 대본집』 2, 64쪽)

33 **재이** 사람들 수군거리는 게 짜증나? 이 정도 가지고? 당신은 죄 없는 사람한테 범죄자 낙인찍어 놓고, 평생 범죄자로 살게 주홍글씨 박아놓고 그것 좀 몸에 묻었다고 그렇게 짜증나?

은 범인들이 권력을 손에 쥔 사람들이라면, 이동식을 둘러싼 이들은 중심에서 벗어나 있고, 치열한 경쟁이나 다툼보다 소수 집단의 결속력을 더 중요하게 생각하는 인물들이다. 이들은 만양읍의 파출소에서 근무하며, 정육점이 붙어 있는 식당에 모여서 자신들의 안위를 이야기하는 소수 공동체이다. 이처럼 드라마 〈괴물〉의 사건 해결을 위한 동조 수사 및 범인 추적의 중심 배경은 파출소와 작은 정육점이다. 파출소는 경찰서에 소속되어 공권력을 가진 기관이지만 관할 지역에서 일어나는 문제를 다루기 때문에 작은 규모로 여겨진다. 〈괴물〉의 중심 공간인 만양 파출소 역시 마을에서 일어나는 사소한 문제 해결, 방범, 순찰 등을 할 수 있는 소수의 인원만으로 구성되어 있다.

범죄사건을 다루는 추리드라마에서 범죄사건을 해결하는 장소나 인물이 대체적으로 경찰서 또는 강력계 형사가 중심이었던 것을 생각해보면, 드라마 〈괴물〉에서 작은 소도시 파출소가 강력 범죄를 해결하는 중심이 되고 있다는 점은 주목할 만하다. 뿐만 아니라 이동식, 한주원의 범인 추적을 위해 동조하는 남상배, 오지훈, 황광영백석광 분, 오지화김신록 분,[34] 박정제 등은 파출소나 경찰서가 아닌 유재이의 정육점에 모여 공동의 일을 도모한다. 유재이의 정육점은 일을 마친 파출소 및 경찰서 사람들이 그

주원 (하-) 내가 죄 없는 이동식한테 범죄자 낙인을 찍었다?
재이 아주 쇼를 하고 있잖아.

(…중략…)

지훈 찬밥처럼 담겨서 이 지긋지긋한 동넬 벗어나지도 못하고 처박혀 사는 사람을 당신이 건드렸잖아(김수진, 「4회」, 『괴물 대본집』 2, 196~199쪽).

34 오지화는 유일하게 만양경찰서 강력형사팀에 소속되어 있으나, 오지화는 이동식, 박정제와 초·중·고 시절을 함께 보낸 동창이자 친구라는 점이 더 중요하다.

들의 일상을 공유하는 곳이다. 치열한 생존경쟁에서 밀려난 이들에게 위안이 되는 정육점은 강하고 악한 세력에 맞서기 위해 전략을 구성하는 작전 장소가 된다. 정육점은 더 많이 가진 자가 유리한 조건을 차지하는 사회에서 그렇지 않은 자, 소위 생존경쟁에서 밀려난 자들의 대안적 공간이라고 할 수 있다. 드라마 〈괴물〉에서 파출소, 정육점을 중심으로 모인 소수의 공동체는 공권력이 무너진 사회에서 서로의 아픔을 이해하고 스스로 지키기 위해 연대한다.

〈괴물〉에서 이들이 범인 추적의 힘을 다하는 것은 단지 각자의 생존을 위한 것이 아니라는 점에서 의미가 있다. 이들의 행동은 가족이나 가까운 주변 사람들을 위한 사적 복수가 아니라 정당한 처벌이 공정하게 이루어질 올바른 법의 실현에 대한 가능성을 제시하고 있기 때문이다. 이는 한기환의 범행이 언론에 공개되고 그가 검거되면서 사건이 해결된 후, 드라마 전개 상황을 통해 확인된다. 한주원은 아버지 한기환의 결정적인 범행 증거를 확보하고 자신의 손으로 아버지를 체포한다. 아버지에게 법적 처벌을 받게 하는 직접적 역할을 하는 그의 행동은 가장 강력한 권력에서 벗어나 공정한 법을 실현하겠다는 의지를 나타내는 것이다. 또한 이동식은 한기환 검거 직후, 강민정사건 과정에서 행한 불법 수사를 자수하고 한주원에 의해 체포된다. 이동식의 행동은 연쇄 살인범 강진묵을 잡기 위한, 어쩔 수 없는 선택이었지만 불법행동임은 엄연한 사실이다. 자신이 법을 위반한 사실을 인정하고 법적 처벌을 수용하는 이동식의 태도는 올바른 법의 실현을 향한 의지를 제시한다고 볼 수 있다.

5. 약한 자들의 증언, 더 나은 사회에 대한 가능성

신자유주의시대에서 범죄는 형벌에 처해질 수 있는 위험을 야기하는 모든 행동을 포함하며 범죄의 내용적 측면보다 범죄를 행하는 행위 주체의 측면에서 정의된다. 범죄는 개인이 형벌을 부과받을 가능성, 리스크와 관계된 규정이라고 할 수 있다. 범죄자는 어떤 행위로부터 취할 이득을 기대하는 동시에 어떤 리스크를 예상하면서 그 행위를 저지를 것인지 아닌지를 선택하는 대상을 지칭한다. 결국 범죄자 역시 호모 이코노미쿠스, 경제 주체의 범위에서 정의되기 때문에 모든 사람에게 해당될 수 있는 일반적인 행위 주체라고 할 수 있다. 이와 같은 사회에서의 통치는 범죄를 제로로 만드는 것을 목적으로 하는 것이 아닌, 범죄 시장이라는 게임의 규칙을 설계함으로써 환경을 최적화하고자 하는 권력이다.[35] 2000년 이후 영화, TV드라마 등의 대중문화 콘텐츠에서 자주 등장하는 악의 이미지는 경제적 효율성이라는 시스템이 탄생시킨 이기적이고 잔혹한 괴물성을 범죄자 또는 범죄 사회로 재현한다.

드라마 〈괴물〉은 우리 사회의 치열한 생존경쟁에서 등장한 악한 인물과 그들이 휘두르는 권력이 낳은 결과들에 대해 주목하고 있다. 〈괴물〉의 범죄사건이나 범죄 주체는 사회적 약자라는 가면을 뒤집어쓴 채, 가장 약한 대상에게 자신의 욕망을 분출시키는 사이코패스부터 공권력이나 경제력을 가지고 사회적 지위를 이용하여 불법적 행동을 감행하는 자를

35 사토 요시유키, 앞의 책, 70~71쪽.

포함하여 모두 괴물로서 등장한다. 이들에게서 타인의 상황이나 고통을 이해하고 공동의 선을 추구하는 윤리의식은 찾아볼 수 없다. 이 드라마에서 범죄와 연루된 인물들은 신체 일부를 남긴 채, 흔적 없이 사라진 피해자가 연쇄적으로 발생해도, 자신에게 이익에 방해가 되거나 치명적 리스크에 해당하는 것이라면 진실을 은폐한다. 그러므로 드라마 〈괴물〉에서 진실은 20년 동안, 사체를 찾지 못하거나 갑자기 사라진 사람들처럼 오랜 시간 실종된 상태로 지속된다. 이동식, 한주원은 가라앉은 진실을 들추고 사회적 권력 뒤에 숨은 악의 실체를 폭로하는 데 두려움이 없는 추적자이다. 그들은 사회적 권력을 획득한 자는 어떤 누구도 건들릴 수 없다는, 믿음을 가진 범죄 세력에게 법의 원칙을 확인시키기 위해 무섭게 돌진한다. 경제적 주체가 중심이 되는 사회에서 희박한 가능성에 매진하는 이들의 모습을 마치 공고한 사회 체제를 흔드는 교란자과 같다. 드라마 〈괴물〉에서 이들은 무너진 사회 질서에 대한 반응이며 거대 권력에 대응하는 힘없는 자들의 폭로이다. 이들의 폭로가 단순한 시도에 그치는 것이 아닌, 악의 실체를 증명하는 과정에 도달할 수 있었던 것은 같은 목적을 가진 소수의 공동체가 존재했기 때문이다. 드라마 〈괴물〉의 의미를 권력을 가진 자가 저지른 범행, 그들의 추악하고 악한 실체를 드러내는 반전이 주는 충격 이외에도 은폐된 진실을 밝히는 과정에 두는 이유는 여기에 있다고 볼 수 있다.

드라마 〈괴물〉은 한 사람의 집념이나 뛰어난 능력만으로 진짜 범인을 잡고 진실을 밝히게 되는 것이 아님을 제시한다. 더 나아가 드라마의 서사구조가 사적 복수에 그치는 것이 아니라 법과 제도를 통한 올바른 정의 실현의 가능성으로 열려 있다는 점에서 의미가 있다. 〈괴물〉은 치열한 생존경쟁에서 경제적 주체로 살아남기 위해 더 이기적이고 냉혹한 모습을 합리적이고 효율적 인간으로 취급하는 우리 사회의 모습을 반영한다. 또한 보다 나은 사회에 대한 가능성을 상상하게끔 한다. 서사적 증언은 우리로 하여금 타인의 고통을 동감할 수 있게 한다고 한다. 과거는 현재에서 다시 새겨지고 현재는 과거로 인해 확장된다. 이 같은 과거와 현재의 연계는 화해의 가능성을 제공한다.[36] 드라마 〈괴물〉은 우리가 일상에서 떠올리기 싫은 끔찍한 범죄와 범죄자에 대한 상상을 통해 우리 사회의 모습을 기억하게 하며, 타인의 고통에 대해 생각할 수 있는 문을 열어주는 성찰의 기회를 제공한다고 할 수 있다.

36 리처드 커니, 앞의 책, 325쪽.

참고문헌

1. 기본 자료

김수진 극본, 심나연 연출, 〈괴물〉, 총 16부작, JTBC, 2021.2.19~4.10.

__________, 『괴물』 1~3 대본집, 북로그컴퍼니, 2021.

〈괴물〉 JTBC 공식홈페이지, https://tv.jtbc.co.kr/plan/pr10011282

2. 논문 및 단행본

강상순, 「괴물은 무엇을 표상하는가」, 『우리어문연구』 55집, 우리어문학회, 2016.

강수환, 「'인간' 부조리와 '괴물'의 출현 장소－봉준호의 〈살인의 추억〉을 중심으로」, 『한국학연구』 39집, 2015.

권양현, 「텔레비전 수사드라마에 나타난 캐릭터 유형의 변화 양상 연구」, 『한국극예술 연구』 42, 2013.

김민영, 「김은희 추리극에 나타난 기억과 폭력의 양상 연구－TV드라마 〈싸인〉, 〈유령〉, 〈시그널〉을 중심으로」, 중앙대 박사논문, 2019.

리처드 커니, 이지영 역, 『이방인, 신, 괴물』, 개마고원, 2004.

문선영, 「1960년대 방송 추리물의 경향」, 『한국언어문화』 67, 2018.

볼프강 조프스키, 이한우 역, 『폭력사회－폭력은 인간과 사회를 어떻게 움직이는가?』, 푸른숲, 2010.

줄리아 크리스테바, 서민원 역, 『공포의 권력』, 동문선, 2001.

한동균, 「한국공포영화의 시대별 괴물 캐릭터의 특성 및 의미 분석」, 『문화와 융합』 41권 3호, 2019.

* 이 글은 "문선영, 「권력으로서 악과 정의실현의 연대－드라마 〈괴물〉(JTBC)을 중심으로」, 『어문논집』 91, 중앙어문학회, 2022"을 수정·보완하였음.

<나빌레라>와 <눈이 부시게>, 노년과 청년의 연대와 그 가능성

백경선

1. 노년과 청년을 나란히 주인공으로 소환하다

〈나빌레라〉와 〈눈이 부시게〉는 노년과 청년 두 세대를 나란히 중심에 소환한 텔레비전드라마로 주목할 만하다. 동명의 웹툰을 원작으로 하는 〈나빌레라〉[1]는, 평생 마음속에 간직한 발레를 시작한 70세 노인 심덕출과, 발레리노 꿈을 향해 달려가다 주춤거리고 방황하는 23세 청년 이채록이 만나 함께 나비처럼 날아오르는 과정을 그린 드라마이다. 보통의 성장드라마는 방황하는 청년이 연륜을 지닌 노년의 조력자를 만나 꿈을 이룬다는 내용을 그린다. 청년을 주인공으로 하면서 노년은 더 이상 성장할 것이 없는 양 그저 조연의 역할로 소비되는 반면, 〈나빌레라〉는 노년 심덕출과 청년 이채록이 동등하게 성장하는 이야기라는 점에서 흥미롭다. 이 드라마는 꿈을 이루는 데 늦었다는 말은 옳지 않다고, 누구나 꿈

1 이은미 극본, 한동화 연출, 총 12부작, tvN, 2021.3.22~4.27 방영. 원작 : 훈·지민, 웹툰 〈나빌레라〉.

을 가지고 있다면 언제고 날아오를 수 있다고, 중요한 것은 그 꿈을 잃지 않는 것이라고 강조한다. 〈눈이 부시게〉[2]는 아버지의 사고를 막기 위해 시간을 되돌린 대가로 75세 노인이 되어 버린 25세 김혜자의 이야기를 담고 있는 것처럼 위장한다. 그리고는 드라마 후반부10회 마지막 장면에 그 모든 이야기가 사실은 치매 환자인 75세 김혜자가 조작한 기억이자 망상이었음을 밝히며 반전과 충격을 준다. 이후 드라마는, 최선을 다해 '오늘 / 지금'을 살아내라고 말한다. 이 드라마의 매력은 단연 반전이다. "영화 〈거미숲〉이나 〈셔터 아일랜드〉 등에서나 보았던 '반전을 통한 현실과 판타지의 전복'이라는 고급한 서사기법"[3]을 텔레비전드라마에서도 볼 수 있음에 많은 이들이 찬사를 보냈다. 그런데 이 글에서 주목하고자 하는 것은 〈눈이 부시게〉의 반전 구조가 아니라 바로 75세의 육체와 25세의 영혼이 결합된 판타지적 인물 김혜자이다. 노인의 육체와 청년의 영혼이 결합된 김혜자의 중층성은 바로 '노년 = 청년'이라는 설정값에서 비롯된다.

노년과 청년을 동등하게 주인공으로 소환하여 나란히 성장하는 모습을 그린 〈나빌레라〉와, 노년과 청년을 한 인물에 공존하게 함으로써 두 세대를 마치 동전의 양면처럼 설정한 〈눈이 부시게〉는 노년과 청년을 다룬 기존의 드라마와 구별된다. 노년과 청년을 다룬 기존의 드라마는 일단 두 세대를 동등하게 아우르지 않는다. 노년을 중심에 두고 그들의 소외

2 이남규·김수진 극본, 김석윤 연출, 총 12부작, JTBC, 2019.2.11~3.19 방영.

3 황진미, 「'눈이 부시게' 제작진·김혜자에게 시청자 찬사 쏟아지는 까닭」, 『엔터미디어』(http://www.entermedia.co.kr), 2019.3.20.

된 삶을 그리는 '노년드라마'에서 청년세대는 노년세대와 대척점에 위치한다. 힘없고 소외된 노년에 비해 청년은 중심에 위치하고 그들의 젊음은 권력을 상징하기도 한다. 반면 청년을 중심으로 그들의 도전과 성공 혹은 실패를 그리는 '청년드라마'에서 노년(과 중장년)세대는 기성 권력으로서 청년이 맞서고 넘어서야 할 요소로 작용한다. 이처럼 기존 드라마에서는 한 세대를 중심에 두고 다른 세대를 대립자로 설정하면서 두 세대의 갈등을 조장하곤 하였다. 물론 노년과 청년을 대립 관계로 설정하지 않은 드라마도 선보였다. 예를 들어 노희경의 〈디어 마이 프렌즈〉[4]가 그렇다. 이 드라마는 노년과 청년세대의 소통을 담고 있는데, 청년 인물은 드라마 속 노년 인물과 드라마 밖 (젊은) 시청자의 소통을 매개하기도 한다. 청년 인물도 그만의 서사를 가지고 있지만, 그는 노년 인물들을 설명하고 이해시켜주는 해설자 역할로 더욱 강조되는 것이다. 이처럼 노년과 청년을 대립 관계로 설정하지 않은 드라마도 어느 한 세대를 중심에 두고 다른 세대를 후경화함으로써 두 세대를 대등하게 다루지 않는다는 점은 매한가지이다. 이와 달리 〈나빌레라〉와 〈눈이 부시게〉는 노년과 청년 세대를 함께 드라마의 중심에 소환하여 균등하게 다루면서 '노년과 청년드라마'를 지향한다. 이채록과 심덕출이 머리를 맞대고 있는 모습을 담은 〈나빌레라〉의 포스터와, 25세 김혜자와 75세 김혜자의 모습을 데칼코마니처럼 담은 〈눈이 부시게〉의 포스터만 보아도 두 드라마가 노년과 청년을 주인공으로 하여 두 세대를 함께 담아낼 것임을 짐작할 수 있다.

---

4 노희경 극본, 홍종찬 연출, 총 16부작, tvN, 2016.5.13~7.2 방영.

〈나빌레라〉와 〈눈이 부시게〉에서 노년과 청년세대를 함께 엮는 데 주요한 역할을 한 것이 있다. 바로 '치매알츠하이머'라는 소재이다. 물론 〈나빌레라〉에서 노년과 청년세대를 연결해주는 주요 소재는 발레이지만, 이 글에서는 두 드라마에서 공통으로 드러나는 치매라는 소재에 주목하고자 한다. 그동안 드라마에서 치매는 중심 소재보다는 보조 소재로 활용되었다. 그런 흐름 속에서 노희경의 〈세상에서 가장 아름다운 이별〉[5]과 〈꽃보다 아름다워〉,[6] 김수현의 〈천일의 약속〉[7] 등은 치매를 드라마의 중심 소재로 적극적으로 활용하였다. 노희경의 두 편의 드라마에서는 어머니의 치매를, 김수현의 드라마에서는 독특하게도 30대 젊은 여성의 치매를 다루고 있다. 그런데 이들 드라마도 치매를 드라마의 중심으로 소환하고는 있지만 치매를 비극적으로 바라보는 시선과 관점은 유효하다. 치매 환자와 가족의 비극성, 즉 고통과 슬픔에 초점을 맞추면서 치매를 신파적으로 소비함으로써 치매 소재 드라마의 전형성에서 벗어나지는 못한 것이다. 그런데 〈나빌레라〉와 〈눈이 부시게〉에서 치매는 노년과 청년 두 세대를 연결하는 장치로 작동하면서 비극적이고 신파적인 소재로 소비되지 않는다. 드라마는 치매의 비극성을 부각하지 않은 채 치매를 통해 연결된 노년치매 노인과 청년의 관계에 주목한다.

미니시리즈 형식의 텔레비전드라마에서 노년, 그 중에서도 치매 노인

5 노희경 극본, 박종 연출, 총 4부작, MBC, 1996.12.2~12.3 방영. 이 드라마는 2017년 12월 tvN에서 리메이크하였다.

6 노희경 극본, 김철규 연출, 총 30부작, KBS2, 2004.1.1~4.14 방영. 한편 노희경은 〈디어 마이 프렌즈〉에서도 치매를 활용하지만, 드라마의 중심으로 소환하지는 않는다.

7 김수현 극본, 정을영 연출, 총 20부작, SBS, 2011.10.17~12.20 방영.

을 주인공으로 하는 것은 모험일지 모른다. 그럼에도 불구하고 〈나빌레라〉와 〈눈이 부시게〉가 어떻게 치매 소재를 신파적으로 소비하지 않았는지, 어떻게 노년과 청년을 균등하게 엮고 두 세대의 소통과 공감을 그리고 있는지 그 방식을 살펴보고자 한다. 나아가 두 드라마가 왜 노년과 청년을 나란히 호출하고 있는지 그 이유와 의미를 고찰하는 것이 이 글의 궁극적인 목표이다.

2. 치매, 노년과 청년을 연결하다

현실에서 치매는 비극적인 병이다. 하지만 〈나빌레라〉와 〈눈이 부시게〉는 펼쳐보지도 못한 꿈인 발레에 집착하는 심덕출의 치매와 20대에 머물러 있는 김혜자의 치매를 비극적으로 그리지 않는다. 두 드라마에서 치매는 노년과 청년을 연결하는 주요한 장치로 작동한다. 이 장에서는 두 드라마가 치매를 활용해 노년과 청년을 엮는 방식과 그 의미를 살펴보고자 한다.

덕출(N) 내 이름은 심덕출. 나는 알츠하이머다.〈나빌레라〉 7회

혜자(N) 긴 꿈을 꾼 것 같습니다. 그런데 모르겠습니다. 젊은 내가 늙은 꿈을 꾸는 건지, 늙은 내가 젊은 꿈을 꾸는 건지. (사이) **저는 알츠하이머를 앓고 있습니다.**〈눈이 부시게〉 10회, 강조—필자, 이하 생략[8]

〈나빌레라〉와 〈눈이 부시게〉에서 치매를 노출한 시점은 특이하다. 먼저 〈나빌레라〉는 드라마 중반까지 치매라는 소재를 은폐한다. 6회 후반부에서 한 번도 잊은 적 없는 결혼기념일을 잊고 아쿠아리움에서 길을 잃는 심덕출의 모습을 통해 드라마는 그의 비밀을 조금씩 드러내기 시작한다. 그리고 7회 후반부에서 이채록이 심덕출의 수첩 맨 앞장에서 "내 이름은 심덕출. 나는 알츠하이머다"라는 메모를 발견한 순간, 이채록을 비롯해 시청자에게 심덕출의 치매가 온전히 알려진다. 〈나빌레라〉가 치매라는 비밀이 드러나는 시점을 지연시켰다면, 〈눈이 부시게〉는 치매를 판타지로 위장한다. 〈눈이 부시게〉는 10회 후반부까지 카메라의 초점을 75세 육체와 25세 영혼이 결합한 판타지적 인물 김혜자의 시선과 일치시킨다. 이로써 시청자들은 주인공 김혜자를 대상화하지 않고, 10화까지 치매를 앓고 있는 그녀의 혼돈된 의식인 망상을 마치 게임처럼 직접 마주하고 체험한다. 시청자는 김혜자의 의식의 흐름을 따라 그녀가 과거의 경험과 기억을 토대로 조작하고 왜곡한 망상의 세계를 아무 의심 없이 수용하고, 그렇게 판타지의 트릭에 빠져 버린다. 하지만 10회 마지막 장면에서 김혜자가 "저는 알츠하이머를 앓고 있습니다"라고 고백하는 순간, 시청자는 김혜자와 분리되고 판타지의 트릭에서 빠져나온다. 김혜자, 특히 청년 김혜자에게 감정을 이입하면서 하루빨리 75세의 그녀가 25세로 되돌아가기를 바랐던 시청자들은, 그 순간부터 치매라는 현실을 마주하게 된다.

총 12회 중 〈나빌레라〉는 7회 후반부에서, 〈눈이 부시게〉는 10회 마지

---

8 이후 인용한 대사는 모두 영상(넷플릭스)을 보고 직접 받아 적은 것이다.

막 장면에서 치매를 노출한다. 이처럼 두 드라마는 치매라는 소재의 노출을 의도적으로 지연하고 은폐함으로써 치매 노인 이야기를 넘어서 노년과 함께 청년의 이야기를 아우르게 된다. 이때 치매 노출 시점을 기준으로 드라마 중심 서사가 전환된다는 점은 흥미롭다. 〈나빌레라〉는 치매 노출 이전 심덕출과 이채록의 꿈에 대한 이야기, 특히 그 꿈을 이루는 것의 어려움에 주목한다. 그러다 치매 노출 이후에는 심덕출과 이채록이 더욱 적극적으로 소통하고 이해하면서 함께 꿈을 이루어 가는 모습을 그리는 데 중점을 둔다. 치매가 노출된 이후에도 치매 노인 심덕출과 그 가족의 비극성을 강조하지는 않는다. 치매 노인 심덕출과 이채록의 꿈과 우정을 담아내면서 드라마는 노년과 청년세대를 아우르고, 그렇게 치매를 소재로 하면서도 치매 노인 이야기에 머물지 않고 노년과 청년의 이야기로 나아간다. 〈눈이 부시게〉 역시 치매를 노출한 시점을 기준으로 중심 서사를 전환한다. 드라마는 치매라는 소재를 은폐한 채 75세 노인의 육체와 25세 청년의 정신을 결합한 판타지적 설정을 통해 노년과 청년을 하나로 설정한다. 즉, 김혜자라는 인물은 노인이 곧 청년이고, 청년이 곧 노인임을 대변한다. 육체와 정신이 이어지듯 노년과 청년을 이어놓고 드라마는 내내 두 세대의 소통과 이해와 공감을 전하는 데 매진한다. 그러다 10회 마지막 장면에서 김혜자의 치매가 드러나면서부터 드라마는 판타지에서 현실로 전환하면서 노년과 청년의 이야기에서 김혜자의 이야기내력로 전환한다. 그리고 마지막 2회 동안 치매 노인 김혜자의 목소리를 빌어 한 번뿐인 삶, '오늘 / 지금'의 소중함에 대해 역설한다. 〈나빌레라〉가 꿈 이야기와 꿈을 이뤄가는 두 세대의 우정 이야기를 거의 균등하게 다루되 두 서사가 자연스럽게 연결되는 것과 달리, 〈눈이 부시게〉는 치매 노출 시점을 중심으로 서사가 뚜렷하게 구분되며 그 분량도 차이가 크다. 〈눈이 부시게〉에서 반전을 맞이하기 전까지 10회 동안 시청자가 몰입한 것은 노년과 청년의 이야기이며, 분량상 따져도 5배이다. 치매라는 소재를 판타지로 은폐한 채 총 12회 중 10회를 전개한 것은 반전 효과를 위한 고도의 전략이기도 하지만, 노년과 청년세대의 소통과 공감에 관한 메시지가 그만큼 중요하다는 방증이기도 하다. 취업난에 힘겨운 청년들은 소외되고 외로운 노년의 삶을 이해할 겨를이 없다. 사회에서 밀려나 소외되고 외로운 노인들은 숨 막히고 힘든 청년의 삶을 들여다볼 겨를이 없다. 그래서 드라마는 청년과 노년이 서로를 온전하게 들여다보고 이해할 수 있도록 김혜자라는 인물을 통해 두 세대의 만남을 추진하는 데 공을 들인 것이다. 그렇게 〈눈이 부시게〉도 치매 노인 이야기에서 벗어나 노년과 청년을 함께 이야기하는 드라마로 확장되었고 이것이 10회까지 전개된 망상의 의미이다.

덕출(N) **그날도 난 기억을 잃었다.** 어떻게 거기까지 갔는지는 전혀 생각나지 않는다. 그냥 내 귀에 갑자기 음악이 들렸고 내 눈에 발레리노가 보였다. (…중략…) 그날 이후로 그 청년의 발레하는 모습을 떨쳐낼 수가 없었다.〈나빌레라〉 8회

〈나빌레라〉에서 70세 노인 심덕출이 23세 청년 이채록을 만날 수 있었던 것은 심덕출의 치매 때문이라는 사실이 8회 후반부 심덕출의 내레

이션을 통해 뒤늦게 밝혀진다. 치매로 길을 잃은 심덕출의 발길이 우연히 기승주이채록의 스승의 발레 스튜디오에 닿게 되고 그곳에서 발레를 하는 이채록을 보게 된 것이다. 또한 〈눈이 부시게〉에서 75세 노인의 육체와 25세 청년의 영혼을 지닌 김혜자라는 캐릭터를 가능하게 한 장치는 판타지가 아니라 결국은 치매이다. 이처럼 두 드라마에서 치매는 자연스럽게 노년과 청년의 만남을 유도한 장치로 작용하는데, 드라마는 의도적으로 그것을 은폐한다. 이는 치매라는 틀에서 벗어나 노년과 청년의 관계에 주목하게 만들기 위함이다. 치매는 노년과 청년의 만남을 유도하는 장치와 더불어 노년과 청년세대의 소통과 공감의 매개체로 작동한다.

〈나빌레라〉에서 심덕출이 모두의 반대와 신체적 한계에도 불구하고 끝까지 발레를 포기하지 않고 이채록과의 관계를 유지할 수 있었던 것도 치매에서 기인한다. 심덕출은 자신이 발레를 하는 것을 아홉 살 때는 아버지가 반대하고 지금은 아내가 반대하지만, 그 반대가 무섭지는 않다고 말한다. 그가 "진짜 무서운 건 하고 싶은데 못 하는 상황이 오거나, 내가 하고 싶은 게 뭔지 기억도 나지 않는 상황"3회인데, 그것은 치매 때문에 발레를 할 수 없게 되는 상황을 의미한다. 심덕출은 치매 판정을 받고 포기하는 대신 그래도 기억이 완전히 사라지기 전 "할 수 있을 때 망설이지 않으려고, 끝까지 한번 해보려고"3회 한다. 이채록이 심덕출에게 나이 들어 발레를 왜 하느냐고 묻자, 그는 이렇게 말한다. "죽기 전에 나도 한 번은 날아오르고 싶어서"3회라고. 치매 때문에 발레를 못 하는 것이 아니라, 치매 덕분에 마지막 용기를 낼 수 있었던 것이다. 그렇게 치매 덕분에 발레를 시작했고 발레를 통해 이채록과 연결된다. 그리고 둘의 연결 고리가 더욱 단단해지는 계기는 이채록이 심덕출의 치매를 알게 되면서이다. 물론 치매를 알기 전부터 심덕출에 대한 이채록의 마음은 이미 열렸다. 이채록은 자신이 아플 때 심덕출이 챙겨준 음식들과 포스트잇에 남긴 메모들을 보고 죽은 엄마를 떠올렸고, 그것을 계기로 심덕출을 대하는 그의 태도는 바뀌었다. 하지만 그 변한 마음을 적극적으로 표현하지는 않았다. 그러다 이채록이 적극적으로 심덕출에게 다가가고 애틋한 마음을 표현한 것은 심덕출의 비밀, 치매를 알고 난 이후이다. 〈눈이 부시게〉에서 치매를 통해, 노인의 육체와 청년의 영혼이 결합된 김혜자가 노년과 청년 두 세대와 소통하고 공감하는 것처럼, 〈나빌레라〉 역시 치매를 통해 심덕출과 이채록의 연결이 더욱 공고해진다.

3. 노년과 청년, 그들은 약자다

3절에서는 노년과 청년세대가 어떻게 동일시되는지, 그리고 노년과 청년세대가 어떻게 소통하고 공감하고 이해하는지에 대해서 살펴볼 것이다.

3.1. '잉여세대'로서 동일시되다

혜자 안 믿나 본데 늙는 거 한순간이야 이것들아. 니들 이렇게 이딴 잉여인간오빠 김영수－필자 방송이나 보고 있지? 어느 순간 나처럼 된다.〈눈이 부시게〉 6회

〈나빌레라〉와 〈눈이 부시게〉에서 기억을 잃고 결국 정체성을 잃어버린 치매 노인은, 자신의 설 자리와 나아갈 방향을 잃고 흔들리는 이 시대 청년들을 환유한다. 또한 중심에서 배제된 주변부, 특히 경제적 활동의 내부로 들어가지 못한 외부인으로서 노년과 청년은 '잉여 인간'이며, 그 점에서 두 세대는 동일시된다.

정년 제도에 의해 노년은 경제 활동에 제한을 받고 잉여 인간이 되어버린다. 〈나빌레라〉에서 정년퇴직을 한 심덕출에게 하루는 너무 길다. 할 일은 없고 그래서 그는 긴 하루를 그냥 무기력하게 보내고 있다. 그러다 오랜 시간 간직했던 어릴 적 꿈 발레를 다시 시작하게 되는데, 그의 아내는 발레복을 자르며 말린다. "자식들한테 민폐 끼치지 말"고 "그냥 집에서 테레비나 보면서 동네 산책이나 하면서 그렇게 곱게 늙으라"3회는 것이다. '곱게 늙는다'는 것은 무언가를 하지 않는 것이고, 정년 이후 노년은 그렇게 잉여 인간이 된다. 정년 제도와 함께 노화된 육체는 노년을 잉여 인간이자 약자로 만든다. 〈나빌레라〉는 발레라는 소재로 노인의 육체를 과감하게 노출한다. 70세에 발레를 시작한 심덕출의 가장 큰 장애는 의지대로 움직이지 않고 쉽게 지치는 육체이다. 발레 연습실에서 아름다운 동작으로 새처럼 가볍게 춤을 추는 이채록을 보며 심덕출은 순간 자신의 육체를 초라하게 느낀다. 그리고 10년만 일찍 했으면, 하고 아쉬움을 표한다. 〈눈이 부시게〉에서 김혜자가 자신의 현실, 노인의 육체로 변한 자신을 받아들이면서 우선으로 한 일은 체력 측정이다. 청년의 육체일 때는 당연하던 것들이 더 이상 당연하지 않게 되자 김혜자는 당연하게 생각했던 것들이 실은 감사한 것임을 깨닫게 된다. 친구 이현주가 "노인네들 보면 꼭 슬로우모션 걸어놓은 것 같"5회이 걷는다며 흉내를 내고, 윤상은이 "매너 모드 걸린 것처럼 진동처럼 미세하게 몸이나 얼굴 흔드는 할머니들"5회 흉내를 내자 김혜자는 다음과 같이 화를 낸다.

혜자 무릎이 안 좋아서 그렇게 걷는 거야. 맘은 벌써 100미터 뜀박질했어. **니네들한텐 당연한 거겠지만, 잘 걷고, 잘 보고, 잘 숨 쉬고…….** 우**리한텐 당연하지가 않아, 그게! 되게 감사한 거야.** 하루하루 몸이 다르다고. 니네가 그걸 알아?〈눈이 부시게〉 5회

젊음은 그 자체로 권력일 때가 있었다. 노년세대가 중심에서 밀려나고 청년세대가 그 중심으로 들어가는 것이 자연스러울 때, 1990년대 중반 IMF 이전까지 그러했다. 하지만, 신자유주의가 도래한 이후 취업난이 심각해지면서 각종 스펙으로 무장을 하고도 정작 일하지 못하는 것이 지금 청년들의 현실이다. 비정규직 혹은 아르바이트를 전전하는 지금의 청년세대는 아무리 노력해도 부모보다 잘 살 수 없는 세대, 희망 상실세대, 연애·결혼·출산 등을 비롯해 N가지를 포기한 N포세대 등으로 불리며, 세대 자체가 통째로 약자로 포괄되기도 한다. 하지만 카를 만하임Karl Mannheim이 동일 시대, 동일 세대 안에도 서로 다른 세대의 단위가 존재한다며 세대 내 존재하는 차이에 대해 주장한 것처럼,[9] 엄밀하게 말하면, 이 시대의 청년세대 중에도 금수저는 존재하고 훌륭한 스펙으로 잘 나가는 청년도 존재

9 카를 만하임(Karl Mannheim), 이남석 역, 『세대 문제』, 책세상, 2013.

한다. 세대 간 불평등은 약화되고 있으며 오히려 세대 내 불평등이 증가하고 있다는 신광영의 주장처럼, 스펙 쌓기 경쟁의 실상은 젊은 세대 모두에게 적용되는 문제가 아니라 특정한 계급의 부모를 둔 젊은 세대의 문제인 것이다.[10] 따라서 〈눈이 부시게〉의 25세 김혜자가 자신을 표현한 것처럼 '후진' 청년들, 즉 약자 청년들만이 중심에서 밀려난 노년과 동일시된다.

〈나빌레라〉와 〈눈이 부시게〉 속 청년들은, 취업난 때문에 경제 활동의 중심에 들어가지도 못하고 꿈을 꾸는 것이 사치인 지금의 청년세대를 대변한다. 먼저 〈나빌레라〉 속 청년들은 주변부에 머물면서 하루하루를 그냥 무기력하게 살아가고 있다는 점에서 잉여 인간으로 그려진다. 레스토랑에서 아르바이트를 하는 주인공 이채록은 아직 대학생무용원 휴학생이기에 경제적 주변부라고 말하기엔 성급하다. 하지만 그는 휴학을 하고 학교라는 중심에서 벗어남으로써 주변부에 머문다. 축구를 그만두고 당구장이나 기웃거리며 방황하는 양호범도 눈에 띈다. 고교 축구 감독이었던 이채록의 아버지가 체벌로 감옥에 가고 그로 인해 양호범은 축구를 그만두면서 꿈을 상실한다. 이채록이 아르바이트하는 곳을 찾아와 행패를 부리고, 당구장으로 배달을 시켜놓고는 돈을 내지 않는 등 양호범은 자신의 상실감과 좌절감을 이채록에게 풀면서 하루하루를 헛되이 보내고 있다. 이 외에 혹독한 취업난 속에서 대기업 인턴십에 합격해 정규직이 되려고 최선을 다하는 심은호심덕출의 손녀는 상사의 개인 번역 과제를 떠맡고 진상 손님의 삿대질을 받아도 참아내야 한다. 심은호가 이채록에게 한

10 신광영, 「세대, 계급과 불평등」, 『경제와 사회』 제81호, 비판사회학회, 2009, 35~60쪽.

아래의 대사는 이 시대 청년들의 답답한 심정을 잘 드러내고 있다.

은호 **러닝머신 위에서 뛰는 기분 알아? 죽어라 달렸는데, 숨이 턱 끝까지 차는데, 앞으로 갈 수 없는 거.** 늘 상황만 달라졌을 뿐이야. 중3, 고3이었다가 대졸 인턴. 그때마다 느끼는 감정이 너무 똑같아서 소름 끼쳐.〈나빌레라〉 5회

〈눈이 부시게〉에서 경제적 주변부에 머물러 있는 청년들의 모습은 김혜자의 치매에 의한 망상 속에서 존재한다. 치매로 인한 망상 속에서만 청년들이 잉여 인간으로서 부각되는 것은, 앞에서 잠깐 언급했듯이 치매가 노년과 청년을 연결해주는 매개체 역할을 하기 때문이다. 〈눈이 부시게〉 초반부1~2회는 25세 취업 준비생 김혜자에게 초점을 맞춘다. 잘 생긴 오빠 친구가 한 '목소리 좋다'는 칭찬에 우발적으로 아나운서를 꿈꾸게 된 김혜자는 신문방송학과에 들어가 대학 방송국 아나운서가 된다. 하지만 그녀의 운은 거기까지다. 졸업 후 아나운서 채용에 응시하면 1차 서류부터 탈락하는 것이 그녀의 현실이다. 그렇게 몇 번 낙방하고, 목소리 예쁜 것만으로는 아나운서가 될 수 없다는 것을 깨달은 그녀는 지원서조차 내지 않고 시간만 보내고 있다.

혜자 그래도 그쪽은 진짜 열심히 살았네요. **나는, 자신도 없고 뭘 해야 할지도 모르겠어요.** 사실 처음 몇 번 빼고는 방송국에 지원서 낸 적도 없다……? 몇 번 떨어지고 나니까 내가 어느 정도인지 감이 오더라

> 구요. 면접 볼 때도 면접관이 나한테도 물어보지만 이게 예의로 묻는 건지 아닌지 알겠어. 될 만한 애한테는 일단 웃어요. 걔가 뭔 얘길 하는진 중요하지 않아요. **근데 난 내가 봐도 그 정돈 아냐. 좀 후져.** 근데 그걸 인정하기가 힘들어. 왜? 난 내가 애틋하거든. 나라는 애가 좀 잘 됐으면 좋겠는데, 또 애가 좀 후져……. **이게 아닌 건 확실히 알겠는데 이걸 버릴 용기는 또 없는 거야. 이걸 버리면 또 다른 꿈을 찾아야 하는데 그 꿈도 못 이룰까 봐 겁나.**〈눈이 부시게〉 1회

〈눈이 부시게〉 1회 마지막 장면에서, 에로영화 더빙 아르바이트를 하고 온 김혜자가 포장마차에서 술을 마시다 이준하와 벌인 "누가 더 불쌍한가 배틀"에서 털어놓은 그녀의 속마음이다. 김혜자가 "후진" 청년으로서 잉여 인간이 될 수밖에 없는 근본적인 이유는 자신감도 없고, 용기도 없고, 두려움만 가득한 그녀의 내부에서 기인한다는 것을 보여준다. 이준하는 "후진" 청년 김혜자와 달랐다. 신입생 최초로 대학교 방송국 메인 아나운서가 되고 차곡차곡 스펙을 쌓고 졸업과 동시에 3사 언론사의 최종면접만 남은 이준하는 소위 '잘 나가는' 청년이었다. 그랬던 그가 할머니의 죽음 이후 완전히 달라진다. 그저 살아있으니 살고 있을 뿐 삶에 어떤 의욕도 없다. 언론인의 꿈을 버리고 홍보관 노치원에서 일하면서 하루하루를 그냥 무기력하게 보내고 있다. 김혜자의 오빠 김영수와 친구 윤상은, 이현주도 "후진" 청년들이다. 매일 방구석 컴퓨터 앞에 앉아 인터넷 1인 방송영수 방송만 하고 게임만 하는 김영수는 거의 백수나 다름없다. 그는 언젠가 대박이 날 거라고 믿어 의심치 않지만, 그런 그를 가족과

동네 사람들 모두 한심하다는 눈빛으로 바라본다. 김혜자는 그런 오빠를 "잉여 인간"이라 칭한다. 가수 데뷔를 꿈꾸고 있는 윤상은은 7년째 아이돌 연습생 생활만 하며 아르바이트를 전전하고 있다. 이들에 비하면 아버지의 중국집에서 배달 일을 하는 이현주는 상황이 좀 낫다. 하지만 다른 꿈은 꾸지도 않고 아버지의 중국집에서 일하는 그녀는 20대답지 않게 너무 현실적이고 염세적이다.

이처럼 사회의 중심에 진입하지 못하고 꿈과 희망을 상실한 채 하루하루를 무의미하게 보내거나 혹은 하루하루를 힘들게 버티고 있는 드라마 속 20대 청년들의 모습은 정년퇴직 후 긴 하루를 그냥 무기력하게 보내고 있는 〈나빌레라〉의 심덕출의 모습과 겹친다. 마음은 그 누구보다 간절하지만 몸이 따라주지 않는 노년과, 몸은 가볍지만 마음이 무거워 아무것도 도전할 수 없는 청년은 닮았다. 노년과 청년은 생애 주기로 보자면 반대쪽에 위치하지만, 중심에서 배제된 잉여 인간으로서 거울처럼 서로가 서로를 비추고 있다. 그런 점에서 노년과 청년은 '잉여세대'로서 '거울 관계'를 형성하면서 동일시된다.

그런데 두 드라마에서 청년들이 주변부에서 하루하루를 무기력하게 살아가는 것에 '아버지'의 육체적·정신적 폭력이 작용한다는 점을 간과할 수 없다. 〈나빌레라〉에서 심덕출의 아버지와 이채록의 아버지, 〈눈이 부시게〉에서 이준하의 아버지가 특히 그렇다. 그들은 '아버지라는 이름으로' 아들인 심덕출과 이채록, 이준하를 억압하고 지배한다. 〈나빌레라〉에서 소년과 청년 심덕출이 발레리노의 꿈을 펼칠 생각조차 하지 못하고 포기해야 했던 요인은 아버지에게 있다. 공부해서 안정된 직업을 가지고 성공해야 한다는 아버지의 뜻에 따라 심덕출은 우체부 공무원이 된다. 그의 아버지는 자신이 약자이기 때문에 더더욱 아들은 약하지 않기를 바랐고, 그런 자신의 욕망과 의지를 아들에게 강요한 것이다. 비록 사회적 약자로 볼 수는 없지만 심덕출의 장남 심성산이 그의 딸 심은호에게 자신의 뜻을 강요하고 딸의 인생을 지배하려고 한 것도 같은 맥락으로 이해할 수 있다. 이채록의 꿈을 방해한 것도 아버지이다. 이채록은 아버지의 뜻에 따라 축구를 시작했지만, 축구 선수는 아버지의 꿈이지 그의 꿈은 아니었다. 이채록이 발레리노의 꿈을 향해 가다가 주춤하는 것은 양호범의 폭력 때문인 것 같지만, 근본적 원인은 그의 아버지에게 있다. 이와 관련해 양호범의 꿈이 꺾인 것도 축구부 감독사회적 아버지인 이채록의 아버지 때문이다. 〈눈이 부시게〉에서 청년 이준하가 기자의 꿈을 포기한 채 홍보관 노치원의 직원으로서 무기력하게 살아가는 데는 할머니의 죽음이 결정적인 요인으로 작동한다. 하지만 그보다 근본적인 요인은 아버지의 폭력에 있다. 이준하에게 있어 아버지의 폭력은 국가공권력의 폭력으로 확장된다. 청년 이준하를 괴롭히고 그의 삶을 힘들게 한 것은 그의 생물학적 아버지이지만, 그의 꿈을 파괴하고 동시에 김혜자의 행복과 희망을 파괴한 것은 국가공권력라는 이름의 아버지이다. 이처럼 두 드라마에서 아버지는 자녀청년에게 자신의 욕망과 신념을 강요하고 청년의 꿈을 억압함으로써 청년들을 무기력한 잉여 인간으로 만든다. 그런 측면에서 아버지는 부조리한 기성세대와 사회 구조를 상징한다. 아버지를 이같이 읽으면 두 드라마 역시 기성세대와 청년세대의 대립 구도를 통해 세대 담론을 답습하는 것처럼 보인다. 하지만 두 드라마는 그런 주변의 아버지 캐릭터와 청년세대의 대립을 전경화 하지 않는다. 오히려 그런 주변부 아버지 캐릭터는 드라마의 중심에 있는 노년심덕출, 김혜자과 대비되고, 그렇게 심덕출과 김혜자를 이상적으로 그려내는 데 일조한다.

〈나빌레라〉 3회에서, 이채록의 아버지가 사람을 때려 감옥에 갔고, 이채록의 아버지한테 맞아 자신의 인생이 꼬였다는 양호범의 말에 심덕출은 이렇게 되묻는다. "근데 채록이가 때렸어? 얘가 잘못한 것도 없는데 왜 채록이한테 이러는 건데?"3회 잘못은 이채록이 아니라 이채록의 아버지가 했는데 양호범은 애꿎은 이채록에게 화풀이를 하고 있었고, 이채록은 그것조차 당연히 자신의 몫이라고 받아들이고 있었던 것이다. 대기업 인턴인 심덕출의 손녀 심은호는 어떻게든 좋은 점수를 받아 채용되고 싶은 마음에 일하고 있는 레스토랑 점장의 논문을 도와준다. 그러고도 동료보다 낮은 점수를 받은 심은호가 점장에게 항의하자, 점장은 "요즘 애들은 걸핏하면 남 탓이지. 저러니까 떨어지는 거"5회라며 오히려 적반하장이다. 그런 점장에게 심덕출이 던진 아래의 일갈은 많은 점을 시사한다.

덕출 　**큰 회사에서 책상 두고 살면 다 당신처럼 그렇게 됩니까?** (…중략…) 자기 책상 하나 갖겠다고 막 사회에 들어선 젊은이들 이용해 먹고, 요즘 애들 운운하면서 꼰대짓 하냐 이 말이에요! (…중략…) 어르신이라고 부르지 말아요. 나 어른 아냐. 그깟 나이가 뭐 대수라고. 전요, 요즘 애들한테 해줄 말이 없어요. 미안해서요. **열심히 살면 된다고 가르쳤는데 이 세상이 안 그래. 당신 같은 사람이 자리 꿰차고 앉아 있으니까. 응원은 못 해줄망정 밟지는 말아야지.** 부끄러운 줄 알아요.〈나빌레라〉 5회 양호범과 점장에게 던진 심덕출의 쓴소리는 "지금의 청춘들이 겪는 치열한 경쟁과 좌절이 그들 누군가의 잘못이 아니라, 그들을 그렇게 몰아세운 기성세대의 잘못이 크다는 점"[11]을 에둘러 지적하고 있다. 기성세대가 기성세대에게 하는 지적은 더욱 강력할 수밖에 없다. 노년인 심덕출과 김혜자는 기성세대에 속하지만, 강자로서 청년들을 무기력한 잉여 인간으로 만드는 기성세대와는 분명히 구분된다. 노년 심덕출과 김혜자는 잉여세대와 약자라는 측면에서 오히려 꿈을 억압당하고 기회를 박탈당한 청년과 같은 위치에 놓인다.

3.2. 정신적 유대를 통해 소통하고 공감하다

〈눈이 부시게〉에서 노년의 육체를 가지고서야 청년 김혜자는 노년을 이해하게 된다. 다음은 김영수의 인터넷 1인 방송에서 청년들을 향한 김혜자의 말이다.

혜자 느이들 취직 못 해서 맘고생 많은데, 그럼 늙어, 나처럼. **늙으면 암 것도 안 해도 돼. 암 것도 안 해도 주변에서 취직하란 말 안 해. 뭐 써주는 데도 없지만.** 이번에 입사했는데 야근도 많고 부장이 괴롭혀서 힘들어? 그럼 늙어, 늙으면 일 안 해도 돼. (…중략…) **그냥 방안에 앉아서 죽을 날만 기다리면 되는데 얼마나 편해.** (…중략…) 열심히 살든 니네처럼 살든 태어나면 누구에게나 기본 옵션으로 주어지는 게 젊음이

---

11 정덕현, 「미안하다, 죄송해요 … '나빌레라'가 박인환·송강 통해 전하는 진심」, 『엔터미디어』(http://www.entermedia.co.kr), 2021.3.30.

라 별 거 아닌 거 같겠지마는 날 보면 알잖아. 느이들이 가진 게 얼마나 대단한 건지, 당연한 것들이 얼마나 엄청난 건지. 〈눈이 부시게〉 7회

이는 "암 것도 안" 하는 청년들을 향한 일침이기도 하지만, 노년의 푸념이기도 하다. 정년이란 구조에 의해 합법적 백수가 된 노년세대는 청년 백수들처럼 "주변에서 취직하란 말"도 안 듣고, 일을 안 해도 눈치 안 봐도 된다. 하지만 그것은 노년세대가 아닌 타자의 시선일 뿐이다. 더 일하고 싶은 노년의 욕망과 더 일해야 먹고 살 수 있는 노년의 현실은 무시된다. 평균 연령이 높아진 상황에서 현재의 정년 시기가 현실적이지 않다는 문제가 제기되고 정년 연장의 필요성이 제기되고 있기는 하지만, 그것은 아직 노년이 아닌 세대에게는 절실한 문제가 아니다. 그런 점에서 더이상 타자가 아닌, 육체적으로 노년이 된 정신적 청년의 반어법은 의미심장하다. "그냥 방 안에 앉아서 죽을 날만 기다리면 되는데 얼마나 편"하냐는 그녀의 말은, 늙으면 "써주는 데도 없지만", 그렇다고 "그냥 방 안에 앉아서 죽을 날만 기다리면 되는" 것은 아니라는 노년의 외침이다.

성형외과를 찾은 김혜자와 샤넬 할머니를 비웃던 젊은 연인에게 던지는 김혜자의 충고 또한 주목된다. "니들은 안 늙을 거 같지? 이뻐지고 싶은 그 맘 그대로 몸만 늙는 거야 이것들아."8회 비록 육체는 다르지만 마음은 동일하다는 메시지를 청년의 정신을 지닌 채 노년의 육체를 지닌 김혜자를 통해 전한다. 그녀는 "맘 그대로 몸만 늙는"다는 말을 있는 그대로 캐릭터로 발현한 것이 바로 김혜자이다. 그녀는 그 자체로 노년과 청년 두 세대의 소통과 공감을 상징한다.

두 드라마에서 노년과 청년은 나이와 신체적 차이를 넘어 우정 관계를 형성하고, 그 우정 관계는 '정신적 유대감'에서 비롯된다. 〈눈이 부시게〉에서 김혜자와 친구들, 김혜자와 김영수의 관계가 그렇고, 〈나빌레라〉에서 심덕출과 이채록그리고 심덕출과 양호범의 관계가 그렇다.

혜자　니들이 결정해. 계속 친구 할지 말지……. 니들 나랑 있으면 눈치 보잖아. 나도 니들이랑 있으면 눈치 봐. 힘든데도 안 힘든 척하고. 니들은 즐겁지 않은데 즐거운 척하고. 우리 다 불편하잖아.

현주　불편하니까 친구 하지 말자고?

혜자　난 더 이상 스물다섯이 될 수 없어. 다시 니들처럼 그렇게 될 수 없다고. 몇십 분 걸으면 그 걸은 몇십 분만큼 쉬어야 하고, 내가 걸어가야 할 자리보다 내가 앉아야 할 자리가 더 먼저 눈에 들어와. 니들이랑은 똑같이 걸을 수 없잖아.

현주　너 바보냐……? 체력 좀 딸리고, 노래방에서 노래하다 말고 졸고 그런 애들이랑은 친구하면 안 되는 거냐?

혜자　그런 얘기가 아니잖아.

현주　아니면? 걷다가 힘들면 쉰다 그러면 되는 거 아니야? 10분이고 20분이고 너 쉴 동안 기다리면 되는 거잖아. 앉아서 쉴 자리가 필요하면 얘기해. 우리가 먼저 가서 맡아 놓을게. 우린 스물다섯의 혜자가 필요한 게 아니고 그냥 혜자 니가 필요한 거야.〈눈이 부시게〉 8회

〈눈이 부시게〉에서 김혜자는 청년 친구 이현주와 윤상은에게 신체적

한계를 토로하고 그런 자신과 "친구 할지 말지" 선택하라고 한다. 이에 이현주는 자신들이 원하는 것은 "스물다섯의 혜자"가 아니라 "그냥 혜자"였다고 말한다. 차이는 서로 눈치를 보게 하고, 불편함을 만들 수 있다. 하지만 차이를 인정하고 서로를 배려하면 나이와 신체적 한계는 친구가 되는 데 방해가 되지 않는다. 노년은 "걷다가 힘들면 쉰다 그러면 되는 거"고, 청년은 노년이 "쉴 동안 기다리면 되는 거"다. 중요한 것은 마음이고, 그 마음을 솔직하게 주고받는 것이다. 말하지 않으면 마음은 알 수 없다.

〈나빌레라〉에서 심덕출과 이채록의 경우, 70세 노인이 제자가 되고, 23세 청년이 스승이 되어 노년과 청년의 위치가 역전되지만, 결국 한 무대에 오르는 동료 관계로 발전한다. 사실 둘의 관계가 처음부터 순조로웠던 것은 아니다. 스승인 기승주가 이채록을 위해서 심덕출을 매니저로 붙이고 그에게 발레를 가르치라고 요구하자 이채록은 거부한다. 심덕출을 거부하기 위해 어려운 과제발끝을 올린 채 자세를 유지하는 '밸런스'를 1분간 버티는 것를 내주는데, 불가능할 거라고 여겼던 그 과제를 심덕출이 해낸다. 이에 이채록은 심덕출에게 마음을 열기 시작하고 심덕출을 가르치면서 발레에 대한 그의 열정도 되살아나기 시작한다. 이채록은 기승주에게 콩쿠르에 나가겠다고 하면서 이렇게 말한다. "쌤은 할아버지가 발레 배우는 거 관심 없을 지 몰라도, 전 관심 있어요."3회 심덕출이 가족을 위해 헌신하며 사느라 접었던 발레의 꿈을 70세에 펼치겠다고 하자, 모두가 불가능하다고 여기고, 늙어서 춤바람 났다고 수군거린다. 가족특히 아내와 큰아들이 강력하게 반대할 때, 이채록은 심덕출에게 "정면 돌파"하라며 그를 지지해주고 도와준다. 그렇게 발레를 통해 둘은 한편이 된다. 심덕출에게 발레는

가슴에만 간직해온 지난 꿈이고, 이채록에게 발레는 앞으로 이뤄야 할 꿈이다. 노년의 과거 꿈과 청년의 미래 꿈이 만나 '현재'가 되는 과정, 그 중심에는 소통과 공감이 있다. 이처럼 〈나빌레라〉와 〈눈이 부시게〉는 사회 구조에 의해 중심에서 밀려난 청년과 정년 제도와 신체적 한계에 의해 소외된 노년을 잉여세대이자 약자로 동일시하면서, 두 세대의 대립과 갈등이 아니라 소통하고 공감하고 이해하는 과정을 그린다.

한편, 두 드라마는 노년이 청년을 구원하는 것처럼 그려지기도 한다. 〈눈이 부시게〉에서 때때로 김혜자가 청년들에게 보내는 일침이 그렇고, 홍보관 노치원의 노인들과 연대해 '노벤져스노인 + 어벤저스'를 만들어 노치원 대표 김희원에게 납치된 이준하를 구하는 설정이 그렇다. 〈나빌레라〉는 노년의 인도자 역할이 더욱 두드러지게 드러난다. 심덕출은 꿈을 잃고 방황하는 청년 이채록과 양호범이 꿈을 되찾고 이룰 수 있게 한다. 70세에도 꿈을 포기하지 않은 심덕출은 이채록과 양호범이 좌절하고 멈추었을 때 기회는 한 번이 아니고 '다음'이 있음을 전한다. 7회에서 다리 부상이 회복되지 않아 콩쿠르를 포기하고 힘들어하는 이채록에게 심덕출은 젊었을 적 오토바이 사고로 다리가 골절됐던 경험을 들려준다. 수술 후유증으로 의사는 어쩌면 영영 오토바이를 타지 못할 수도 있다고 말했지만, 심덕출은 죽을 힘을 다해 재활에 매진했고 1년 후 다시 오토바이를 타고 집배원 일을 할 수 있게 되었다는 것이다. "다음은 있다"라는 그의 말은 이채록이 좌절하지 않고 다음 콩쿠르를 준비할 수 있는 원동력이 된다. 한편, 콩쿠르를 앞두고 양호범 때문에 이채록이 다리를 다치자 심덕출은 양호범을 찾아간다. 양호범을 탓하고 혼낼 줄 알았지만, 의외로 심덕출은 힘들었던 젊은 시절 친구들을 시기하고 질투했던 못난 자신의 이야기를 들려준다. 그렇게 양호범의 행동을 이해하고 무엇보다 아직 안 늦었다며 양호범도 이채록처럼 날 수 있을 것이라고 위로하고 응원한다. 그 후 양호범은 축구 선수로서의 꿈을 향해 다시 뛰기 시작한다. 청년들은 70세 덕출의 말을 "개소리"라고 하면서도 사실은 그것을 새겨듣는다. 그의 말에 청년들이 귀 기울이는 것은 그것이 꼰대의 쓸데없는 참견이나 잔소리가 아니라 같은 경험과 좌절을 먼저 했던 이의 진심이 담긴 위로와 응원이기 때문이다.

두 드라마에서 청년 인물은 꿈을 포기하고 방황하는 공통점을 지녔고, 반면 노년 인물은 그런 청년들의 변화와 성장을 이끈다. 노년과 청년을 거울 관계로 놓음으로써 두 세대를 대립과 갈등 관계로 바라보는 기존 세대 담론을 전복하지만, 노년이 청년의 정신적 스승 역할을 함으로써 결국 다시 기존 세대 담론을 회복하는 듯하다. 하지만 〈나빌레라〉에서 "덕출이 명언을 반복하며 '인생의 지혜를 가득 담은 어르신' 멘토 롤을 눈에 띄게 수행하는 장면이 원작에 비해 크게 줄어"[12]든 것처럼, 두 드라마는 노년이 청년의 스승이자 인도자 역할을 하는 것을 부각하지 않는다. 그보다는 소통과 공감, 이해를 기반으로 동료로서 동등하게 변화하는 과정에 주목한다. 이는 노년과 청년을, 결핍을 지닌 약자와 잉여세대로서 거울 관계로 설정한 것에서 기인한다. 심덕출의 대사처럼 "하고 싶은 건 해본 적이

12 이승한, 「TV삼분지계－'나빌레라' 박인환 앞에선 백기투항, 무장해제다 中 이승한의 시선－원작의 장점은 키우고 단점은 줄여 계승한 드라마」, 『엔터미디어』(http://www.entermedia.co.kr), 2021.3.30.

없이"[1회] 살아온 노년과, 그리고 김혜자의 대사처럼 "자신도 없고 뭘 해야 할지도 모르겠"[1회]는 이 시대 청년들에 대한 안타까움이 반영된 것이다.

4. 노년과 청년의 연대와 그 가능성을 담다

〈나빌레라〉와 〈눈이 부시게〉는 청년들이 직면한 현실과 노년의 삶을 동시에 꼼꼼하게 들여다본다. 〈나빌레라〉가 청년에, 〈눈이 부시게〉가 노년에 좀 더 애틋한 시선을 준 것 같기도 하지만, 두 드라마는 두 세대를 균등하게 바라보고자 하였다. "사회적 자원 획득을 위한 기회구조의 차이가 상이한 이해관계와 가치관을 갖게 하여 세대 간 차이를 빚어낸다"[13]면, 지금 / 여기 노년세대와 청년세대는 "사회적 자원 획득을 위한 기회구조의 차이"가 감소하면서 세대 간 차이 또한 희미해졌다. 취업난 때문에 경제 중심으로 들어가는 기회를 박탈당하고 어렵게 그 중심으로 들어갔어도 미래를 그릴 수 없는 현실 앞에서 좌절하고 있는 청년들, 그리고 사회에서 밀려나 소외된 노년들은 경제적·사회적 자원에의 접근 기회가 상대적으로 제한되어 있다는 점에서 유사하다. 〈나빌레라〉와 〈눈이 부시게〉는 자원 획득 기회를 박탈당한 노년과 청년을 중심에서 소외되고 타자화된 잉여세대, 즉 약자로 동일시하고 있음을 앞에서 살펴보았다. 노년과 청년을 약자로서 동일시하는 것, 이것이야말로 두 드라마가

---

13 최유석, 「세대간 연대의식의 기반-가족주의 연대」, 『한국인구학』 제37권 제4호, 한국인구학회, 2014, 63쪽.

노년과 청년을 엮어 소환한 의도이다. 두 드라마는 노년과 청년을 잉여세대이자 약자로 동일시하면서 두 세대의 소통과 공감을 그리고 있다.

벵슨Bengtson, Vern L에 의하면, 세대 간 연대의식은 세대 간 친밀감 또는 공감대를 형성한 상태를 의미한다.[14] 두 드라마에서 노년과 청년세대의 소통과 공감을 통해 형성된 친밀한 관계는 곧 벵슨이 말하는 '정서적 연대'로 연결될 수 있다. 각 세대가 다른 세대의 삶을 이해하고 공감함으로써 형성된 친밀감은 정서적 연대의식의 기반이 되고, 이러한 정서적 연대의식은 상이한 삶을 경험한 세대 집단 간의 상호 협력의 기반이 된다. 〈눈이 부시게〉에서는 노년과 청년의 소통과 공감은 드러나지만, 그것이 상호 협력으로 나아가지는 않는다. 반면 〈나빌레라〉에서 노년 심덕출과 청년 이채록의 소통과 공감은 함께 무대에 오르는 과정을 통해 세대 간 상호 협력으로 발전한다. 〈눈이 부시게〉에서 보여주는 정서적 연대로서의 연대 가능성과 〈나빌레라〉에서 보여주는 상호 협력의 연대, 두 드라마에서 읽을 수 있는 이 같은 세대의 연대와 그 가능성은 약자의 연대 가능성으로 확장된다.

신자유주의가 도래한 이후 무한 경쟁 원리가 사회를 지배하게 되었고, 국가의 역할은 축소되었다. 양극화와 구분 짓기가 극대화되면서 차별과 배제의 논리가 만연하고, 그 차별과 배제의 논리는 노년과 청년을 약자로 만들고 그들을 억압하는 근원이 되었다. 주류에서 배제되거나 경계

---

14 Bengtson, V. L. Giarrusoo, R. Marby, J. and Silverstein, M. "Solidarity, Conflict, Ambivalence : Complementary or Competing Perspectives on Intergenerational Relationships?", *Journal of Marriage and Family* 64, 2002, pp.568~576(위의 글, 64쪽에서 재인용). 이하 정서적 연대의식에 관한 내용은 위의 글, 64~65쪽 참고.

밖으로 내몰리게 되는 약자들은 꿈과 희망을 갖는 것이 더욱 어려워졌다. 약자들은 오히려 스스로를 탓하고 체념하면서 움츠러들고, 약자들의 연대는 점점 이상화 되면서 실현 가능성이 희박해졌다. 그런 가운데 〈나빌레라〉와 〈눈이 부시게〉는 노년과 청년을 잉여세대로서 약자로 놓고 그들의 연대와 그 가능성을 그려낸다. 이로써 두 드라마는 치매를 소재로 활용함에도 불구하고 노년과 청년을 나란히 소환하여 희망적이고 판타지적인 메시지를 전달한다. 그 희망과 판타지를 통해 노년과 청년을 비롯해 힘든 시대를 살아내고 있는 이 시대 모든 약자들에게 위로로 다가가는 것이 두 드라마의 의미이다. "이렇게 고생하며 열심히 하는데 잘 될거야." 〈나빌레라〉 5회에서 이채록은 발레 콩쿠르에 나가기 위해 연습을 거듭하지만 잘 풀리지 않는다. 이채록이 힘들어하고 있을 때 그의 상처 난 발에 밴드를 붙여주고 보듬어주면서 심덕출이 건넨 말이다. 열심히 하면 잘 될 테니, 꿈을 포기하지 말고 '함께' 오늘을 살아가라고 〈나빌레라〉와 〈눈이 부시게〉는 이야기하고 있다. 이것이 두 드라마가 전하는 위로 메시지의 핵심이다.

희망적이고 판타지적인 성격이 현실 감각을 상쇄시킬 수 있다는 점, 약자들에 주목하면서도 약자들을 양산하는 사회 구조를 촘촘히 들여다보지 못하고 동시에 그 사회 구조를 변화시키고자 하는 의지까지 담아내지 못한 점 등은 두 드라마의 아쉬움으로 지적될 수 있다. 하지만 위안과 위로만이 드라마의 가치로 인정될 수는 없는가, 하는 의문이 든다. 드라마의 역할과 가치에 대해서는 이후 고민하고 궁구할 과제로 남겨두기로 한다.

참고문헌

1. 기본 자료

이남규·김수진 극본, 김석윤 연출, 〈눈이 부시게〉, 총 12부작, JTBC, 2019.2.11~3.19.

________________, 『눈이 부시게 대본집』, JTBC, 2019.

이은미 극본, 한동화 연출, 〈나빌레라〉, 총 12부작, tvN, 2021.3.22~4.27.

2. 단행본

강수택, 『연대하는 인간, 호모 솔리다리우스』, 지식의날개, 2019.

다나카 다쿠지, 박해남 역, 『빈곤과 공화국–사회적 연대의 탄생』, 문학동네, 2014.

라이너 촐(Rainer Zoll), 최성환 역, 『오늘날 연대란 무엇인가』, 한울, 2008.

카를 만하임(Karl Mannheim), 이남석 역, 『세대 문제』. 책세상, 2013.

3. 논문 및 미디어 비평

김강원, 「TV드라마 〈눈이 부시게〉의 중첩적 의미구조」, 『리터러시연구』 제10권 4호, 한국리터러시학회, 2019.

김주환, 「숙명적 비극의 시대, 고통의 현상학–「조커」의 사회학」, 『사회사상과 문화』 제23권 1호, 동양사회사상학회, 2020.

남지우·이승한·정석희, 「TV삼분지계–'나빌레라' 박인환 앞에선 백기투항, 무장해제다」, 『엔터미디어』(http://www.entermedia.co.kr), 2021.3.30.

박노현, 「젊은 노인의 환상, 늙은 청년의 현실–JTBC 미니시리즈 〈눈이 부시게〉를 중심으로」, 『상허학보』 제57집, 상허학회, 2019.

박미란, 「TV드라마 〈눈이 부시게〉에 나타난 반전의 구조와 위로의 방식」, 『한국극예술연구』 제68집, 한국극예술학회, 2020.

백경선, 「한국 텔레비전드라마 속 판타지의 유형과 의의–2010년대를 중심으로」, 텔레비전드라마연구회, 『텔레비전드라마, 판타지를 환유하다』, 소명출판, 2020.

신광영,「세대, 계급과 불평등」, 『경제와 사회』 제81호, 비판사회학회, 2009.

양선희, 「TV 드라마 〈눈이 부시게〉에 나타난 노인 재현의 변화와 사회적 함의」, 『영상문화콘텐츠연구』 제20집, 동국대 영상문화콘텐츠연구원, 2020.

정덕현, 「미안하다, 죄송해요 … '나빌레라'가 박인환·송강 통해 전하는 진심」, 『엔터미디어』(http://www.entermedia.co.kr), 2021.3.30.

최유석, 「세대간 연대의식의 기반–가족주의 연대」, 『한국인구학』 제37권 제4호, 한국인구학회, 2014.

황진미, 「'눈이 부시게' 제작진·김혜자에게 시청자 찬사 쏟아지는 까닭」, 『엔터미디어』(http

://www.entermedia.co.kr), 2019.3.20.

* 이 글은 "「텔레비전드라마 속 노년과 청년의 연대와 그 가능성 – 〈나빌레라〉와 〈눈이 부시게〉를 중심으로」, 『어문론총』 제94호, 한국문학언어학회, 2022"를 수정 · 보완하였음.

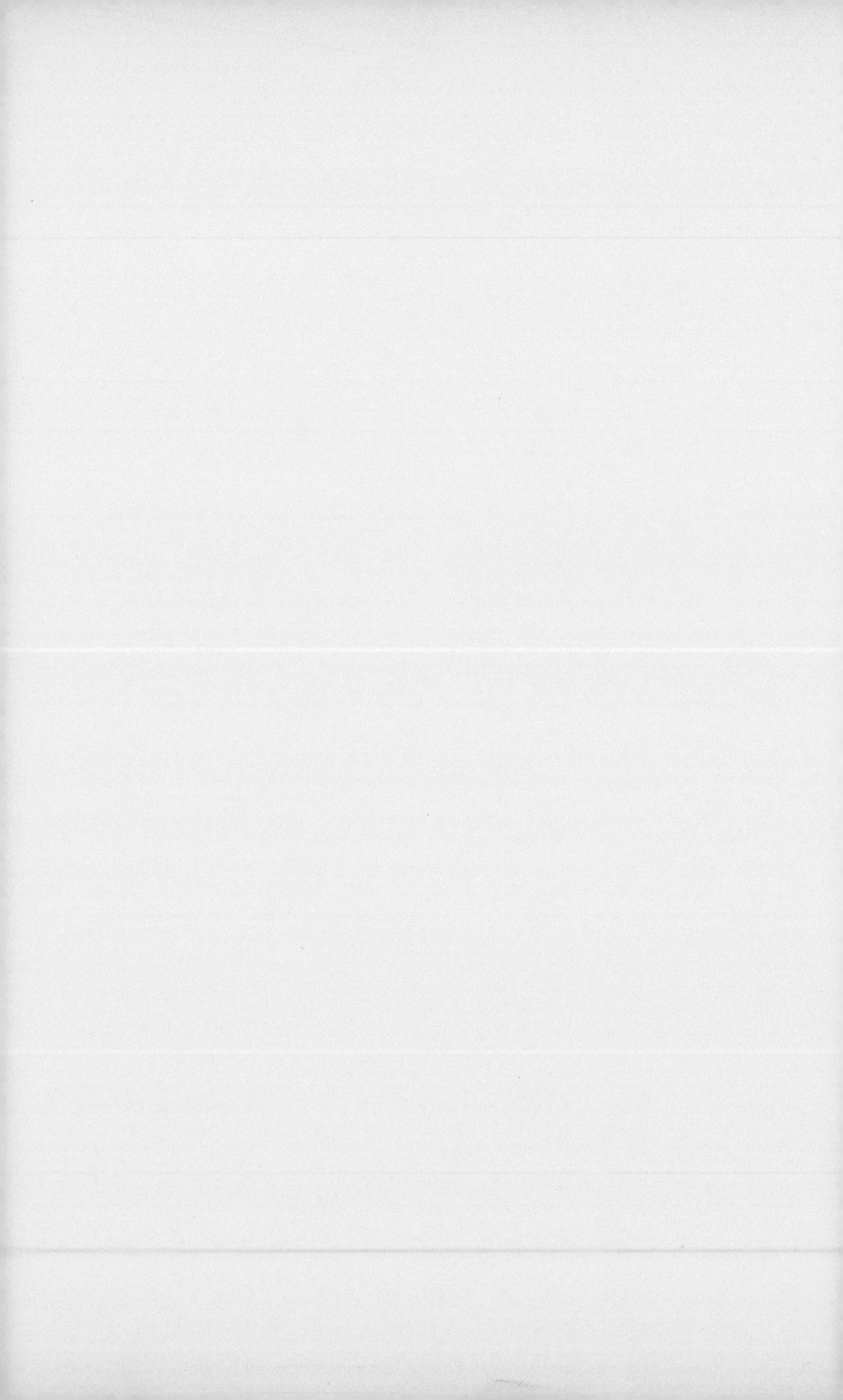